Caserta
CAIVANO
ACERRA
AFRAGOLA
CASORIA
POMIGLIANO
Cicciano
Camposano
Cimitile
Avella
NOLA
Visciano
Brusciano
MARIGLIANO
Castello
Saviano
Palma
Campania
Volla
Cercola
SANT ANASTASIA
SOMMA
Vesuviana
Ottaviano
SAN GIUSEPPE
Vesuviano
Terzigno
Poggiomarino
Striano
San Valentino
San Marzano
PAGANI
Pórtici
Herkulaneum
Ercolano
Torre
del Greco
Vesuv
Vesuvio
Boscotrecase
BOSCOREALE
Pompeji
Gragnano
Pimonte
Agerola
Ravello
Amalfi
Positano
Sorrent
Sorrento
Sireneninseln
Li Galli

08/2003

→ Peter Peter

Golf von Neapel

Literarische Entdeckungen zwischen Neapel, Sorrent, Amalfi und Capri

Mit Beiträgen
von Bernd Bierbaum
und Katja Ellen Jaeckel

Klett-Cotta

Inhalt

People not things

Lytton Strachey *über Neapel, 1913*

Sept. 03

→ Die Küsten der Sirenen

Lerne genießen im südlichen Geist, und verloren beklage
Jeglichen Tag, den du nicht in Parthenope bist
WILHELM WAIBLINGER, *Bilder aus Italien*

That's Amore – an den capriblauen Golfen von Amalfi und Positano, Sorrent und Europas Musikmetropole Neapel ist der magische Gesang der homerischen Sirenen bis heute nicht ganz verklungen. Wie den schlauen Seefahrer Odysseus zog und zieht es Sonnensüchtige, Künstler, Poeten, Musiker, Maler und Hollywoodstars zu den Steilküsten und weißblitzenden Hafendörfern der klassischsten Tourismuslandschaft Italiens. Der brodelnde Hexenkessel Neapels mit seinem sich ständig neu inszenierenden Chaos, das die Philosophen noch mehr als die Photographen fasziniert, das Unheil und Segen spendende Panorama des Vesuv und die mondänen Fischeridyllen der sorrentinischen Halbinsel bilden die Kulisse für einen der vibrierendsten literarischen Treffpunkte der Welt – eine Art Freiluft-Paris der internationalen Avantgarde.

Neapel und sein maritimes Seetheater – das ist mehr als das obligatorische Goethezitat oder die überentdeckte Blaue Grotte, das ist der Traum vom gelebten Einklang des Künstlers mit der Schönheit der Welt. Hier, wo Intellektuelle wie Nietzsche zwischen Tassos Orangenhainen wandelten, wo Dichter wie Norman Douglas oder Jacques Fersen die Lust tiberianischer Ausschweifungen entdeckten, wo Exilanten wie Maxim Gorki die Revolution planten und die ersten Bikinis Italiens getragen wurden, werden die oft muffigen Maßstäbe der Kultur gründlich ausgelüftet und einem mediterranen Wechselbad von *O sole mio* ausgesetzt. Zwischen Capri und Napoli wurden schon immer Moden für die ganze Welt gemacht, von Vergils Hexametern und Giambattista Vicos Geschichtsphilosophie bis hin zu Pino Danieles Gassencanzonen, vom grellbunten Positano-Look bis hin zu Luciano de Crescenzos ewigen Neapolitanern, von Sophia Lorens quirligen Schwarzweiß-Filmen bis hin zu Carusos Steilvorlagen für Elvis Presley: *O my darling please Sorrento!*

Vom süditalienischen Facettenreichtum dieser mythengebärenden Küsten wird in diesem Band erzählt; aber auch von den Themen, die von den Einheimischen aktuell diskutiert, die von Neapels Schriftstellern wie Raffaele La Capria oder Maria Orsini Natale aufgegriffen werden. Denn die Neapolitaner haben entdeckt, daß das Image ihrer Stadt, daß der globale Sirenenruf des Golfs nicht nur auf den römischen Ruinen Pompejis, auf den Gemälden in Capodimonte oder der Philosophie Benedetto Croces beruht. Napoli, das ist auch Pizza, das ist die Spaghettiteller schleudernde Anna Magnani, das sind Zitronen, Lottospieler, Krippenmacher und Rap im Dialekt, das ist der beste Espresso der Welt: Parthenopeische Salons und literarische Cafés, Studenten und Musikszene, Feuilletons und Filme schwärmen heute fasziniert vom vulkanischen Potpourri der vitalsten Stadt Italiens.

→ Das Gold von Neapel

LIEBESERKLÄRUNG AN DIE NEAPOLITANER

Ich bin einmal in Neapel gewesen. Es war sauber. Aber vielleicht habe ich es nicht genau gesehen. In Neapel sind alle Verbrecher, Betrüger, Mörder und Süchtigen. Das Meer ist eine Latrine. Sie verkaufen schon gebrauchte Muscheln. Wenn sich ein Kind aus Arzano verläuft, rauben sie es. Wenn nur eine winzige Minute lang ein Erdbeben kommt, krachen die Häuser gleich zusammen. Die Arbeitslosen sind anderthalb Millionen. Es gibt zwanzig Kinder in einer einzigen Wohnung. Im Verkehr hupen sie wie verrückt. Im Dom ist die Camorra.

MARCELLO D'ORTA, *In Afrika ist immer August*

Napule, Napoli, Neapel, Naples, Neapolis, Nea Polis. Welche Stadt meint man eigentlich? Denn der Kosmos Neapel hat sich etwas bewahrt, das den meisten modernen Städten Europas abhanden gekommen ist: eine Fülle von Parallelkulturen, die oft auf engstem Raum nebeneinander leben, eine Fülle von Perspektiven, eine Fülle von Farben, Lichtern, Tönen und Gerüchen. Gleich hinter der Piazza Plebiscito, dem bourbonischen Ensemble mit Königspalast und Oper, beginnen die ärmlichsten Volksquartiere, die *quartieri spagnoli*, so genannt, weil dort einst Vizekönige wie Juan de Toledo die *terceros*, die spanischen Söldnerscharen ansiedelten. Und mitten drin im Gewimmel der Wäscheleinen, der Marktstände, der motorradfahrenden Kinder, der plärrenden Kofferradios und der Schwarzmarktstände erheben sich labyrinthische Barockpalazzi von gigantischen Dimensionen, in deren Innenhöfen zerbeulte Fiats parken, verfettete Conciergen stricken oder Modelabels sorgsam gefälscht werden. Verhältnisse wie in der Antike, wie im Barock, wo die Patrizier umgeben von ihren Klienten, die Adeligen inmitten des dienstleistenden Volkes lebten – wer sich jeden Morgen rasieren läßt, hat schließlich keine Lust, aus seinem Appartement

kilometerweit zum nächsten *barbiere* zu laufen. Schon Goethe war in dem genialen Kapitel der *Italienischen Reise* vom 28. Mai 1787, wo er die »Müßiggänger« sucht und nicht findet, aufgefallen, daß »zu Neapel verhältnismäßig vielleicht noch die meiste Industrie in der ganz niedern Klasse zu finden sei«. Das ist immer noch so, Neapel ist immer noch, modern gesprochen, eine Service-Gesellschaft, und das könnte ein enormes Kapital für die Zukunft sein.

Achtmal weißer Marmor, überlebensgroß: da stehen sie vor der Fassade des Palazzo Reale, die Könige, die Dynastien, die Neapel zur Residenz haben. Der wikingerhaft grimmige Normannenfürst Ruggiero. Friedrich II., Kaiser und vor allem König von Sizilien, der Neapel lange vor Prag, Leipzig oder Heidelberg zur Universitätsstadt machte und dessen steinernes Antlitz heute die Sticker der Politsplittergruppe *Lega Sud* schmückt. Karl von Anjou verlegt den Regierungssitz des sizilianischen Reiches endgültig nach Neapel, sein Enkel Robert der Weise krönt Petrarca zum Dichter, zieht Boccaccio an den Hof. Der aragonesische Humanistenfürst Alfonso bereitet den Boden für Karl V., in dessen neapolitanisch-spanisch-amerikanischem Reich die Sonne nicht unterging. Ganz galanter Hofmann der Bourbone Karl III., der Musikakademien, Krippenmanufakturen und Armenhäuser erbauen ließ, bevor er nach Madrid entschwand; martialisch daneben der Napoleonide Murat und Vittorio Emanuele II. *Naples est la seule capitale de l'Italie*, Neapel ist die einzige Hauptstadt Italiens, hatte Stendhal geschwärmt, und was für eine Hauptstadt: Jahrhundertelang war es mit London und Paris die größte Stadt Europas, und als es Garibaldi 1860 eroberte, noch immer die größte und reichste Italiens.

Neapel, Kapitale des Prunks und der Feste: Hier tanzt Lady Hamilton zwischen pompejanischen Amphoren Tarantella, fahren Adelspartien mit Picknickbooten in Meeresgrotten, um sich dort von Fischern aufspielen zu lassen, werden Colliers und Gemmen

← **Wäsche und Vespa in den vicoli: Iconografia partenopea**

aus Korallen und perlmuttenen Muscheln geschnitzt, schlürft man den Kakao aus hauchdünnen Capodimonte-Täßchen, der nach Meißen ältesten Porzellanmanufaktur Europas. In Napoli pflücken die Nonnen in Majolikakreuzgärten Orangen, beten unter Fresken Luca Giordanos und Francesco Solimenas, psalmodieren zu Tönen Pergolesis und Scarlattis. In Neapel korrespondiert der Philosoph Gaetano Filangieri, Fürst von Satriano (1752–1788), mit Benjamin Franklin und wird durch seine *Scienza della legislazione* (Die Wissenschaft von der Gesetzgebung) zum geistigen Urheber der amerikanischen Verfassung, zum Vordenker moderner Demokratie.

Szenenwechsel nach *Napule*: Du fragst den Linienbusfahrer nach einer Straße, und da der Bus nur halb leer ist, entschließt er sich, dich dorthin zu fahren, aber vorher stoppt er noch und lädt alle auf einen *caffè* in seiner Lieblingsbar ein. Typisch für die Metropole der Spontaneität, in der fast nichts nach Plan, aber dafür um so mehr nach Kreativität geht. Als die Stadtverwaltung 2002 für die neue Metropolitana-Haltestelle die Piazza Dante von den schwarzparkenden Autos räumen ließ (und damit unzählige Arbeitsplätze selbsternannter Parkplatzwächter vernichtete), strömten als nächstes die *ragazzi* aus den Spanischen Vierteln auf die nun ausgestorbene Piazza. Endlich ein ordentliches Fußballfeld mitten in der Stadt! Alles ist hier in Bewegung, wie der Pizzafladen, den ein guter *pizzaiolo* in die Luft schleudert, damit er die perfekte Form bekommt. Philosophisch gesprochen ist Neapel die Stadt der Kontingenz, dynamisch und organisch statt statisch, eine *città antimuseo*, in der das wahre Vergnügen darin besteht, den Menschen und ihrem Treiben zuzuschauen, sich unter sie zu mischen.

Einer, der in einem Gewölbe Schaukelpferde schnitzte, ließ die farbenfrohesten unter seinen Rößlein bis vor die Werkstattüre sprengen. Aus einer anderen Grotte, in der bleiche, brombeeräugige Mädchen Papierblumen bastelten, blühten in Rosa und Lila, wie sie Matisse liebte, riesige, raschelnde Sträuße hervor.

Zwischen zerbröckelnden Häuserfronten tanzten an langen Seilen Dutzende von Körbchen auf und nieder, in denen die Bewohner der oberen Stockwerke, Treppen sparend, Einkäufe und Post zu sich hinaufhißten. Rufe, Schreie, Gespräche und flatternde Wäsche von Fenster zu Fenster, quer über die Straße hinweg. Irgendwo drängte sich eine Kirche dazwischen. Als ich vor den wimmelnden Kindern, der bedrängenden Menge, den hochrädrigen, hochbeladenen Karren in einen Torbogen auswich, um die Kirche anzuschauen, kam plötzlich ein Greis und läutete eine schrille Glocke. Dann sprang die Türe auf und, getragen von vier scharlachrot vermummten Männern, trat ein lebensgroßes Muttergottesbild daraus hervor, glitzernd bekrönt, in wehende schwarze Seiden gekleidet, behängt mit silbernen Herzen, Weihgeschenken dankbarer Gläubiger. Dahinter kam eine Blechkapelle in schäbig gewordenen, betreßten Uniformen aus den neunziger Jahren und stimmte einen tanzbeinverlockenden Marsch an. Das Bild schwankte durch die Straße, ringsumher der trompetenblitzende Haufen, hinter dem die Menschenflut zusammenschlug.

Soweit das leidenschaftliche Neapelplädoyer (1961) des Italiendeutschen Eckart Peterich. Natürlich ist nicht alles in Neapel nur Fest und Film, der sich permanent auf der Straße abspielt. Die Neapolitaner sind keine lebenden Krippenfiguren – die voyeuristischen touristischen Vergnügungen Neapels haben einen cubanisch-favelahaften Hauch von zweiter und dritter Welt, nur dadurch gemildert, daß man als Fremder hier zwangloser als sonst in das allgemeine Schauspiel integriert und selbst zum Beobachtungsobjekt wird. Pino Daniele, berühmter Barde von *Napule,* hat den Zusammenhalt der Gassen, der *vicoli,* in denen man nicht allein ist, besungen. Dazu kommt die neapolitanisch-hellenische Kultur, mit jedem nach kurzer Zeit ein privates und fast immer witziges Gespräch zu beginnen, die z. B. Luciano de Crescenzo in seinem von ihm selbst verfilmten Bestseller *Così parlò Bellavista* (Also sprach Bellavista) in einer tiefgründigen Nazi-Satire darstellt.

Wenn Neapolitaner Juden in ein Konzentrationslager abtransportieren müßten, würden sie nach wenigen Minuten beginnen, ein persönliches Gespräch mit ihnen zu führen, sie fragen, ob sie Kinder haben usw., hätten damit einen persönlichen Kontakt hergestellt, wären dadurch gerührt und gefühlsmäßig verpflichtet und würden sie daraufhin an der nächsten Straßenecke herauslassen.

Die Riesenfamilien sind kleiner geworden; die *bassi*, die einst berüchtigten Wohnlöcher zu ebener Erde, sind keine Höhlen mehr, sondern angenehm kühle Unterkünfte mit Geschirrspüler, Fernseher und Waschmaschine, und der vor allem im Mai, wenn *porte aperte* sind, boomende Tourismus spült doch einiges Geld in die Altstadt. Aber natürlich gibt es in Neapel noch Elend, wenn es auch seit den Reformzeiten unter Bürgermeister Antonio Bassolino ganz allmählich wie im Rest Europas in die Außenbezirke abgedrängt wird. Nicht immer verläuft die Begegnung mit der Camorra so farcenhaft wie bei der Mozzarella-Connection – 2002 wurden fast alle Luxusrestaurants im Zentrum gezwungen, überreifen Büffelkäse von der Molkerei eines *guappo*, eines Paten, zu kaufen. Man muß nicht lange laufen, um Drogenspritzen auf der Straße zu finden, viele *baristi* in den Bars arbeiten mehr oder weniger auf Trinkgeldbasis, die Jugendarbeitslosigkeit ist hoch.

Doch das zu beschreiben, das Unglücklichsein in Neapel und das Aufbegehren, ist immer mehr die Sache der italienischen, der neapolitanischen Literatur selbst gewesen. Natürlich sind die Neapolitaner spontan überschwengliche Patrioten, die wie Matilde Serao (1856–1927), die Gründerin der wichtigsten Zeitung Neapels, *Il Mattino*, auf die »Stadt der Liebe« schwören, aber sie sehen in dem, was dem Fremden vielleicht als pralle Lebensfülle erscheint, auch die gespaltene Seele der Stadt. *Napoletanità* heißt das Zauberwort, so wie die alten Römer von *latinitas* sprachen und damit Stil, Lebensgefühl und Identität ihrer Kultur ausdrücken wollten. Keiner hat diese schillernde und in sich widersprüchliche *napoletanità* genialer analysiert als der 1922 geborene Raffaele La Capria, dessen Bücher wie *Napolitan graffiti* und *L'armonia perduta* immer wieder um dieses Thema kreisen. Seine große Hauptthese ist, daß die blutige Niederschlagung der Parthenopeischen Republik von 1799 (und damit der Aufklärung) durch den Mob bis heute eine moderne Entwicklung in Neapel verhindert hat, da die Klassen auseinanderklaffen – die Harmonie ist verloren und wird allenfalls durch Liederkitsch vorgegaukelt.

Daraus ergibt sich auch ein sozusagen zwischen der Vitalität der Gasse und den Machenschaften der *potenti* eingeklemmtes Bürgertum, wie es z. B. in den Geschichten von Anna Maria Ortese (1914–1998) zum Ausdruck kommt. *Il mare non bagna Napoli* – das Meer spült nicht an Neapels Küsten, heißt ihr berühmtester Erzählband. Denn natürlich ist man in Neapel auch physisch eingeschlossen – oder je nach Gefühlslage eben mitten drin. Wer nicht hinaus aufs Meer fährt oder einen der Hügel, den Chiatamone, Castel S. Elmo oder Capodimonte ersteigt, bewegt sich tatsächlich meist zwischen barocken sechs- bis siebenstöckigen Hochhäusern in Gassen, die oft dunkel und kühl sind – Neapel ist auch die europäische Großstadt mit dem geringsten Grünflächenanteil, und Mütter, die ihre Kinderwagen spazierenschieben wollen, zahlen schon einmal das Eintrittsgeld für den Park der Villa Pignatelli an der feinen Chiaja, um dies tun zu können. Orteses herzzerreißend-veristische Novelle *Eine Brille* schildert das Schicksal eines sehbehinderten kleinen Mädchens, das plötzlich das sie umgebende Elend entdeckt, als die Tante ihr eine Brille kauft.

Eugenia hielt die Brille dauernd mit den Händen fest, während sie zum Tor ging, um auf die Gasse, den Vicolo della Cupa, hinauszuschauen. Ihre Beine zitterten, ihr Kopf schwindelte, und die Freude war plötzlich verschwunden. Die bleichen Lippen formten sich zu einem Lächeln – aber dieses Lächeln gefror zur blöden Grimasse. Plötzlich fingen die Balkone an, sich zu verzehnfachen, es wurden zweitausend, ja hunderttausend; die Gemüsekarren stürzten auf sie drauf; das Stimmengewirr, das die Luft erfüllte, die Rufe, das Geknalle der Peitschen schlug ihr gegen den Kopf; war sie etwa krank? Taumelnd wankte sie zum Hof zurück – und das schreckliche Gefühl wurde stärker. Wie ein klebriger Trichter, dieser Hof, mit der Spitze himmelwärts, die Mauern von schäbigen Balkons wie von einer Krätze dicht besetzt; die Bogen der Erdgeschosse schwärzlich, aber mit funkelnden Lichtern rings um die Schmerzensreiche Mutter Gottes; das Pflaster weiß von Seifenwasser, die Kohlstrünke, die Papierfetzen, der Abfall und, mitten im Hof, diese Gruppe zerlumpter, verwachsener Menschen, Gesichter, in denen Elend und Ergebung wie eingenarbt waren, Menschen, die voller Liebe zu ihr herüberschauten. Jetzt begannen sie sich im Kreise zu drehen, ineinanderzufließen und wurden riesig groß. Alle stürzten sie schreiend auf sie zu in diesen beiden maledeiten kleinen Brillenkreisen.

Zu diesem Bild des melancholischen, stoisch-freudlosen, ja menschenzerstörenden Napoli passen Romane wie Michele Serios Gewalt- und Horrorvision *Pizzeria Inferno* (1994), aber auch die poetisch abgeklärten Zeilen, die Walter Benjamin zusammen mit Asja Lacis über die »Stadt der Porösität« geschrieben hat:

Phantastische Reiseberichte haben die Stadt betuscht. In Wirklichkeit ist sie grau: ein graues Rot oder Ocker, ein graues Weiß. Und ganz grau gegen Himmel und Meer [...] die Stadt ist felsenhaft.

Dennoch kann keine Stadt in ein paar Stunden Sonntagsruhe schneller welken als Neapel. Es steckt voller Festmotive, die sich ins Unscheinbarste eingenistet haben. Läßt man vors Fenster Jalousien fallen, so ist das, als ob anderswo Fahnen gehißt werden. Bunte Knaben angeln in tiefblauen Bächen und sehen zu rot geschminkten Kirchtürmen auf. Hoch über die Straßen ziehen sich Wäscheleinen, an denen wie gereihte Flaggen das Zeug hängt. Zarte Sonnen entzünden sich in den Glasbottichen mit Eisgetränken. Tag und Nacht strahlen diese Pavillons mit den blassen aromatischen Säften, an denen selbst die Zunge lernt, was es mit der Porösität für eine Bewandtnis hat.

Neapel schläft nicht. Seit der Tourismus nicht mehr achtlos an der Stadt vorbeifährt, sondern ihren feudal-volkstümlichen Charme wiederentdeckt hat, haben auch die Neapolitaner begonnen, ihre Stärken zu vermarkten. In Santa Lucia gibt es einen ausschließlich auf *Parthenopea* spezialisierten Andenkenshop, wo *aria di napoli*, neapolitanische Luft in Dosen verkauft wird. Vielleicht hat man da etwas begriffen, nämlich daß das Image Neapels nicht nur Abfall, Camorra und Opfermentalität ist, sondern daß von diesem Kreativ-Pool Ideen, Produkte, Lebensformen ausgehen, die längst globalen Erfolg haben und doch für jung, modern, witzig, unkompliziert stehen: Pizza, Pasta, Musik *made in Naples*.

Der entschlossene Versuch, sich vom *assistenzialismo* zu befreien, die Stadt wieder auf eigene Beine zu stellen, beginnt im Mai 1992 mit den »Offenen Türen«, den *porte aperte*. Schätze der Weltkunst, Kirchen, Konvente und Paläste, die spätestens seit dem Erdbeben 1980 unzugänglich waren, wurden mit großem ehrenamtlichen Engagement wenigstens einmal im Jahr der Öffentlichkeit gezeigt. Und auch eine symbolträchtige Tür ging nach fast 200 Jahren auf: das Haupttor des an ein philosophisches Institut vermieteten Palazzo Serra di Cassano in Pizzofalcone, das seit der Hinrichtung des an der parthenopeischen Republik aktiv beteiligten Haussohns durch den reaktionären Bourbonenkönig Ferdinand IV. aus Protest geschlossen war. 1994 zeigte dann der G-7-Gipfel mit einem begeistert Pizza essenden Bill Clinton den angereisten Journalisten, daß Neapel nicht nur in seinen *canzoni* schön ist. Bald geschah unter Antonio Bassolinos Ägide Unerhörtes: Große Teile der barocken Prachtstraße Toledo wurden vom Autostauraum zur Fußgängerzone, die seitdem den Geschäftsleuten Umsatzzuwächse beschert. Das Bürgertum, das sich jahrzehntelang in seinen Appartements auf dem Posilipo oder Vomero versteckt hatte, wagt sich wieder in die Öffentlichkeit der Altstadt vor – die Galleria Umberto I., zwischenzeitlich zum Bolzplatz und Bettlertreff verkommen, füllt sich wieder mit edlen Läden und Cafés, knüpft langsam an den weltstädtischen Glamour der Belle Époque an.

Auf der ebenfalls von Autos befreiten Piazza del Plebiscito finden hochkarätige Konzertevents mit Neapelfans wie Lucio Dalla oder der Funk-Band Almamagretta statt, und Santa Lucia ist vom verschnarchten Fischerviertel mit altmodischen Rosenverkäufern und touristischen Schnulzensängern zum schicken abendlichen Treff der *jeunesse dorée* arriviert. Mit dem *centro direzionale* hat sich die Südmetropole endlich eine Skyline moderner Wolkenkratzer zugelegt. Auch die Intellektuellen entdecken Neapel immer mehr. Von dem Dekonstruktivisten und Giambattista-Vico-Verehrer Jacques Derrida bis hin zu Régis Debray, der in seinem spektakulären *Contre Venise* (1995) der kulissenhaften Serenissima (Venedig ist keine Stadt, sondern die Abbildung einer Stadt) den *élan vital* der vulkanischen Vesuvmetropole vorhält: Die Stadt der Photographen und des Moments ist spannender, aktueller als die der Maler!

Gut für Neapel, daß es allmählich europäischer, moderner wird, daß alle es reformieren wollen. *Napoli salvato da suoi scrittori* – Neapel von seinen Schriftstellern gerettet, steht auf dem Cover einer erfolgreichen mehrbändigen Anthologie zeitgenössischer Literatur, aber wollen das die Neapolitaner wirklich mit allen Konsequenzen? Noch hat der *popolino*, die kleinen Leute von Neapel, das Privileg, in der größten Altstadt Europas, die mittlerweile als schutzwürdig in die UNESCO-Liste aufgenommen ist, zu leben, sozusagen Haustür an Haustür mit Caravaggio-Gemälden, Berninibrunnen, gotischen Anjougewölben und römischen Katakomben. »Noch die elendste Existenz ist souverän in dem dumpfen Doppelwissen, in aller Verkommenheit mitzuwirken an einem der nie wiederkehrenden Bilder neapolitanischer Straße, in ihrer Armut Muße zu genießen, dem großen Panorama zu folgen«, umriß es noch einmal Walter Benjamin. Den menschlichen und kreativen Reichtum dieses sozialen Geflechts in einer Stadt, die ein einzigartiger Organismus ist, zu bewahren gehört zu den großen Aufgaben der Reformer.

»Ein geheimes Mißbehagen [...] quält jeden, der sich für Neapel begeistert, in das Labyrinth der Gäßchen und ›bassi‹ eindringt und fürchtet, daß die Stadt an Intensität verlieren könnte, was sie an

Hygiene gewinnt«, so hat Dominique Fernandez in seiner *Süditalienischen Reise* (1965), einem der ganz großen und unverändert aktuellen Bücher über den Mezzogiorno und seine literarischen Mythen, vielen – vielleicht egoistischen – Neapelverfallenen aus dem Herzen gesprochen. Doch Hoffnung besteht für alle: Immerhin hat Napoli schon die wasserverkaufenden *acquafrescaioli*, die schuheputzenden *sciuscià* (*shoeshine-boys* auf neapolitanisch vernuschelt), verloren, und auch die letzten üppig mit Zitrusfrüchten behängten *chioschi*, wo frische Limonade gepreßt wird, sterben allmählich aus, ohne daß das der flirrenden Spannung, die von der Vesuvstadt ausgeht, im mindesten abträglich wäre.

Da ist es, Neapolis, die Stadt der Sirene Parthenope und des Zauberers Vergil, wo beim Blutwunder von S. Gennaro phallische Pulcinellentröten vor dem Dom verkauft werden und wo an jeder Hausecke die nackten Seelen der Ahnen tanzend in züngelndem Fegefeuer baden, die Stadt der piranesihaften Labyrinthe, des duftenden *caffè* und der nie versiegenden Ideen:

Neapel [...] ist die geheimnisvollste Stadt Europas, es ist die einzige Stadt der antiken Welt, die nicht untergegangen ist wie Ilios, wie Ninive, wie Babylon. Es ist die einzige Stadt der Welt, die nicht in dem ungeheuren Schiffbruch der antiken Welt versunken ist. Neapel ist ein Pompeji, das niemals verschüttet wurde. Es ist keine Stadt, es ist eine Welt.
(Curzio Malaparte, *Die Haut*)

→ Komponisten und Kastraten

Europas Musikmetropole

Donnerstag abends gingen wir noch zu einer einheimischen Hochzeit; es war merkwürdig, sehr fremdartig bei aller Ausgeglichenheit der Gebräuche, und ich sah, mitten in dem engen Raum zwischen den Zuschauern, dreifach Tarantella tanzen. Was für ein Tanz: wie von Satyrn und Nymphen erfunden, alt und wie wiederentdeckt und heraufkommend, behängt mit Urerinnerungen: List, Wildheit und Wein, Männer, die wieder Bockshufe haben, und Mädchen aus dem Kreise der Artemis.

Rainer Maria Rilke

Europas Musikhauptstadt? Da gibt es nur zwei Prätendenten, und die liegen ziemlich gleichauf: Wien und Neapel. Beide haben berühmte Komponisten in Hülle und Fülle hervorgebracht und angezogen. Beide haben weltberühmte Opernhäuser und Konservatorien. Beide greifen auf einen bunten Lieder- und Rhythmenschatz der Volksweisen und -tänze zurück. Beide haben das Salonlied gepflegt, und wo Wien seine Operetten und Walzer hat, da hat Neapel seine Tarantellen und die ganze Welt rührenden *canzoni*. Beide haben, ob Heurigensänger oder Santa-Lucia-Mandolinist, ihre vielleicht kleinbürgerlich sentimentale, aber nur mit dieser Stadt verknüpfte und unglaublich produktive Liedtradition. In beiden gedeiht eine stolz den eigenen Akzent ausspielende moderne Chansonnier-Liedermacher-*cantautore*-Szene. Doch mit dem letzten Trumpf sticht Neapel: Es ist der neapolitanischen Schule und ihrer ganz Europa umspannenden musikalischen Mission zu verdanken, wenn die internationale Noten- und Partiturensprache italienisch ist, wenn die musikalische Welt bis heute auf Befehle wie *allegro ma non troppo, pianissimo* oder *con brio* horcht.

← **In Neapel ist auch E-Musik U-Musik!**

Denn Neapel hatte zuerst die Nase vorn. Schon die Anjou unterhielten eine eigene Hofkapelle, und das bedeutete eine der wenigen Möglichkeiten in Europa, professionell abgesichert weltliche Musik zu machen. Ab 1492, als Neapel Teil des spanisch-habsburgischen Reichs wurde, schlug dann die Stunde der *spagnoletti*, Sänger, die (ähnlich den heutigen britischen *countertenors*) eine maurische Falsettechnik anwandten – und damit auch die Geburtsstunde einer intensiven Stimmschulung und Modulierungstechnik, die letzten Endes zum neapolitanischen Belcanto führte.

Einer der ersten, der für diese Kehlen komponierte, war der Neffe des Mailänder Stadtheiligen S. Carlo Borromeo, Don Carlo Gesualdo (1566–1613), Fürst von Venosa, der lukanischen Geburtsstadt des Horaz. Die fünfstimmigen erotischen Madrigale des *principe dei musici* bewegten die Zeitgenossen ebenso wie der Mord an seiner *in flagranti* ertappten Gattin – seine Freundschaft mit Tasso war übrigens dahin, als er entdeckte, daß der Dichter auf das Liebespaar Sonette geschrieben hatte.

Doch der Aufschwung zur strahlendsten Musikmetropole der Welt erfolgt im Settecento, im 18. Jahrhundert, und die Ironie des Wettstreits will, daß er zu einer Zeit begann, als österreichische Vizekönige wie Wolfgang Hannibal von Schrattenbach oder Wirich Graf Daun herrschten. Zum eigentlichen Auslöser wurde ein anderes Faktum: der noch heute höchst lebendige Ahnenkult der Neapolitaner, der Glaube an die Erlösung der *anime*, der Seelen aus dem Fegefeuer. Der gängigste Weg dazu ist, fleißig Totenmessen lesen zu lassen, am besten prunkvolle Totenmessen, und dazu braucht man Sänger und Musiker. So ließen die in der Fürsorge tätigen Klöster den Findelkindern, deren es im heißblütigen Neapel jede Menge gab, meistens eine solide musikalische Ausbildung angedeihen – das bis heute berühmte Konservatorium *S. Pietro a Majella* wurde als Waisenhaus gegründet. Ökonomisch weitblickend wurden diese Musikakademien vor allem unter Bourbonenkönig Karl III. gefördert, der sie zur Chefsache seiner ehrgeizigen etatistischen Sozialpolitik erklärte – vier Opernhäuser und vier Konservatorien koexistierten im Settecento-Neapel.

So konnte die Stadt über Generationen auf ein Heer technisch bestens ausgebildeter Musiker zurückgreifen – in einem Klima der Kennerschaft und gegenseitigen Inspiration, das bis heute lockt. Vor der Wiener Klassik versorgt Neapel ganz Europa mit Komponisten und Operndirektoren, hier werden über tausend Buffo-Opern komponiert, hier begründet der Sizilianer Alessandro Scarlatti die pathetische Musiktragödie, die *opera seria*. Nach Neapel kommt 1770 der vierzehnjährige Mozart, um im *Majella* zu spielen, und spielt genauso weiter, nachdem er seinen für magisch gehaltenen Ring abgenommen hat; für den in die Sirenenstadt pilgernden Händel textet 1708 Vizekönig Kardinal Grimani nebenbei die *Agrippina*, Oper ist schließlich öffentlicher Kult.

Den Typ des neapolitanischen Weltreisenden in Sachen Musik repräsentiert Alessandros Sohn Domenico, der 1685, im gleichen Jahr wie Händel und Bach, in Neapel geboren wird. Mit 16 Jahren vizeköniglicher Organist, schließt er in Venedig Freundschaft mit Händel und lebt zwölf Jahre in Rom als Kapellmeister der polnischen Exilkönigin Maria Kasimira und des Petersdoms, bevor er 1719 eine Einladung des portugiesischen Botschafters annimmt und Hofkomponist in Lissabon wird. 1727 wechselt Scarlatti an den Hof von Madrid, wo er mit dem allmächtigen Kastraten Farinelli Freundschaft schließt und geadelt wird. Scarlattis musikalische Faszination beruht bis heute auf den mit iberischen Rhythmen angereicherten 550 *esercizi*, Cembalosonaten, die eine damals neue Virtuosität des Tastenspiels erforderten: blitzschnelles Repetieren, übergreifende Hände!

Das größte Settecentogenie der neapolitanischen Musik heißt Giovanni Battista Pergolesi (1710–1736) und kommt aus den Marken. Ein 26-jähriges von Entbehrungen gekennzeichnetes Leben, in dem die zwei bis heute lebendigsten Kompositionen der *scuola napoletana* entstehen: *La serva padrona* (Die Magd als Herrin, 1733) ist die älteste *opera buffa*, die noch regelmäßig gespielt wird: »Eine junge Dienstmagd sagt ihrem geizigen brummigen Herrn die Meinung, und es gelingt ihr, dank ihrer Grazie und ihres Witzes geheiratet zu werden«, so die Inhaltsangabe in Dominique Fernandez' historischem Roman *Porporino oder die Geheimnisse von Neapel* (1974), der ein fesselndes und fundiertes Bild der Glanzzeit des musikalischen Neapel zeichnet.

Das sinnenbetörende *Stabat mater*, das nichts dafür kann, daß es auch Hitlers Lieblingsmusik war, war damals sozusagen topaktuell. 1727 hatte Papst Benedikt XIV. das wahrscheinlich von dem umbrischen Franziskanermönch Jacopone da Todi stammende Gedicht von der schmerzensreichen *mater dolorosa* unter dem Kreuz ihres Sohnes in den römischen Meßkanon aufnehmen lassen. Daraufhin bestellte die adelige Bruderschaft »von den sieben Schmerzen Mariae« für ihr Patronatsfest am Karfreitag bei Pergolesi eine neue Vertonung für zwei Stimmen – die alte stammte von Alessandro Scarlatti. Das sinnliche, manchmal fast heiterbeschwingt im himmlischen Schmerz engelshafter Stimmen schwelgende Werk, das in krassem Gegensatz zu protestantischer Passionsmusik steht, gehört zu den genuinsten und mitreißendsten Schöpfungen des Goldenen Zeitalters Neapels, in dem Religion zum himmlischen Fest wird und die adeligen Nonnen von S. Chiara ihren Kreuzgang in einen Lustgarten verwandeln. Noch heute wird es jeden Karfreitag in der Kirche S. Ferdinando bei der Oper gesungen.

Wer den Geist des *Stabat mater* besser verstehen will, lasse sich in die römisch-kolossale Jesuitenkirche Il Gesù führen. Dort sind im Halbdunkel der goldfunkelnden linken Altarkapelle die Reliquien hunderter Heiliger in kostbaren Glasschreinen aufbewahrt. Darauf sind goldene Köpfe montiert, davor goldene geschwungene Ziergitter, die wie Miniaturlogen aussehen. Die Heiligen im Theater, *il S. Carlo dei santi!*

Pergolesi, der 1734 wegen des Regierungswechsels von Habsburgern zu Bourbonen in Ungnade fiel, starb völlig verarmt in Pozzuoli an der Tuberkulose und wurde in einem Massengrab verscharrt – seine letzten Habseligkeiten reichten gerade noch, um eine Seelenmesse zu bezahlen. Immerhin soll eine schöne adelige Dame aus wegen Klassenschranken unerfüllbarer Liebe zu ihm ins Kloster gegangen sein; wollen wir ganz romantisch ihre Gefühle aus dem *Stabat mater* heraushören?

Neapolitanische Musiker beglückten die ganze Welt. Eine typische Karriere von der Provinz an den Hof ist z. B. die von Giovanni Paisiello, der Musik für die ganz Großen seiner Zeit gemacht hat. 1740 in Roccaforzata bei Tarent geboren, wird er 14-jährig auf das *Oratorio S. Onofrio* in Neapel geschickt. 13 Jahre später darf er die Hochzeitsmusik für Ferdinand IV. und die Habsburgerin Maria Carolina komponieren – er selbst sitzt übrigens ein Jahr später wegen gebrochenen Hochzeitskontraktes im Kerker. 1776 ernennt ihn Katharina die Große zum Direktor der Petersburger Italienischen Oper, was musikalisch eher eine ruhige Kugel gewesen sein dürfte, privat hingegen aufregend, da die »Semiramis des Nordens« eher an ihm als an Opern interessiert war. Immerhin entstand 1782 lange vor Rossini ein *Barbiere di Siviglia*. Nach acht Jahren verläßt unser Apulier das Reich der Zaren, schreibt en passant für den Kaiser und das Wiener Burgtheater die Oper *Re Teodoro in Venezia*, um schließlich in Neapel als bourbonischer Hofkomponist monatlich 100 Dukaten zu kassieren. Spannend wird es während der 1799er Revolution in Neapel – Paisiello flieht nicht mit dem König nach Sizilien, sondern läßt sich als *maestro di cappella nazionale* verpflichten. Einem wie ihm verzeihen die Fürsten demokratische Irrwege, und die Aufmüpfigkeit lenkt sogar Napoleons Bewunderung auf ihn. 1802 unterschreibt er in Paris einen neuen Vertrag: Ein Militärmarsch pro Monat, eine Oper pro Jahr. Operndirektor will er nicht werden, sondern wählt lieber die Leitung der Privatkapelle des Korsen. 1804 komponiert er das *Te Deum* für die Kaiserkrönung, wird in die Légion d'Honneur aufgenommen, kehrt nach Neapel zurück, wo ihn König Murat mit Ehren überschüttet, und stirbt hochgeachtet 1816.

Die Reihe der großen Neapolitaner ließe sich fast endlos fortsetzen, vom ebenfalls in Petersburg tätigen Domenico Cimarosa (1749–1801) bis hin zum mit der berühmten Sängerin Faustina Bordoni verheirateten Niedersachsen Adolf Hasse (1699–1783), der, *il sassone* genannt, musikalisch ganz zum »Neapolitaner« wurde.

»Ich bin Europäer, und was noch schwerer wiegt, ich bin Süditaliener«, bekennt sich der meist in Salzburg-Anif lebende bekennende Spaghetti- und Pulcinella-Fan und Stardirigent Riccardo Muti zu seiner Identität. Schließlich ist er 1941 in Neapel geboren worden und stolz auf seine neapolitanische Konservatoriumsausbildung. Und natürlich darauf, hin und wieder im Tempel der neapolitanischen Musik, dem 1738 eröffneten Teatro San Carlo den Taktstock zu heben: Lange war es unumstritten die erste Singbühne Italiens – galten doch die Mailänder Scala und das Teatro La Fenice in Venedig als »österreichisch«. Immer noch ist es ein mythischer Ort, an dem die größten Gesangsstars der Welt von Pavarotti bis hin zu José Cura, von Brynn Terfel bis hin zu Cecilia Gasdia auftreten.

Schon die Baugeschichte ist ein echt neapolitanischer Geniestreich des Improvisierens. In 270 Tagen zogen der Baumeister Angelo Carasala (der später im S. Elmo-Kerker starb) und der Architekt Giovanni Medrano, ein einfacher *colonnello*, das damals größte Opernhaus der Welt hoch. Doch bei der Premiere von *Achille in Sciro* von Domenico Sarri aus dem apulischen Hafenstädtchen Trani (Buch vom Mozart-Texter Pietro Metastasio) war König Karl III. höchst ungehalten. Eigentlich war alles nach Plan gelaufen: Man hatte nicht geraucht, um die Damen nicht zu belästigen, und keiner hatte zu klatschen gewagt, bevor der König es tat, aber höchst ärgerlich war, daß *maestà* wie jeder popelige Adelige mit der Kutsche vorfahren mußte. Obwohl das S. Carlo direkt an den Palazzo Reale angebaut ist, gab es keinen Durchgang – dafür aber ein deutlich verlängertes Pausenintermezzo: denn die Wände wurden sofort durchgehackt und das Loch mit Brokatteppichen behängt, so daß der Bourbonenkönig zum zweiten Akt standesgemäß aus seinen Privatgemächern herüberspazieren konnte. Diese unglaubliche Opernbegeisterung der Neapolitaner hat sich auch auf Stendhal übertragen, der in *Rome, Naples et Florence* das nach einem Brand wiedereröffnete Haus besucht:

Endlich. Der große Tag der Eröffnung des San Carlo ist da: tolles Treiben, die Menschen strömen, gleißender Saal. Man muß Faustschläge und rohe Püffe einstecken und selbst welche austeilen. Ich wollte mich nicht aufregen, und es ist mir auch gelungen, nur meine beiden Rockschöße habe ich eingebüßt. [...] Im ersten Augenblick fühlte ich mich in den Palast eines orientalischen Herrschers versetzt. Meine Augen sind geblendet, meine Seele ist entzückt. Man kann sich nichts Frischeres und zugleich Majestätischeres vorstellen, zwei Dinge, die nicht leicht zu vereinen sind. Dieser erste Abend gehört ganz und gar dem Vergnügen. [...] Es gibt in ganz Europa nichts, das diesem Theater – ich sage nicht: gleichkäme, sondern – auch nur im entferntesten nahekäme.

Zum heimlichen Star des S. Carlo wurde ein ehemaliger Mailänder »Kaffeehausgarçon« namens Domenico Barbaja. Der größte Impresario seiner Zeit engagierte das Belcanto-Dreigespann Rossini, Bellini, Donizetti: Der »Schwan von Pesaro« schrieb sieben Opern für das S. Carlo, der »Schwan von Catania« seine allererste und der Bergamaske Donizetti gar 16, darunter auch die *Lucia di Lammermoor* mit der berühmtesten Wahnsinnsarie aller Zeiten. Auch Verdi ließ sich da nicht lumpen, der 1841 mit *Luisa Miller* nach Schillers *Kabale und Liebe* debütierte.

Hier hatten auch all die veristischen Opernkomponisten, die meist aus dem ehemaligen Königreich Beider Sizilien entstammten, ihren Auftritt: Umberto Giordano *(Fedora)* aus Foggia, Francesco Cilea *(Adriana Lecouvreur)* aus Palmi, der einheimische Francesco Alfano, der Puccinis *Turandot* zu Ende komponierte. Und als buntester Vogel der Neapolitaner Ruggero Leoncavallo (1858–1919) mit den prächtigen Schnurrbartspitzen. Der Sohn eines Polizeirichters tat neue Arbeitsplätze auf für neapolitanische Weltreisende in Sachen Musik. Er brachte es bis zum Chef der ägyptischen Militärkapelle und komponierte für Kaiser Wilhelm II. die Preußen-Oper *Der Roland in Berlin*. Ein Fall seines Vaters brachte ihn auf das Sujet zu *I Pagliacci* (Der Bajazzo), der kalabresischen Nationaloper, die in Montalto Uffugo bei Cosenza spielt. Bis heute gibt das S. Carlo der Avantgarde eine Chance, was aktuell bedeutet, offen für Internationales zu sein. Penderecki, Kurt Weill oder

Britten für Neapel, vielleicht dirigiert von Riccardo Muti, das ist in dem Haus ohne eigenes Ensemble keine Seltenheit mehr.

Aber auch das umfangreiche Œuvre der lange vergessenen, durch den Erfolg der Wiener Klassik verdrängten barocken Neapolitanischen Schule wird in Neapel selbst enthusiastisch wiederentdeckt. www.turchini.it, so stellt sich das Zentrum für Barockmusik im ehemaligen Waisenhaus *Pietà dei turchini* vor – die »türkisblauen« waren übrigens die nach der Farbe ihrer Anstaltstracht benannten Zöglinge. Hier werden Originalnoten aus den gigantischen Musikarchiven der Klöster und Bibliotheken nach über zweihundert Jahren entstaubt und zu frischem Klang gebracht (und oft auf CD gepreßt). Das Institutsorchester tourt erfolgreich weltweit mit Porpora, Paisiello und Pergolesi. Ein noch internationaleres Publikum für *musica classica napoletana* begeistert hat ein belgischer Film, der einem heiklen Thema gewidmet war. *Farinelli* (1994) beschreibt an opulent-erotischen Schauplätzen von Neapel bis Madrid den Aufstieg des berühmtesten neapolitanischen Kastraten bis zum heimlichen Herrn über Spanien, aber auch das Trauma seiner Verstümmelung.

Taceat mulier in ecclesia – der gerade heute umstrittene Paulussatz aus dem ersten Korintherbrief hat in der Vergangenheit noch weit mehr angerichtet, als die weibliche Priesterweihe zu verhindern: Denn wenn die Frau in der Kirche zu schweigen hat, dann kann sie da auch nicht singen, was bei mittelalterlichen Mönchschorälen noch kein Problem war. Aber für kirchliche Oratorien, in denen Maria, Magdalena oder andere heilige Frauen auftreten, brauchte man Ersatzstimmen, ebenso wie für die ersten Opern. Denn die waren ja eine bewußte Nachahmung des antiken Theaters mit seinen Gesangspartien, und bei den Griechen und Römern wurden Frauenrollen fast ausschließlich von maskentragenden Männern gespielt. Zunächst wählte man Knaben, dann die hohen Stimmen der spanischen *spagnoletti*, aber im 16. Jahrhundert verfielen die Italiener auf eine perfide Methode, um noch schmelzendere Stimmen zu erzeugen. Hören wir ein Opfer selbst, den halbtoten hellhäutigen Mann, der sich in Voltaires *Candide* auf einem marokkanischen Schlachtfeld inmitten schwarzer Leichen wälzt: »*O che sciagura d'essere senza coglioni* (welches Unglück, ohne Hoden zu sein). Ich bin aus Neapel gebürtig, wo jahraus, jahrein zwei- bis dreitausend Knaben kapaunt werden. Einige sterben daran, andere erhalten dadurch eine Stimme, die an Schönheit die weibliche übertrifft.« Trotz gesetzlicher Verbote kam es immer wieder zu diesem Eingriff, gerade arme kinderreiche Familien erhofften sich davon Geld und Karriere, denn die Kastratenstimmen waren hochbegehrt. Hubert Ortkemper hat in *Engel wider Willen* (1995), einer »anderen Operngeschichte«, die musikalische Faszination, die davon ausging, beschrieben:

Die Stimme der Kastraten erfüllte den Wunsch nach einem nicht-menschlichen Klang. Sie wirkte auf den Zuhörer beinahe wie ein Instrument, das ähnlich klingt wie die menschliche Stimme, fast wie vom Körper gelöst. Sie erhob so die dargestellte Person über das Menschliche hinaus. Durch die Künstlichkeit der Kastratenstimme wurden Götter und Heroen auf der Bühne darstellbar. [...] Sie sangen deshalb mit einer übermenschlichen Stimme, buchstäblich »in den höchsten Tönen«.

Von dem »letzten Kastraten« Alessandro Moreschi, der erst 1922 starb, gibt es sogar Schallplattenaufnahmen, jedenfalls müssen Stimmen wie die Farinellis oder Caffarellis auf das Publikum unendlich erregend und verführerisch gewirkt haben: Frauen (und Männer) sollen »reihenweise in Ohnmacht« oder zumindest in Ekstase gefallen sein. Der Tenor mit seiner hohen Stimme und in seiner Folge ein Heer von Falsett-Schlagersängern bis in die fünfziger Jahre ist übrigens der natürliche Erbe des Kastraten. Lauschen wir noch einmal so einem Stimmkunststück aus dem Roman *Kastraten* (1975, dt. 1983) des schwedischen Schriftstellers Sven Delblanc (geb. 1931), der um eine Séance in einem Palazzo kreist, bei der eine Geisterstimme singt:

Und diese Stimme, wie ein Seraph über der himmlischen Jakobsleiter des Wohllauts schwebend, Oktavensprünge wie Sternschnuppen und Kometen, Regenbogen, Blitze wie gespaltene Feuerzungen über unendlichen Weiten, und dann ein Atemholen, und sie stieg zu einem majestätisch getragenen e empor, einem dreigestrichenen g, einem Jubelschrei aus himmlischen Sphären, klingend wie der Szepterschlag des Allmächtigen gegen die Kuppel des Kristallhimmels ... Die plötzliche Stille traf die Gesellschaft wie ein Donnerschlag.
»Nein«, schrie Marchesi angsterfüllt, »nein, es ist nicht möglich, es ist nicht wahr« [...]
»Es ist wahr, mein Sohn«, flüsterte der Meister. »Es ist wahr, ich bin es, ich bin er, er und kein anderer ... Ich bin Farinelli ...«

Noch ein musikalisches Geheimnis Neapels gilt es zu lüften: Die wahre Tarantella, der Nationaltanz Neapels, der z. B. auch in den Neapelpartien von Liszts musikalischer Italienreise *Les années de pèlerinage* im $\frac{6}{8}$-Takt daherhüpft und bis heute das rhythmische Gerüst unzähliger Neapelschlager bildet. Sogar Chopin versuchte sich an einer gesitteten Klaviertarantella.

Als die Tarantella im 17. Jahrhundert nach Neapel kam, war sie bereits ein Gesellschaftstanz, aber einer der wildesten, der gleichermaßen begeistert vom Adel wie den einfachen Leuten gesprungen wurde. Und noch etwas war wichtig: Tarantella wurde meist zusammen getanzt, die Geschlechter berührten sich, was in der Geschichte des mediterranen Tanzes – man werfe nur einen Blick auf den griechischen *Sirtaki* und den *Rembetiko* – höchst selten ist. Daß die Tarantella deswegen, wie später der Wiener Walzer, auf erbitterten Widerstand stieß, entnehmen wir dem Barockgedicht *Adone* (1623) des Neapolitaners Giambattista Marino, der mit seinem üppigen Wortprunk einen ganzen Zeitgeschmack prägte.

Zwei Kastagnetten von sonorem Buchsbaumholz
Hält in der Hand die kecke Kleine,
Die den zierlich gesetzten Fuß begleitend
Die Finger jetzt und jetzt heftiger zur Klapper schlägt.

Ein Tympanon die andre hält, das geschüttelt
Mit Schellen zum Schwunge lädt;
Und im hübschen Doppelspiele wechselnd
Ihr Schall sich paart zu schnellem Klang.

Welch laszive Bewegungen, welch Gesten
Aufreizen können sie die schamhaftesten Affekte,
Was ehrsame Gemüter verderben kann,
Stellen sie den Augen in lebhaften Objekten dar.

Liebeszeichen und Küsse wirft bald jene, bald jener hin,
Sie lassen die Flanken kreisen, berühren sich die Brüste;
Sie schließen die Wimpern, und tief im Innern
Vollziehen sie tanzend die letzten Umarmungen.

[...] Obszöner Tanz
Maledeit der schlüpfrige Erfinder, der bei uns
Als erster diesen barbarischen Brauch eingeführt.

Wer eine echte Tarantella an ihrem Entstehungsort, dem apulischen Salentino, gesehen hat, weiß, daß dieser Tanz zu den ekstatischsten und erotischsten in Europa gehört. Im Extremfall liegt die Frau mit gespreizten Beinen rücklings auf dem Boden und zuckt zu dem Wirbel der flach geschlagenen Trommeln, die ihr dicht ans Gesicht gehalten werden – Voodoo auf Italienisch. Klar, daß die Kirche der Gegenreformation gegen diese Tanzpraktiken etwas einzuwenden hatte, wenn es auch eigentlich darum ging, das Gift eines Tarantelstichs durch eine Art stunden-, ja tagelangen Veitstanz aus dem Körper zu schütteln. Das Thema der *tarantolati* ist in den letzten Jahren in Apulien in zahlreichen italienischen Untersuchungen aufgearbeitet worden. Der Zweifel bleibt, ob es sich hier wirklich immer um einen volksmedizinischen Tanz handelt oder ob unter diesem Deckmantel nicht ältere Mysterienkulte und orgiastische Wunschvorstellungen weiterleben – *carnevaletto delle donne* hieß bezeichnenderweise im Volksmund der mänadenhafte Schütteltanz der Tarantelfrauen. Und dieses instinktive mediterran orgiastische Tanzgefühl ist es auch, was der *musica napoletana* bis heute ihre pikante Färbung verleiht.

Für die apulische Tarantella gibt es kein Lehrbuch, aber die Schritte der neapolitanischen Tarantella lassen sich zum Abschluß nachspringen:

Das Tanzpaar tritt auf, und die Tänzer stellen sich einer vor dem anderen gegenüber auf. Ein jeder tut einen Schritt nach rechts und grüßt seinen Partner, indem er die Fingerspitzen anmutig an seine Lippen führt, die Arme ausbreitet und sich zur gleichen Zeit vor dem anderen verneigt. [...] Die Frau kniet in der gezeigten Haltung nieder, und der Mann umrundet sie mit 21 Sprüngen, immer sieben Sprünge mit dem rechten, sieben mit dem linken und nochmals sieben mit dem rechten Bein. Die Frau sieht ihm dabei immer nach. Wenn sie den Kopf nicht mehr weiter in eine Richtung drehen kann, ändert sie die Haltung der Arme, dreht den Kopf und sieht dem Mann weiter nach. Sobald der Mann seine Figur beendet hat, wiederholt er die Bewegungen der Frau, die Frau ihrerseits macht die Bewegungen des Mannes nach. Wenn der Mann niederkniet, läßt er den Fuß auf dem Boden schleifen, und das Knie bleibt gebeugt.

→ Zwei kleine Italiener

NEAPELSCHNULZEN WORLDWIDE

Eine Reise in den Süden/ ist für andre schick und fein/ doch zwei kleine Italiener/ möchten gern zu Hause sein./ Zwei kleine Italiener/ die träumen von Napoli ...

CONNY FROBOESS *1962*

Es war ein großer Tag im Leben des schlesischen Berliners Gerhard Winkler, als er zusammen mit Frau Traudl während der ersten Italienreise seines Lebens 1953 Capri besuchte. Nun, auch Shakespeare ist an den meisten Schauplätzen seiner Dramen nie gewesen, Karl May erst spät in den Wilden Westen gereist, aber man stelle sich doch den absoluten Höhepunkt vor: Der leibhaftige Komponist der Caprifischer als sentimentaler Tourist in Capri, der in einer zeitgenössischen Karikatur sein eigenes Denkmal auf der Insel entdeckt!

Kein Lied steht so für Italiensehnsucht wie diese 1943 von Ralph Maria Siegel getextete Hymne deutschen Fernwehs nach dem Süden. Kein gutes Jahr für italophile Schwärmerei. Die Achse zerbrach gerade, Mussolini wurde verhaftet, und Badoglio-Italien wurde aus Nazi-Sicht zum bekämpften Verräter. Kein Wunder, daß Rudi Schurickes Plattenaufnahmen zunächst in der Schublade verstaubten. Erst mit Kriegsende schlug die große Stunde der Caprifischer, 1947/48 stand die Ballade mit dem Naturwunder der rot untergehenden Sonne und der gleichzeitig bleich blinkenden Mondsichel monatelang auf Platz Eins der deutschen Hitparade. Anders als *Lili Marleen* oder *Rosamunda*, die auf jedem zweiten italienischen Volksfest gespielt werden, hatten die Caprifischer in Italien selbst kaum Erfolg. Erst seit 1999 sind sie in italienischer Fassung erhältlich; der Apulier Al Bano nahm das Lied – wohl als Hommage an seine ungezählten deutschen Fans – in sein Album *Volare* auf.

A FERNANDO DE LUCIA

'O MARENARIELLO

THE SAILOR LOVER

MUSICA DI S. GAMBARDELLA

WARDS OF G. OTTAVIANO

English version by Claude Aveling

PREMIATO STABILIMENTO F. BIDERI
EDITORE-STAMPATORE
NAPOLI — *Via S. Pietro a Majella, 17* — NAPOLI

DEPOSITO: ROMA - TORINO - VENEZIA - MILANO - PALERMO - FIRENZE - BOLOGNA - BARI
PARIGI - LONDRA - TRIESTE - STOCKHOLM

Num. 4029

Italiens Süden, das ist der erste große Nachkriegstraum der Stunde Null. René Carols Farborgie »Rote Rosen, rote Lippen, roter Wein und Italiens blaues Meer im Sonnenschein« wird 1952 über 500 000mal als Single verkauft. Eine stupende Kurzanalyse touristischer Sozialstruktur gewährt auch Fred Bertelsmanns *Lachender Vagabund*: »Denk ich an Capri/ Dann denk ich auch an Tina/ Sie liebte einen Lord/ Doch als sie mich sah, die schöne Signorina/ lief sie ihm gleich fort.« Zwar trinkt der Tessiner Vico Torriani auch schon mal im Café in Milano Cinzano (»du sprachst kein Deutsch und ich kein Italiano«) und punktet Peter Alexander altösterreichisch mit kupplerischen Gondolieri, aber die wahre Sehnsucht der deutschsprachigen Schlagerhörer ist der Süden, ist »O mia bella Napoli, du Stadt am blauen Meeresstrand«. Manchmal gewinnt das imaginäre Neapel der Orangeneinwickelpapiere und Mandolinen, der Kitschpostkarten und blauen Golfe, der Weinkaraffen und Fischerkähne eine fast realistische Note wie in Deutschlands erstem Gastarbeitersong, wenn *Zwei kleine Italiener* heimwehkrank jeden Abend im Bahnhof am D-Zug nach Napoli stehen.

Die Süditalienwelle im deutschen Schlager war nicht nur Ausdruck deutscher Befindlichkeit und aufkeimender Urlaubswünsche. Sie war auch Nachahmung der amerikanischen Neapelmode. Wer die schwierige Integration der zunächst als *underdogs* angesehenen US-Italiener im Lande der WASPS *(White Anglo-Saxon Protestants)* analysiert, könnte überspitzt formulieren, daß das neapolitanische Lied das Eintrittsbillet für Hollywood und das amerikanische Establishment wurde. Zugleich wird klar, daß der Löwenanteil der Italoamerikaner süditalienische Ahnen hat und deswegen besonders auf den *canto napoletano* stand. Schon Caruso und Beniamino Gigli wurden an der Met enthusiastisch gefeiert – doch ab den vierziger Jahren schlug die große Stunde der italoamerikanischen Eigengewächse. Besser für die Karriere war es freilich, wenn man erst einmal den Namen anglisierte – schließlich war Italien ja auch noch Kriegsgegner. Der Zimmermann George Franconero etwa pflegte sich als Ire auszugeben, um an Jobs zu kommen. Seine Tochter Concetta Franconero, die als dreijähriges Mädchen ihren ersten öffentlichen Auftritt mit *O sole mio* hatte, schaffte den Durchbruch, als ein findiger Agent ihren Namen ebenfalls in griffiges Irisch transponierte: Connie Francis entzückte die Vereinigten Staaten nicht nur mit patriotischen Bekenntnissen wie *God bless America* und ihrem genialen *Stupid Cupid*, sondern auch mit geballtem neapolitanischen Liedgut. Ihre temperamentvoll und mit aller Geschmeidigkeit des neapolitanischen Dialekts vorgetragenen Interpretationen von *Funiculì funiculà* gehören zum besten, was die Branche zu bieten hat. Wer Connie weder auf Englisch noch auf Italienisch hören will, kann auf *Napoli, Märchenglück am blauen Meer* zurückgreifen, getextet von jener Fini Busch, die für die *Schützenliesel*, aber auch für das *Mädchen aus Piräus* verantwortlich ist.

Einer der größten Napoli-Propagandisten aller Zeiten war Dino Crocetti aus Steubenville in Ohio. Der 1917 geborene Sohn eines abruzzesischen Barbiers (ein Beruf, den über 50 Prozent der ungelernten Immigranten bei der Einreise angaben), der mit seinem letzten Geld die Dampferpassage von Neapel nach New York finanziert hatte, sprach bis zu seinem fünften Lebensjahr nur Abruzzen-Dialekt. Seinen ersten Bühnennamen Dino Martini kupferte er 1939 von Nino Martini, einem in den dreißiger Jahren populären singenden Gondoliere ab. Ein Jahr später war daraus Dean Martin geworden – der rechte Name, um sowohl im Western-Saloon als auch mit neapolitanischen Schmachtfetzen zu glänzen. *American belcanto*, dafür war Dino mit seiner unerreicht lässigen Technik des *crooning*, des fast jaulend gezogenen Summens der an langer Leine geführten samtig-rauchigen Bourbon-Stimme, der richtige Mann, und so wurde er auch eingesetzt. *The Happy Hebrew and the Nasal Neapolitan*, so wurden seine Erfolgstourneen mit Jerry Lewis sozusagen als Ethno-Musik vermarktet. Und natürlich wurde jetzt, entsprechend der sprachlichen Sozialisation der meist fremdsprachenfaulen süditalienischen Neuamerikaner und zwecks höherer Popularität beim nicht italoamerikanischen Publikum auf Englisch gesungen, nicht ohne makkaronimäßig dazwischen ein paar italienische Begriffe oder Strophen einzuschieben. Neapel wird zu *Naples*, der ideale Ort, um nachts in *Buona sera* (1958) eine hübsche Signorina in mediterranem Mondlicht zu küssen und ihr korrekt amerikanisch am nächsten Morgen einen Hochzeitsring zu kaufen oder um ein Liebeszeichen zu flehen: *Write to me from Naples* (1957). Folgender Text war allerdings selbst dem unerschütterlichen Dino zunächst zu blöd: *When the moon hits your eye like a big pizza pie – that's amore.* Italienisches auf Englisches reimen, das gehörte einfach zum Erfolgsrezept: Notfalls wurde ein *stornello* wie *Luna mezzo mare* von Szenegrößen wie Lou Monte eben mit englischen und italienischen Strophen gesungen.

The Golden Fifties, das ist auch der Höhepunkt des kollektiven amerikanischen Italien- und Neapelrausches. Angeheizt wird die Mode durch Erfolgsfilme wie Mario Lanzas *The great Caruso* (1951). In den Lounges von Las Vegas, das damals von Bob Pepitone zur Roulett-Metropole der USA gemanagt wird, heizt der 1911 in New Orleans geborene Louis Prima mit fetzigem Italojazz und »einer Nonsensemischung aus Jivespeak, neapolitanischem Slang und schlichtem schlechtem Englisch« Zockern ein: *Angelina, the waitress from the pizzeria – ti voglio bene!* Und natürlich ist auch Rock 'n' Roll-Tenor Elvis Presley mit von der Partie. *Oh my Darling please surrender* schließt mit einem der hinreißendsten *puns* (Homonyme) der Schlagergeschichte: denn *surrender* klingt im breiten Tennessee-Slang genau wie Sorrento, und natürlich singt Elvis auf die Melodie von Ernesto De Curtis' Dauerbrenner *Torna a Sorrento.*

Und doch haftet all diesen Neapelschlagern etwas seltsam Virtuelles an. Denn der globalen Verherrlichung der Sirenenmetropole vor allen anderen Städten Italiens entsprach kein reeller Reiseboom, allenfalls eine verblassende GI-Erinnerung. *O mia bella Napoli*, das war eine Hommage an die Hauptstadt der Lieder, mehr Inspiration durch den ewigen Mythos als Lokalaugenschein. Goethes Vater hatte einst gemeint, wer Neapel gesehen habe, könne nie mehr ganz unglücklich im Leben sein, und diese Verheißung als *der* Glücksort Italiens par excellence zog eine ganze Schlagerindustrie in ihren Bann.

Heute singen nur noch die Neapolitaner über Neapel. Die deutschen Neapelschnulzen sind Kitschmakulatur, die langsam vergessen wird. Aber die amerikanischen Neapelsongs, ein *Buona sera signorina* von Van Morrison oder ein *Torna a Sorrento* von Frankieboy sind auch in Neapel wieder immens populär, und erst kürzlich hat eine große Nudelfirma ihre Kunden mit einer CD ausschließlich Neapel gewidmeter amerikanischer Klassiker beschenkt: *Omaggio a Napoli*, Hommage an Neapel!

→ Tausend Ställe für die Heilige Familie

Neapolitanische Weihnachtskrippen

Als das Kindlein geboren ward/ als das Kindlein geboren ward zu Bethlehem/ da war es Nacht und schien doch Mittag/ Aber die Sterne/ blinkend schön/ sah man trotzdem/ und der leuchtendste/ sprühte, die Magier des Orients zu rufen.

S. Alfonso Maria de' Liguori, *Melodie um 1650*

Neapel, Adventszeit. Fast unbemerkt von den Augen der außeritalienischen Öffentlichkeit vollzieht sich ein Weihnachtswunder. Ausgerechnet im Dezember haben sich die jahrzehntelang notorisch leerstehenden Jahrhundertwendehotels von S. Lucia mit aufwendig in Pelze, Lodenmäntel und Lammfelljacken gehüllten Touristen gefüllt – wie in der Belle Époque, als frischvermählte Hochzeitspaare, Künstler und betuchte Angehörige der europäischen Upper Class den milden Winter der parthenopeischen Sirenenstadt genossen. Das nord- und mittelitalienische Publikum hat ein lange vergessenes klassisches Reiseziel, hat die Stadt Neapel selbst wiederentdeckt.

Ein echtes neapolitanisches Wunder verdankt man natürlich den Heiligen. Nicht die linde Luft des Golfs, nicht die pompejanischen Altertümer und nicht das anheimelnde offene Feuer der gekachelten Pizzaöfen hat dem einheimischen Gewerbe diesen Boom beschert. Nein, die Heilige Familie selbst hat so viele Fremde nach Neapel gelockt. Sie wollen die berühmtesten Weihnachtskrippen der Welt, die *presepi napoletani*, bestaunen.

Hier kennt der Kommerz noch religiösen Aspekt. Die Weihnachtszeit beginnt erst zum traditionellen Datum. Selbst das Fest des Hl. Nikolaus, der in Süditalien, seit seine Gebeine vor über 1000 Jahren nach Bari entführt wurden, Heimatrecht genießt, wird zugunsten eines logischeren Termins übergangen. Denn erst ab dem 8. Dezember, dem Tag der Verkündigung der Unbefleckten

Empfängnis Mariens, werden traditionell die Krippen aufgestellt. Das Nahen der *Immacolata* läßt nicht nur Kinderaugen glänzen.

Eine jahrhundertewährende Liebe: Neapel und die Krippen voller Volksfiguren, bunt und abwechslungsreich wie ein Panoramaschaukasten, aber auch wie die Barockgemälde eines Luca Giordano mit ihrer überbordenden Figurenfülle. Innige Religion im Gepränge des Weltlichen, schmelzend süß und ergreifend wie das *Stabat Mater* Pergolesis. Im Settecento, dem verklärten 18. Jahrhundert, nahm sich sogar der bourbonische Reformerkönig Karl III. der aufblühenden Krippenkultur höchstpersönlich an und ließ eigens kostbare Seidenstoffe mit Miniaturmustern für die Terrakottafigurinen in einer Hofmanufaktur weben. Aber auch der Adel des Königreichs Beider Sizilien wetteiferte mit salonfüllenden Luxuskrippen.

Vorbild waren die ersten abruzzesischen, molisischen und apulischen Bergkrippen des 16. Jahrhunderts, die in Städten wie Matera oder Altamura in naivem Realismus lebendgroße Ochsen, Esel und *zampogna* (Dudelsack) blasende Hirten für Kirchenkapellen nachbildeten. Auch hier schon spielen die Assistenzfiguren, das bukolische *setting* der Christusgeburt, irgendwie die Hauptrolle. Die Priester hatten den wilden, zerzausten und analphabetischen Hirten Süditaliens, die riesige Schafherden über Hunderte von Kilometern trieben, erzählt, daß ihr Beruf ein christlicher Elitejob war: Denn immerhin waren sie neben den Königen als einziger Stand auserwählt, bei der Geburt des Jesuskindes dabeizusein. Und so übernahmen die pastoralen Künstler auch gerne die byzantinische Geburtsgeschichte des apokryphen Jakobsevangeliums, das ihrer Lebenswirklichkeit so nahe kam. Denn da wurde Christus in Anlehnung an den persischen Lichtgott Mithras in einem Stall geboren, der – wie in Süditalien oft bis heute üblich – eine Grotte war.

Im 18. Jahrhundert hatten die neapolitanischen Handwerker daraus ein überbordendes Kaleidoskop des farbigen Alltagslebens

← Fromme Kinderarbeit: Ein Bambino trägt eine Krippe

der damals neben London und Paris größten Stadt Europas geschaffen. Zu den biblischen Protagonisten gesellten sie unbekümmert pikareske Bettler, Schankwirte, Straßensänger und puppenhafte Signorine wie aus der gleichzeitigen Opera Buffa. Eine der bezauberndsten Symbiosen zwischen Hoch- und Volkskultur, Ausdruck einer bunten, phantastischen Stadt, die nie müde wurde, ihre eigene Vielfalt zu feiern – der positanodeutsche Maler Kurt Craemer hat die gewinnende Diesseitigkeit solcher Krippen eindringlich beschrieben:

Kein napolitanisches Haus ist ohne Presepio, und napolitanisch ist auch der Zubehör. Jeder Beruf ist vertreten: es gibt Metzger und Pizzenbäcker, Fischer und Schreiner, Bettler und Tarantellatänzer, Musiker, Osteriawirte, Melonenverkäufer, Kastanienröster, und je einer von ihnen offeriert seine Bemühung oder das Ergebnis seiner Arbeit dem Bambino. In einem schönen alten Presepio, das Freunde von mir besitzen, gibt es einen blau-weiß-rot gekleideten Fischerjungen, der auf einer großen mit Zitronenscheiben garnierten Platte, knieend zwischen den Heiligen Drei Königen, dem Christuskind Austern anbietet.

Die Krippenmacher gibt es immer noch. Eine ganze Straße, die Via S. Gregorio Armeno mitten im *ventre di Napoli*, im Bauch Neapels (wie Matilde Serao das antike Herz der Altstadt nach einem Roman Zolas taufte), arbeitet für die Heilige Familie. Zwischen Spaccanapoli und Via dei Tribunali töpfern 40 bis 50 Familien Tonfiguren aller Größen, bekleiden und bemalen sie. Weltberühmt ist auf Nummer acht die 1836 begründete *bottega* von Giuseppe Ferrigno, der das Krippenmacherhandwerk nun schon in der sechsten Generation ausübt und dabei trotzdem ein völlig unkomplizierter und bodenständig-süditalienischer *artigiano* geblieben ist. Nach einem von der Bar an der nächsten Ecke gebrachten Espresso führt der Maestro durch seine museumsgleiche Werkstatt im ersten Stock, in der alle klassischen Figuren des *presepe* auf Käufer aus Little Italy und Tokio, aber eben auch aus Neapel selbst warten. Die Terrakottaköpfchen der Mohren, Zitronenverkäuferinnen und Madonnen werden handgeschminkt und glasiert. Und bis auf die *sciammanati*, in verdreckte Lumpen notdürftigst gehüllte Bettler und Elendsgestalten, stecken alle anderen Figuren in echter Bourbonenseide, dem feinen *armesino*-Gewebe aus der 1779 gegründeten und bis heute erfolgreich produzierenden Manufaktur von S. Leucio bei Caserta.

Auf den Tischen vor den Werkstätten geht es teilweise zu wie im wahren Leben, jedenfalls dem der ebenso spannenden wie übel beleumundeten Spanischen Viertel. Schinken aus Keramik, Feigen, Mozzarellakugeln, aber auch Affen, Ziegen, Kamele, Wasserverkäufer, Melonenschnitze und *spasella* genannte Körbe voll glibbriger Meeresfrüchte liegen zwischen Verkündigungsengeln, Strohkrippen und chaldäischen Mohren. Wer will, kann zu den Heiligen Drei Königen eine Statue von Antonio Bassolino, dem exkommunistischen Ex-Bürgermeister, stellen, der manches Wunder durch tatkräftige Politik und Image-Konzepte mit möglich gemacht hat. Ins Fernsehen oder in die Schlagzeilen zu kommen ist einfach im Vergleich dazu, in der Via S. Gregorio Armeno zur Quasi-Krippenfigur zu werden. Der absolute Star ist Neapels berühmteste Commedia-dell'arte-Maske *Pulcinella*, ein in einer Art pizzabäckerweißem Clowns-Pyjama herumspringender, gefräßig-frecher Typ mit schwarzer Maske und meist nach Spaghetti und anderen Schleckereien züngelnder Zunge, der ansonsten den lieben langen Tag mit Mandolinengeklimper füllt. Ihm dicht auf den Fersen ist die Büste von S. Gennaro, dem jungen Heiligen mit der roten Mitra, vor dem zwei winzige rote Fläschchen stehen, Nachbildungen der sich jährlich im Dom verflüssigenden Blutampullen, die schon von unzähligen Neapolitanern geküßt worden sind. Dann kommen die Altstars des Films: Regimenter von Totòs haben sich weit vor vereinzelten Don Camillos und Peppones plaziert. In gebührendem Abstand folgen ephemerere Zeitgenossen: Staatspräsident Carlo Azeglio Ciampi ist ebenso wie Ministerpräsident Silvio Berlusconi und Bürgermeisterin Rosa Russo Jervolino von Amts wegen dabei, aber auch Karikaturen von Antineapolitaner und Lega-Nord-Führer Umberto Bossi, der grauen Eminenz Giulio

Andreotti oder dem im Süden immer noch verehrten Antimafiaaufklärer Antonio Di Pietro finden ihre Liebhaber.

Doch Figuren, Tiere und die überbordenden Marktkörbe sind nicht alles. Erst die *paesaggi*, die Krippenlandschaften, Geburtsgrotten und pittoresk bröckelnden und geflickten Barockhäuser machen den Charme einer echten Neapelkrippe aus. In den *funnecu* genannten Hinterhöfen um die Via S. Gregorio Armeno, die in den Winternächten selbst wie riesige Steingrotten wirken, zeigen Neapels volkstümliche Landschaftsarchitekten und Krippenbastler, was sie können. Hunderte von apenninischen Miniaturstädtchen, Hunderte und Aberhunderte von Geburtsgrotten und Ställen für die Heilige Familie: Und einer hat sein Bethlehem einfach hinter die Scheibe eines ausgeweideten Plastikfernsehers gebaut. Lauschen wir mit dem Anthropologen Marino Niola dem weihnachtlichen Originalton Süd:

In San Gregorio herrscht in diesen Monaten eine eigenartige Atmosphäre von verhaltenem Lärm, ein für Neapel ungewöhnlicher Zustand eines verzauberten Innehaltens. Alles zusammen ist ein Wunderwerk, das die gesamte Straße einer Krippe ähneln läßt. Man hat den Eindruck, als ob die Krippe, das verkleinerte und in höchstem Maße theatralische Modell einer Gemeinschaft, sich ihrerseits in einer merkwürdigen Umkehrung im Gedränge der Stadt abbildet. Einer alten Legende zufolge erlangen die Tiere in der Weihnachtsnacht die Fähigkeit zu sprechen, und alle Stimmen der Schöpfung erheben sich, wenn auch nur für einen Augenblick, zusammen in Harmonie. Im weihnachtlichen Gedränge von San Gregorio scheinen die vielen unterschiedlichen Stimmen, die sich normalerweise überlagern und im Lärm das Wort abschneiden, alle hörbar, und die Stadt scheint endlich eins zu sein.

Neapels kostbarste Krippen stehen im Museum: auf der Kartause S. Martino mit dem Postkartenblick direkt neben der alten spanischen Zitadelle S. Elmo drängeln sich im Advent die Besucher. Denn die dort präsentierte Sammlung Cuciniello konzentriert sich auf das 18. Jahrhundert, die Hochzeit der Krippenkunst, als Meister wie Domenico Antonio Vaccaro oder Giuseppe Sammartino, der auch die wunderbare Marmorstatue des verschleierten Christus in der Cappella Sansevero schuf, ihre Josephs, *pastori* und Heiligen Drei Könige stolz eigenhändig signierten. Auch wer von der wohl schönsten neapolitanischen Krippenschau der Welt im Bayerischen Nationalmuseum in München verwöhnt ist, kommt hier auf seine Kosten. Und einfach staunen kann man im vielbesungenen Monastero S. Chiara. Gleich neben dem mondänen Kreuzgang mit Pergola und Majoliken verwahren die Franziskaner in einer abgedunkelten Seitenkammer eine der schönsten Palastkrippen der Stadt – mit einer magischen Bergstädtchenlandschaft, die an kalabresische Gipfeldörfer und Grottenstädte wie Matera erinnert. Nur muß man auch hier vor lauter Wasserbüffeln und Weinflaschen, *sammartini* (Samariter) genannten orientalischen Hirten und Marktweibern die Heilige Familie ganz schön lange suchen.

Krippen gibt es nicht nur in Neapel, das süditalienische Hinterland ist voll davon – bis nach Malta und Matera, das sich im Winter in ein kerzenfunkelndes Bethlehem mit »lebender Krippe« verwandelt. Doch die magischste in der Umgegend Neapels ist vielleicht die erst ab 1969 aufgestellte weihnachtliche Wunderwelt der ausgedehnten Krippengrotte in der Nudelmacherstadt Gragnano, die man absolut nur findet, wenn man Einheimische fragt. Meister Pasquale Cesarano, den alle *paschquà* rufen, hat hier in langjähriger Handarbeit eine Art Geisterbahn der frommen Geister, ein Labyrinth der Heiligen Geschichte voller Landschaftsbilder und mechanisch bewegter Figuren geschaffen, das man staunend durchwandert. Alle sind sie da in Terrakotta, S. Giuseppe und die *marunnella* (kleine Madonna), der *bammeniello* (kleiner Christus-Bambino) und die *banda musicale*, die Blasmusikkapelle, und der Dorfpriester:

che spettacolo 'e pasture
che scenarie 'e cascatelle
quanti luce che culure
che muline 'e casarelle

Welch Schauspiel die Hirten/ Welche Szenarien und Wasserfälle/ Wieviel Licht und Farben/ Welche Mühlen und Hütten!

Daß Krippen auch im Trubel des Tourismus dazugehören, beweist die Grotta Smeralda, ein Blauer-Grotten-Verschnitt an der Steilküste zwischen Positano und den Sireneninseln, an dem kein Reisebus vorüberfährt. *Fantasia signori fantasia,* ruft der stimmgewaltige *marinaio,* der in der smaragdenen Grotte hektisch herumrudert, mit Ruderschlägen türkisblaue Gischt aufspritzen läßt und schließlich mit dem Ruder einige Stalagmitenknollen auf dem klaren Kalkboden der Meereshöhle zeigt und fast flüstert: *Miracolo, la madonna, il bambino, un presepe sottomarino!* Und tatsächlich, mit etwas Phantasie könnte man eine moderne Krippe mit abgerundeten barlachschen Formen auf dem Meeresgrund aufflimmern sehen – nicht so realistisch wie die riesige unterseeische Padre-Pio-Statue, die die adriatischen Tremiti-Inseln um eine Taucherattraktion bereichert, aber doch ein Zeichen, daß Krippen in Kampanien sozusagen fast naturgegeben sind.

→ Totò

DER FÜRST DES LÄCHELNS

Ma dica duca dica/ No, dica duca lo dico io. Lei dica duca, io dico dica./Allora io dico duca?/ E io dico dica./ Duca./ Dica

TOTÒ

Noch populärer als S. Gennaro oder Maradona: das hat nur einer geschafft. Über 40 Jahre nach seinem Tod ist der Schauspieler und Komiker Totò in Neapel allgegenwärtig. Sein kantiges, stets melancholisches Gesicht schaut von tausenden Postern und Aufklebern, Pizzerias schmücken sich ebenso mit ihm wie szenige Modeshops und Jugendtreffs, und Trattorien, die noch ein Originalfoto von Totò an der Wand hängen haben, hüten es wie ein Heiligtum.

Wer war Totò, der Mann, der 84 Spielfilme drehte, der traurig war wie Buster Keaton, ungeschickt wie Stan Laurel, hintergründiger Hampelmann wie Charlie Chaplin, der wasserfallartig Dialekttiraden hervorsprudelte wie Hans Moser?

Der Schlüssel dazu liegt im Quartiere di Sanità, in dem Viertel hinter dem Museo Archeologico Nazionale, wo die Wäsche noch dichter über den Straßen hängt, die Motorradfahrer noch minderjähriger sind und die Espressopreise noch ein paar Cent unter dem Niveau der Spanischen Viertel liegen. Hier wurde Totò am 15. Februar 1898 als unehelicher Sohn des Dienstmädchens Anna Clemente in der Via S. Maria Antesecula 107 geboren. Die Wohnung im ersten Stock gibt es immer noch, und seit Totòs Zeiten scheint weder sie noch das Haus renoviert worden zu sein. Wer klingelt (und sich nachher mit einer großzügigen Spende erkenntlich zeigt), könnte Totòs Doppelgänger begegnen: Signore Giulio Barbella, der gern in einem Schlafrock auftritt, ganz wie Totò in seinen Filmen, wohnt seit 1934 in der einstigen Wohnung des Volksschauspielers, und im Laufe der Jahre ist er nicht nur zum selbsternannten Reiseführer, sondern auch zum leidenschaftlichen Sammler von *locan-*

volevu
avuar
omm
e' la
izz
ua...
BIRRA
PIZZE AL PIATTO

dine (Filmplakaten) und Zeitungsausschnitten zu Totòs Karriere geworden. Aufgeregt und stolz blättert er im Flur durch die dicke Mappe und ein Leben auf der Bühne, voller komischer Charakterrollen, voller *macchiette*: Da sind sie alle, die Erfolgsfilme, die nachmittags im italienischen Fernsehen laufen und deren Videokasetten überall in Neapel als Raubkopien angeboten werden. *L'oro di Napoli* (Das Gold von Neapel, 1954) mit der berühmtesten Totò-Ikone: Als *maresciallo*, als Musik-Zeremonienmeister mit Prunkuniform, Dreispitz und Stab. Oder *Totò sceicco* (1950), eine hinreißende Parodie auf den legendären Scheich-Film des Apuliers Rudolfo Valentino, die im gleichen Jahr entstand wie *Totòtarzan*. *Napoli milionaria* (1950), der Triumph des neapolitanischen Gassenlebens, das siegreich und gewitzt allen faschistischen Ordnungsdekreten widersteht, geschrieben, gedreht, mitgespielt von dem »neapolitanischen Nestroy« Eduardo de Filippo, oder *Miseria e nobiltà* (Elend und Noblesse), wo sich Totò mit der Loren herumschlägt. Da sind die Klaviernoten zu dem von Totò getexteten Erfolgsschlager *Malafemmina*, der noch Rockröhre Gianna Nannini begeistert hat, und da ist das Poster zu dem Kaltenkriegsklamauk von *Totò e Peppino divisi a Berlino* (1962): Zwei von den Nazis zwangseingezogene Neapolitaner werden nach Kriegsende von den Russen für echte Nazis gehalten und schließlich als vermeintliche Spione enttarnt, als man ihre typisch neapolitanische *smorfia*, das symbolreiche, Lottogewinne verheißende Traumbuch, entdeckt und für einen Geheimcode hält. Der Clou: mit dem neapolitanischen Orakel gelingt es den Russen tatsächlich, eine amerikanische Spionagemaschine zu orten und abzufangen, worauf Totò und Peppino als Spione nach Westberlin geschickt werden. Und schließlich ist da die späte cineastische Anerkennung durch Pierpaolo Pasolini, dem Friauler Dichterregisseur, der Neapel über alles schätzte und den alternden Totò in *Uccellacci e uccellini* (Große Vögel – kleine Vögel, 1966) im philosophischen Gespräch mit einem Raben porträtierte.

← Volksschauspieler Totò ißt Pizza: Neapelimages auf den Punkt gebracht

Signore Barbella hat noch mehr zu bieten. Der pensionierte Eisenbahner zeigt die Küche, seine Frau Maria, die Vogelkäfige mit den *canarini*, und dann geht er zu den Fensterstöcken und streichelt ehrfürchtig über die verrottenden Holzfenster, die aus den Angeln zu brechen drohen: *Come al tempo di Totò, questo è il vero museo di Totò* – wie zu Zeiten Totòs, der Originalschauplatz der Armut, das ist das wahre Museum für Totò.

Città antimuseo – die unmusealste Stadt Europas hat man Neapel genannt. Signore Barbella hat recht, wenn er eifersüchtig und mit gekränktem Stolz den großen Sohn der Sanità, dessen Fahne er so lang hochgehalten hat, für sich, für sein Wohnungsmuseum reklamiert. Authentischer, lebendiger kann man Totò nicht begegnen. Doch wahrscheinlich bald leichter. Denn das offizielle Neapel, das bisher nur Croce und Vico, Giordano und Solimena, Scarlatti und Mercadante für Kultur hielt, beginnt zu bemerken, daß der Rest der Welt noch weit begeisterter von den Exportartikeln der einfachen *quartieri* ist, daß Pizza, Spaghetti und Totò das Image Neapels oft wirkungsvoller und positiver vertreten als alle Hochkultur. So ist seit der Jahrtausendwende ein ausgedehntes Obergeschoß des Palazzo Spagnolo an der Piazza delle Vergini für das neue *Museo di Totò* renoviert worden, ein riesiges Barocklabyrinth mit offenen Treppenhäusern mitten im Sanità-Viertel. Noch verschiebt sich die Eröffnung von Jahr zu Jahr, aber bald dürfte Totò zum neuen Superstar der Museumsszene werden, archiviert und didaktisch aufbereitet. Man wird an der Kasse teure legal gezogene Video-Filme kaufen und auf Schautafeln lesen können, wie Totò 1917 im schäbigen Teatro Orfeo seinen ersten Auftritt hatte, wie er 1937 seinen ersten Film *Fermo con le mani* drehte, wie die Futuristenkreise sein trauriges Bajazzo-Gesicht (er hatte eine Kieferluxion) und seine minimalistische Schauspielkunst bewunderten, wie er in den sechziger Jahren oft bis zu sieben Filme in einem Jahr drehte und von der offiziellen Filmkritik als bloßer Hanswurst abgetan wurde.

Das hat sich längst geändert: Totò, der von sich gesagt hat: »Ich denke immer nach, ich bin ein Denker – ich denke nachts, tagsüber, immer«, ist postum vom Lieblingsschauspieler des einfachen

Volkes zum Lieblingsobjekt der Intellektuellen und Cineasten arriviert. Neue tiefschürfende Analysen überschwemmen seit ein paar Jahren den italienischen Buchmarkt, Totò-Websites haben Konjunktur, keiner kommt mehr an dem Phänomen Totò vorbei: »Sei es das Gedicht *'A livella*, sei es sein Kriegsruf *Siamo uomini o caporali* (sind wir Menschen oder Feldwebel), beide beweisen, daß er mehr noch ein Philosoph als ein Komiker war, der darauf pfiff, als Meister des Films zu erscheinen«, würdigt ihn Neapelpromoter Luciano de Crescenzo, und Nobelpreisträger Dario Fo schwärmt von seiner Schauspielkunst: »Er ist der Harlekin des 20. Jahrhunderts gewesen!« Auch sein Landsmann, der Regisseur und Schauspieler Vittorio de Sica, fällt in den allgemeinen Tenor der Begeisterung ein: »Er war wirklich ein Clown, ein großer Clown, im nobelsten Sinne des Wortes, wie es sie heute nicht mehr gibt: manche seiner verrückten Improvisationen während der Rezitation waren genial und unersetzlich.«

Doch mehr als das, Totò hat offenbar fast alle, die mit ihm zusammentrafen, durch seine charakterlichen Eigenschaften beeindruckt. »Er war ein echter Signore, der auch aufsteht, wenn nur die Schneiderin oder Friseuse in die Garderobe kommt« – so ein Satz sagt viel über den Menschen Antonio De Curtis aus und macht seinen aus den Demütigungen der Jugend entstandenen Adelsfimmel mehr als wett. Denn Totò erstritt sich 1946 vor Gericht in Rom das Recht, folgenden Titel, den man sich auf der Zunge zergehen lassen muß, zu tragen:

Antonio Griffo Focas Flavio Dicas Comneno Porfirogenito Gagliardi De Curtis di Bisanzio, altezza imperiale, conte palatino, cavaliere del Sacro Romano Impero, esarca di Ravenna, duca di Macedonia e di Illiria, principe di Costantinopoli, di Cilicia, di Tessaglia, di Ponte di Moldavia, di Dardania, del Peloponneso, conte di Cipro e di Epiro, conte e duca di Drivasto e Durazzo –

Kaiserliche Hoheit, Exarch von Ravenna, Prinz von Konstantinopel, Graf von Zypern – ein steiler Aufstieg aus der Sanità, dem

Viertel der Armut, und der *guappi*, der kleinen Cosa-Nostra-Bosse. Möglich gemacht hatte ihn seine Mutter, die 1921 doch noch den Vater des mittlerweile erwachsenen Totò, den verarmten Grafen De Curtis heiratete. Verwickelte Familienverhältnisse: 1928 erkennt De Curtis den 30-jährigen Schauspieler als seinen Sohn an, fünf Jahre später hat Totò den nächsten Vater – er wird 1933 von dem Marchese Francesco Gagliardi Focas mit dem langen Titel adoptiert. Totò selbst, notorischer *donnaiolo* mit ungezählten Affären, zeugte mit der neapolitanischen Adeligen Diana Rogliani Serena di Santa Croce (von der er sich später scheiden ließ) Tochter Liliana, die auch ein Buch über ihren Vater geschrieben hat.

Totò liebte es, diesen Adelstitel in seine philosophisch-komische Selbststilisierung einzubeziehen. Einerseits verbrachte der *principe* einen Großteil seiner morgendlichen Freizeit mit dem Studium heraldischer Bücher, statt Rollen zu studieren – in allen seinen Filmverträgen stand die Klausel, daß er nicht vor 14 Uhr arbeiten müsse: Morgens kann man kein Lachen fabrizieren. Totò korrespondierte mit dem im Exil lebenden italienischen Königshaus Savoyen und war überzeugt, ein byzantinisches Gesicht zu haben, das an die Mosaiken von Ravenna erinnert. Andererseits leistet er sich Skurrilitäten wie den Werbegag, daß er unter Berufung auf Caligula, der sein Pferd zum Konsul ernannte, seinem Papagei Gennaro einen Adelstitel verleiht. Auch in seinen Filmen spielt er immer wieder mit seiner zwischen Hochadel und Gassenelend gespaltenen Person mit Wortspielen von Karl-Valentinhaftem Zuschnitt.

Als der Prinz von Byzanz aus der Sanità, der in der Kunst Totò hieß, 1967 starb, trauerte ganz Neapel. *Sindaco* Maurizio Valenti fand Worte von ehrlicher Ergriffenheit: »Als Bürgermeister von Neapel behauptete ich, daß Totò ganz Neapel war, und ich behaupte es immer noch. Authentischer Fürst der neapolitanischen Seele, repräsentiert er nicht nur eine unvergeßliche Persönlichkeit, sondern auch das Image einer Stadt, das durch ihn mit echter und großer Schlichtheit verkörpert wurde.«

Nino Taranto, enger Schauspielerfreund und Komikerkollege, beschreibt in seinen Erinnerungen den stürmischen Abschied des

Volkes von seinem Star, ein Begräbnis auf neapolitanisch, das Züge der Heiligenverehrung trägt:

Polizeikordons, die Masse, die drängt [...] wir waren schon am Bahnhof, und die Masse war unglaublich. Aus lauter Präpotenz haben sie den Leichenwagen gestoppt; und ich, drinnen im Auto, weinte wie ein Kind [...] dann kamen wir zum Carmine-Friedhof, und dort war ein Applaus, der fünf Minuten dauerte. Sie haben uns nicht erlaubt, ihn auf der Schulter zu tragen, wie es vorgesehen war. Nein, sie haben ihn sich gegriffen, die Masse, das unbekannte Volk, und sie haben ihn im Triumph in die Kirche getragen. Der Priester schaffte es nicht, Messe zu lesen. Es war ein riesiges Tohuwabohu. Sie wollten, daß ich spreche. Aber was sollte ich sagen? Ich sagte nur: »Totò, ich sage nur, daß das eins der größten Spektakel deiner Karriere ist.« Und überwältigt von Schmerz sagte ich nichts mehr.

Den schönsten Nachruf aber hat sich Totò in seiner Ballade *'A livella* (Die Waage), die praktisch jeder Neapolitaner kennt, selbst geschrieben. Am Allerseelentag, am 2. November, belauscht ein abendlicher Friedhofsbesucher das Streitgespräch zweier Seelen, die recht verschieden gebettet sind. Unter Leuchtkreuz, Adelswappen, langer Trauerliste, Rosensträußen, Kerzen, Ewigen Lichtern und langer Grabinschrift ruht ein adeliger Marchese, daneben der Straßenfeger Esposito Gennaro.

Das ist das Leben! dacht ich mir in meinem Kopf ...
der hat soviel gehabt, und der hat gar nichts!
Dieser Arme, bei der Madonna, hat er sich erwartet,
daß er auch in der anderen Welt ein abgerissener Bettler sein würde?

Plötzlich, was seh' ich von fern?
Zwei Schatten nähern sich meiner Richtung ...
Von wegen Einbildung; es war der Marchese

mit Schwalbenschwanz, Zylinderröhre und Cape,
doch der andere hinter ihm
ganz stinkend, zerlumpt und mit dem Besen in der Hand.

Lassen wir das Schlußwort den Leuten aus der Sanità, wo die *Unione cattolica operaia S. Vincenzo Ferrer,* die katholische Arbeiterunion, gegenüber von dem Geburtshaus ihr Vereinslokal in fast religiöser Ergriffenheit als »Tempel des Principe Antonio De Curtis« bezeichnet und ihm auch lange vor dem offiziellen Neapel am 5. 7. 1978 eine Gedenktafel stiftete:

Unser Totò war ein unvergleichlicher Komiker wegen seiner Mimik, ein Mann von noblen Gefühlen, ein herausragender Poet und gehörte zu denen, die Italien den größten Künstlern der Welt gegenüberstellen kann.

→ Von Schwarzkassetten und O sole mio

Caruso und Pino Daniele

E j' so' napolitanu e si nun canto moro,
Ich bin ein Kind Neapels und wenn ich nicht singen darf, dann sterbe ich

Libero Bovio, *Inschrift Via Duomo 45*

Neapels wichtigstes Wirtschaftsgut, Neapels wichtigster Exportartikel? Aurelio Fierro, einer der großen alten Männer des neapolitanischen Gesangs, der in seinem Musiklokal *'A canzuncella* im Quartiere Carità an den meisten Samstagabenden immer noch selbst auf der Bühne die Zuhörer zu andächtigem Lauschen zwingt, ist sich da sicher: Natürlich die Musik!

Tatsächlich verzaubern parthenopeische Lieder seit über 100 Jahren die Welt. Obwohl sie fast ausschließlich im schmeichelnden, weichen, neapolitanischen Dialekt gedichtet sind, sind sie ebenso wie Pizza und Spaghetti universal geworden. Pavarotti reißt damit sein Publikum weltweit zu Beifallsstürmen hin – bis auf Neapel, wo er wegen seiner »unmöglichen« Modeneser Aussprache scharf kritisiert wird (»auf neapolitanisch zu singen ist für mich wie in einer Fremdsprache zu singen«). Joseph Schmidt, Frank Sinatra und Dean Martin haben sie gesungen, Kosmonaut Jurij Gagarin intonierte aus dem Weltall sinnigerweise *O sole mio*, die Wachablösung der dänischen Königsgarden marschiert zu *Funiculì funiculà*, die polnische Solidarność-Hymne ist auf *Santa Lucia* getextet, und Venedigs Kulturassessoren fordern seit Jahren die Gondolieri auf, doch bitte mehr venezianische Barcarolen auszugraben. Allerdings weitgehend vergeblich, denn Neapels Canzonen sind längst von fast allen Italienern adoptiert worden.

Doch wirklich verstehen kann man Neapels Musik, dieses einzigartige Konglomerat aus Liebessehnsucht und Edelkitsch, aus

Lebensfreude und Lazzaroni-Melancholie, nur in der Stadt ihres Ursprungs. Der in Italien lebende Komponist Hans Werner Henze lauscht dem endlosen Lied der neapolitanischen Straße:

Die Stadt ist seit eh und je von geheimnisvollen Geräuschen erfüllt, von gellendem Lärm und von beunruhigenden Lauten, und es scheint, daß das alles mit Singen zu tun hat, vom Singen herkommt und in Singen mündet.
Aber es fängt an mit dem Sprechen. Nicht Sprechen im europäischen Sinne – es ist ein Durchlaufen aller erdenklichen Klangfarben, immer mit der Tendenz, in Gesang zu münden.
Es ist Zärtlichkeit, Weichheit, es ist der rauhe, schwere Laut der Fischersprache, der Tonfall der Taxichauffeure, das Pathos der Commendatori, Seufzen, Schmeicheln, Lästern der Cavalieri, da ist das Flüstern der Rauschgifthändler, und da ist das warme und gute Reden der Liebenden. Und dann geht es in Schreien über: Stimmbänder wie gespannte Bogensehnen, da schnellt der Schrei in die Luft. Wie Revolverschüsse durchstößt er die milchige, klebrige Schicht des brodelnden Klangs, den das Sprechen von Tausenden von Menschen hervorruft.
Die höhnenden Gassenbuben, die zeternde Mutter, der Krawattenhändler, der Verkäufer indischer Feigen, die Verkäufer von Wasser, von Austern, von Sägemehl, von Schweinsfüßen, von Zeitungen, und alle die, die da ihre zeitlosen Karren durch die Straßen schieben, jeder von ihnen hat seinen eigenen Schrei, seine eigenen drei, vier Töne, wörtlich übernommen von Griechen und Mauren.
Es ist eine Sinfonie von Stimmen, in Trillern, in Kadenzen, hier klar und bestimmt, fast fein, dort wütend und böse, wie ein Sterbender, mit katastrophischen Exklamationen. Dann wieder phantasievolle Modulationen, heißblütig, streichelnd, sehnsüchtige Schauer des Lebens, der Zeiten, sich überbietende, überlagernde Stimmen.

← Enrico Caruso, Grandseigneur des Belcanto

La canzone napoletana ist jenseits aller wackeren Tourismus-Barden, die die Fischlokale von S. Lucia mit einer stereotypen Mini-Auswahl von Klassikern erfreuen, in der Vesuvstadt immer noch wirklich populär, und jede Generation findet eine neue Antwort auf das lebendige Erbe. Wer durch die bahnhofsnahen Kassettenschwarzmärkte der Forcella und bei der Porta Nolana schlendert, der findet ein gigantisches Angebot, das offensichtlich die Raubkopie lohnt: Big-Band-Neapel im Stile Renato Carosones und Renzo Arbores, der einst im Militärcasino von Addis Abeba britischen Jazz kennenlernte, Capri-Twists mit dem linkischen San-Remo-Star Peppino Di Capri, brandaktueller *Neapolitan hiphop* von 99 Posse oder Almamagretta. Vollends eintauchen in die Unterwelt neapolitanischer Stimmen kann man auch in dem unterirdischen Foyer, dessen Eingang praktisch vor dem Café Gambrinus liegt – im 2001 eröffneten Museo della Canzone napoletana de Mura sind nicht nur Hunderte von Photos, Noten und Auftrittsplakaten ausgestellt, sondern der kundige Kustode drückt auch gern auf die Knöpfe, um große Stimmen erschallen zu lassen, und schwärmt von außerhalb Neapels längst vergessenen Stars wie Mario Merola oder Salvatore Papaccio.

Natürlich gibt es Vorläufer des neapolitanischen Lieds. Schon der neronische Dichter Petronius Arbiter erwähnt in seinem *Satyricon* melodische süditalienische Wechselgesänge. Die staufische Dichterschule um Manfred, den Lieblingssohn Kaiser Friedrichs II., wird ebenso als Geburtshelferin des neapolitanischen Schlagers angeführt wie alte Volksweisen.

Doch die eigentliche Geburtsstunde der *canzone napoletana* dürfte das Jahr 1835 sein, als *Te voglio ben assaje* (Ich hab' dich so gern) des dilettierenden Optikers Raffaele Sacco zum ersten »Erfolgsschlager« Neapels wird. Über 180 000 Klavierauszüge wurden von der angeblich von Gaetano Donizetti komponierten Melodie verkauft. Im gleichen Jahr wird von Teodoro Cottrau, dem Sohn eines aus Paris zugewanderten Musikverlegers, mit *Santa Lucia* der erste Welterfolg komponiert: *O bella Napoli, o suol beato, ove sorridere, volle il creato. Tu sei l'impero dell'armonia!* (O bella Napoli, o gesegneter Boden, wo die Schöpfung lächeln wollte. Du bist das Reich der Harmonie!)

Ab 1880, als sich Neapel allmählich vom Schock erholt, nicht mehr Hauptstadt des Königreichs Beider Sizilien zu sein, explodiert die parthenopeische Musikszene förmlich. Café-chantants wie das heute noch bestehende Gambrinus, zahlreiche Theater, das zum Musikwettbewerb ausgebaute Piedigrotta-Fischer-Festival sorgen für eine Fülle neuer *canzoni d'autore*, was besser mit Poetenliedern als Liedermachersongs zu übersetzen ist. Die ganz großen legendären Lieder entstehen, und zu jedem gibt es eine Fülle von Anekdoten.

Ein trüber Schwarzmeerhimmel in Odessa soll 1898 Eduardo Di Capua (1865–1917) angeregt haben, auf einer Tournee voller Neapelsehnsucht *O sole mio*, einen Text von Giovanni Capurro, zu komponieren. Genützt hat der weltweite Ohrwurm dem Künstler wenig – die Rechtevermarktung steckte noch in den Kinderschuhen, und zu Hause gewann das berühmteste aller Neapellieder bei einem Liedwettbewerb nur den zweiten Preis. Eduardo blieb ein Leben lang arm, schlug sich als Klavierbegleiter von Stummfilmen in schäbigen Kinos durch und hoffte ganz neapolitanisch auf den erlösenden Lottogewinn. Kurz nachdem man ihm – welch Tristesse – sein Klavier gepfändet hat, stirbt er »an gebrochenem Herzen«. Arrivierter waren die Herren Luigi Denza (1846–1922) und Peppino Turco (1846–1903), denen die Welt den Seilbahnklassiker *Funiculì funiculà* verdankt. Hotelierssohn Denza, der schon eine Oper *Wallenstein* komponiert hatte, stand kurz vor seiner Abreise nach London, wo er es in späteren Jahren zum Direktor der Royal Academy of Music bringen sollte, als er im väterlichen Hotel Quisisana in Castellammare auf den kurenden Textdichter traf. Aus einer Champagnerlaune heraus wurde 1880 das Lied über die zwei Monate zuvor eröffnete Thomas-Cook-Seilbahn auf den Vesuv improvisiert und am nächsten Tag in der *Stabia Hall* des Hotels vorgetragen – ein Welterfolg war geboren.

Ähnlich genial aus dem Ärmel geschüttelt ist Gabriele d'Annunzios (1865–1938) Beitrag zur *canzone napoletana*. Bevor der sensible Abruzzen-Dandy, Weltkriegsflieger, Duse-Liebhaber und Mussolinis ihn verachtender Leibdichter wurde, startete er seine literarische Karriere in Neapel mit Romanzen wie der von Luchino Visconti verfilmten *Unschuld*. Nach einer Wette, daß er kein Neapolitanisch könne, kritzelte er 1903 im Café Gambrinus den Text für die noch heute populäre Canzone *'A Vucchella* (»Das Küßchen«) spontan auf seine Manschetten und schuf dabei ein zungenbrecherisches Wortspiel, das man schon fast *napoletanissimo* nennen muß: *poco pocorillo appassuliatella* – eine Art schäkernde vierfache Verkleinerung, die mit »ein bißchen wenig ganz wenig leidenschaftlich« völlig unzureichend und vor allem ohne den weichen, rollenden, schmeichelnden Wohlklang des Neapolitanischen übersetzt ist. Als Gegensatz sei nicht vergessen, daß auch Heilige neapolitanische Songs getextet haben: Das noch immer lebendige Weihnachtslied *Quanno nascette Ninno* soll von S. Alfonso Maria de' Liguori (1696–1787), dem in den Elendsvierteln Neapels missionierenden Gründer des Redemptoristenordens, stammen.

Ernesto De Curtis ist unübersehbar – alle, die Sorrent per Circumvesuviana erreichen oder verlassen, müssen an der Büste des Komponisten von *Torna a Surriento* auf dem Bahnhofsvorplatz vorbei. Ein Lied, das seinen Weltruf nicht nur dem sorrentinischen Orangenduft und der Tatsache, daß De Curtis Beniamino Giglis Lieblingspianist war, sondern auch dem Abschiedsschmerz der Auswanderung verdankt.

E tu dice: i' parto, addio!
T'alluntane da stu core
da sta terra de l'amore

Und du sagst: ich scheide, addio!
Du entfernst dich von diesem Herzen
von dem Land der Liebe

Keiner hat so viel getan für die globale Verbreitung des neapolitanischen Lieds wie Enrico Caruso (1873–1921). Der berühmteste

Sänger aller Zeiten konnte Canzonen im Alleingang zu Welthits machen wie das 1911 von ihm zum erstenmal in New York gesungene *Core 'ngrato* (Undankbares Herz). Daß dem so war, lag auch an dem neuen Medium Schallplatte. Caruso war der erste Plattenstar der Welt, und was er aufnahm, waren die schönsten Lieder Neapels wie *Catarì, 'O surdato 'nnamurato* oder *Torna maggio.*

Caruso wußte, wovon er sang, wenn es um *emigrazione* und Schmerz ging. Denn Neapel, das er lebenslang geliebt hat, war ihm eine harte Mutter. Wer heute auf den Spuren Enrico Carusos durch Napoli streift, dem offenbaren sich noch immer die frappanten Gegensätze dieses Lebens. Das Geburtshaus in der Via S. Giovaniello agli Ottocalli 7 liegt nicht weit vom Ospedale dei Poveri, dem gigantischen bourbonischen Armenhaus Neapels – ärmlichste Vorstadt mit Kleinstbürgergeschäften, über die die Flugzeuge vom nahen *aeroporto* brausen, touristisch inexistent wie das schäbige einstöckige Haus, an dem sich bis auf eine vergessene Marmortafel seit den Tagen, als nach 17 Totgeburten die abgehärmte Mutter sich endlich über den kleinen Enrico freuen konnte, nichts geändert hat. Irgendwann hat eine ehrgeizige Kulturbehörde auf der nahen Piazza Ottocalli eine Caruso-Büste mit längst versiegtem Brunnen errichtet. *Da questo quartiere al mondo,* von hier in die weite Welt, verkündet eine Inschrift tapfer über ausrinnenden Colabüchsen, fettigem Pizzapapier und benutzten *siringhe* (Drogenspritzen). Auch in Carusos zweite Wohngegend verirren sich kaum Touristen – S. Anna alla Palude, die Anna im Sumpf: welch ein Name für die von Kleinkriminalität und schwarzafrikanischer Prostitution geprägten Straßenzüge zwischen Hauptbahnhof und Handelshafen. Und welch ein Gegensatz dazu die Suite im Grand Hotel Vesuvio mit Klavier, Stichen und Capriblick, die seit den Tagen kaum verändert worden ist, als der sterbenskranke Sänger hier seine Seele aushauchte.

Dazwischen liegt ein Leben, das mit zehn den Berufsbeginn in einer Eisengießerei brachte, das Singen und Üben in Kirchenchören und die Etappen des Erfolgs: Caserta, Palermo, Mailand, Sankt Petersburg, die Met, Manaus. Nur Neapel gehört nicht dazu:

denn im Teatro S. Carlo fiel Caruso 1901/02 durch, zumindest in der bissigen Kritik Saverio Procidas. Wenn ihn Neapolitaner in New York baten, sang er stundenlang gratis für sie, aber den Schwur, nicht mehr in Neapel aufzutreten, hielt er sein Leben lang. »*'O presebbio è bello, ma 'e pasture so' malamante* (Die Krippe ist schön, aber die Hirten taugen nichts)[...] ich werde nie wieder in Neapel singen! Ich werde nur noch hierherkommen, um meine liebe Mutter zu sehen und *vermicelli alle vongole* zu essen.« Und, ein Cavaliere des Herzens hängt das nicht an die große Glocke, um verarmten Verwandten und einstigen Nachbarn finanziell großzügig zu helfen. *Mortus est memoria pretiosi cantus sui non morietur* hat die Vereinigung für *Progresso Italo-americano* vor seiner neogotischen Grabkapelle im Cimitero S. Maria del Pianto gravieren lassen: Er ist gestorben, aber die Erinnerung an seinen kostbaren Gesang wird nie sterben. Sein letztes Lied, sein Schwanengesang in Sorrent hat den bekannten Liedermacher Lucio Dalla zu einer Hommage inspiriert, die in der Caruso-Suite des märchenhaften Hotels Excelsior Vittoria ersonnen wurde:

Dort wo das Meer leuchtet
und der Wind stark weht
auf der alten Terrasse
vor dem Golf von Sorrent
umarmt ein Mann ein Mädchen
nachdem er geweint hat
dann klärt er die Stimme
und beginnt den Gesang.
Ich mag dich so gern
aber so so gern weißt du
es ist jetzt eine Kette
die das Blut in den Adern löst weißt du [...]

Er sah die Lichter inmitten des Meeres
er dachte an die Nächte da in Amerika
es waren nur die Lampen

und der weiße Schaum einer Turbine
er spürte den Schmerz in der Musik.

Märchenhafter Aufstieg über die Musik – das ist in Neapel immer noch ein Thema. Einer, der es zu Weltruhm geschafft hat, ist Pino Daniele. Als Gassenjunge, als typischer *scugnizzo,* ist er in der Via Francesco Saverio Gargiulo Nr. 20 in ärmlichsten Altstadtquartieren in der Nähe der Anjou-Kirche S. Chiara aufgewachsen – bei zwei ältlichen Tanten, auf deren Spinett er erste Rockversuche klimpert. »Mich hätte es als Künstler nicht gegeben, wenn ich nicht in Napoli geboren wäre« – Pino hat immer Inspiration aus der unmittelbaren *cultura del vicolo* geschöpft, und die Texte seines ersten Albums *Terra mia* von 1977 sind eine rauhe Liebeserklärung an die Stadt, deren Menschen er nahe geblieben ist.

Napule è mille culure
Napule è mille paure
Napule è 'a voce de' criature che saglie chianu chianu
e tu sai ca' nun si sulo
Napule è 'nu sole amaro
Napule è addore 'e mare
Napule è 'na carta sporca e nisciuno se ne importa
e ognuno aspetta 'a ciorta
Napule è 'na camminata
inte viche miezo all'ato
Napule è tutto 'nu suonno e 'a sape tutti 'o munno
ma nun sanno 'a verità

Neapel ist tausend Farben
Neapel ist tausend Ängste
Neapel ist die Stimme der Babys, die sich piano piano erhebt
und du weißt, daß du nicht allein bist
Neapel ist die bittere Sonne
Neapel ist der Geruch des Meeres
Neapel ist ein schmutziges Papier, das keinen kümmert

und jeder wartet auf das Glück
Neapel ist ein Spaziergang
durch die Gassen inmitten der anderen
Neapel ist ein einziger Klang und das weiß die ganze Welt
aber sie wissen nicht die Wahrheit

Wer spüren will, welch poetische Kraft in der menschlichen Dimension von *Napule* liegt, der sollte einfach zu Antonio Taranto gehen, dem Friseur gleich um die Ecke in der Via S. Chiara 23, der Pino früher regelmäßig die langen Locken gestutzt hat. Antonio ist ein kleiner, drahtiger Figaro mit Oberlippenbärtchen, der wie alle hier mächtig stolz darauf ist, daß Pino, einer von ihnen, es geschafft hat. Während er zum Volkspreis einen erstklassigen Messerhaarschnitt hinlegt, kann man dort die Geschichten von der ersten für 30 000 Lire gekauften Gitarre und der ersten Band mit dem hinreißenden homerischen Namen *Batrachomiomachia* (Froschmäusekrieg) hören und daß Pino wie einst Caruso nächtlich durch die Gassen des Viertels schleicht, um heimlich Gutes zu tun.

Pino Danieles Texten zu lauschen oder als Ergänzung seine *Storie e poesie di un mascalzone latino* (Geschichten eines Latin Tramps, 1994) zu lesen kann eine ganze Neapelbibliothek ersetzen. Denn in kämpferisch-poetischen Liedern dieses *cantautore* ist das geballte Lebensgefühl des Kosmos Neapels eingefangen, von der *tazzulella 'e caffè*, die das Los der armen Leute erleichtert und ihnen hilft, nicht alles Unrecht sehen zu müssen, bis zu *fatte 'na pizza*, die weitergebacken wird, bis sich irgendwann die Utopie eines mafiafreien Lebens erfüllt. Es klingt aber auch die liebevolle Kenntnis von mindestens drei Jahrhunderten neapolitanischer Canzonen mit, die durch authentische Interpretationen von Gruppen wie der Nuova Compagnia di Canto Popolare wieder en vogue sind. Ein Lebenstraum erfüllte sich für Pino, als er 1990 gemeinsam mit Roberto Murolo *(Ottantavogliadicantare)* auftreten konnte, dem unumstrittenen Altmeister der Canzone mit der feinmodulierten, brüchigen Stimme, der noch als 90-jähriger 2002 das Album *Ho sognato di cantare* (»Ich habe geträumt zu singen«) herausgebracht hat.

Funkyjazzbeboplatinsalsaswingbluespopreggaestress!!! Mit der für ihn typischen *fusion africano-medioterraneo-partenopeo* ist Pino Daniele aber auch die Lokomotive der ganzen musikalischen *Neapolitan Power* Bewegung, die seit 20 Jahren eine unglaubliche Vitalität hervorbringt. Drummer Gennaro von Neapels erfolgreichster Rap-Electronic-Band Almamagretta bringt es auf den Punkt:

Neapel ist die Grenzstadt zu Afrika. Hier ist das Ende Europas. Wir haben mehr mit Marokko gemein als mit der Schweiz oder Deutschland. Deshalb haben wir den Rhythmus Nordafrikas genommen und den neapolitanischen Gesang hinzugefügt. Wir wollen keine reine Kultur; wir wollen die Verschmutzung: *Bastard Music.*

So kann Neapel in Zeiten, wo *world* und *ethno music* boomt, seinen multikulturellen Standortvorteil ausspielen, von Sahararhythmen bis hin zu Hafenarbeiterkauderwelsch aus Amerikanisch und Neapolitanisch. Pino Danieles Album *Medina* experimentiert 2001 mit Sufi und Samba: tatsächlich hat Neapels Musikszene fast etwas Brasilianisches, und die Lieder Pino Danieles finden bezeichnenderweise auch im gefühlsverwandten Brasilien der *favelas* begeisterte Zuhörer.

Nicht alles, was in Neapel geschmettert wird, ist anspruchsvoll. Wer sich durch die Fülle von Privatfernsehsendern zappt, stellt fest, daß einige fast nur hausgemachte Soap operas und Videoclips mit neapolitanischer Musik senden – das Heer der *neomelodici*, der Schnulzensänger vom Schlage eines Gigi d'Alessio sonnt sich in ähnlicher Publikumsgunst wie deutsche Komödiantenstadel oder der Daueraufguß irischer *traditionals*. Aber vielleicht ist das die wahre neapolitanische Musik, denn etwas kann man dieser provinziellen Szene nicht absprechen: Sie ist lebendig, sie ist produktiv, und vor den Tonstudios in den Kellerräumen der Galleria Umberto I. versammeln sich fast jeden Mittag lange Warteschlangen von jungen Neapolitanern, die ihre ganze Hoffnung auf die Musik setzen.

→ 'A Sfogliatella

ITALIENS WEIBLICHSTES GEBÄCK

Wer hat die sfogliatella erfunden? Das verwirrendste aller neapolitanischen Konfekte?
Ein barocker Architekt, der in der Küche das gekräuselte Spiel eines Ziermotivs nachahmte, oder ein extravaganter Venusmuschelfischer, so verliebt in seine schönen frutti di mare, daß er in Blätterteig die mysteriöse Spiralengeometrie nachahmte? Oder eine engelsgeduldige sanfte Novizin, die unbewußt ein Konfekt schuf, das ihrem Herzen glich?

MARIO STEFANILE, *Partenope in cucina*

Am Anfang war das viersilbige Wort: es hebt leise und tonlos an: *sfo*, steigert sich dann über ein palatales weiches *glia*, um schließlich in dem vollmundigen Diminutivsuffix *-tella* zu enden, das in der neapolitanischen Sprache so geläufig ist: die *sfogliatella* ist eben keine einfache *sfogliata*, irgendein Blätterteiggebäck, es ist die temperamentvollste und zugleich schmeichelndste Kreation der neapolitanischen Konditorkunst. Außen knusprig, und bei allmählichem Entkleiden ihres Blättergürtels im Innersten feucht, warm, auf dem Gaumen zerschmelzend und alle Sinne betörend. Sie ist das weiblichste Gebäck Italiens.

Natürlich ist hier die Rede von der *riccia*, der venusmuschelförmigen *sfogliatella* mit den krausen Ringellocken ihrer zarten Blätterteigringe. Ihrer kleinen, unschuldigen Schwester, der *frolla* aus Mürbteig, fehlt es am knackigen Biß, wenngleich die Füllung ebenso vertäut ist wie bei der reifen Form. Nicht selten wird Gebäck mit dem christlichen Sündengedanken in Verbindung gebracht. Als *peccato di gola*, Gaumensünde, umschrieben, bietet sich die

← Der süße Duft der pasticcerie und Klosterbäckereien

sfogliatella in aufreizender Pose dem Spaziergänger in den Auslagen der *pasticcerie* und Bars dar, verführt ihn immer wieder aufs neue, und er läßt sich genußvoll auf das Spiel ein, wissend, daß die Versündigung ohne bitteren Nachgeschmack bleiben wird.

Die *sfogliatella* ist nicht das einzige Beispiel für die symbolische Allgegenwart des Geschlechtlichen in der Stadt. Die Neapolitaner glauben fest an die phallusartigen roten Hörner, die vor dem *malocchio*, dem bösen Blick schützen, und tragen sie als Amulett um den Hals oder hängen sie in ihren Wohnungen und Autos auf. Doch während der *corallo* das allzu direkt Männliche längst eingebüßt hat, versprüht die *sfogliatella* immer noch weibliche Erotik.

Diese sexuell aufgeladene und manchmal ins orgiastisch-kannibalische Ritual umschlagende Komponente mediterranen Zuckerwerks wird von dem australischen Theaterdirektor Andrew Lindsay in seinem Roman *Karneval der Bäcker*, der in einer fiktiven süditalienischen Welt spielt, ausgeleuchtet (2001 auf deutsch veröffentlicht). Gianni erfährt von seiner heißblütigen Backstubenliebe Sylvana, daß schon die Römer einmal im Jahr feigengefüllte »Lippen der Venus« als Vorspeise zur heiligen Orgie verzehrten, und bäckt daraufhin eine lebensgroße Brotfrau nach:

Und dann wurde Gianni plötzlich von einer unwiderstehlichen Idee ereilt und watschelte schnurstracks aus der Kirche und hatte nur noch eins im Sinn: Er wollte seine rote Brotfrau holen und sie auf den Altar legen. Ein Vorhaben, das ebenso töricht wie grotesk war, und Gianni war närrisch genug, es in die Tat umzusetzen.
Er holte die Brotmadonna aus dem Schaufenster, nahm sie auf die Arme und trug sie in ihrer ganzen rosaroten Herrlichkeit hinüber in die Kirche. [...]
Vielleicht hat ja irgend jemand eine Erklärung dafür, wieso eine Frau, die aus Brötchenteig besteht, der mit Honigwein bestrichen wurde, eine derartige Anziehungskraft haben kann. Gianni jedenfalls konnte sich diese Frage ebensowenig beantworten wie wir. Die Brotfrau hatte jetzt, bei Tageslicht, einen rosa Schim-

mer, was von der vielen Koschenille kam. Als Gianni mit ihr den Gang hinunterschritt, drängte in kleinen Wellen die neugierige Flut der Schaulustigen heran. Gianni wollte seinem Geschöpf nicht mit dem Messer zu Leibe rücken, und darum brach er ihr erst einen Zeh ab, dann den nächsten und verteilte sie so häppchenweise an die ihn umbrandendende Menschenflut. Und bald war er von seiner Last befreit, denn die Leute bedienten sich an seiner herrlichen Figur, stopften sich hier einen Finger, da einen Zeh in den Mund, lutschten, kauten und bekundeten schmatzend und stöhnend ihr Wohlgefallen.

Auch wenn manche Forscher den Ursprung der *sfogliatella* im heidnischen Priapus-Kult sehen, steht doch fest, daß sie in der Urzelle einer religiösen Gemeinschaft geboren wurde: Zu Beginn des 18. Jahrhunderts erfanden Nonnen des Klosters Santa Rosa, oberhalb der Orte Conca dei Marini und Furore an der amalfitanischen Küste, ein Gebäck, das dort heute noch Santa-Rosa-Gebäck genannt wird. Es hatte die Form des weiblichen Geschlechts, und die Nonnen mögen ihren Spaß daran gehabt haben, diese Köstlichkeiten ihren Glaubensbrüdern über die Klostermauern hinweg zu senden. Die Zutaten entstammen der Region: Ricotta aus Agerola, Eier und Grieß aus Praiano. Das I-Tüpfelchen aber sind die kandierten Agrumen, meist Orangeat aus jenen Früchten, die die eigentlichen Hauptdarsteller in der amalfitanischen Landschaft bilden. Ein paar Stückchen geben der Ricotta-Mischung ihre erfrischende Würze, ohne aufdringlich zu sein, mildern seine Süße, ohne bitter zu wirken.

Schon früh wird die Süßigkeit literarisch fruchtbar gemacht. So in der Geschichte *Lo Mercante* (Der Kaufmann) aus dem auch *Pentamerone* genannten *Cunto de li Cunti*, einer von Giambattista Basile im Jahr 1634 geschriebenen Sammlung phantastischer Geschichten: ein barockes *Decameron* auf neapolitanisch. Darin muß der junge Cienzo aus Neapel fliehen, weil er beim Steinewerfen dem Königssohn »den Kürbis zermatscht« hat, und verabschiedet sich in pantagruelischem Wortreichtum – nur Spaghetti gehören damals noch nicht zu den alltäglichen neapolitanischen Schleckereien:

Halt die Ohren steif, da ich dich lassen muß, mein schönes Neapel! Wer weiß, ob ich das noch einmal sehe, Ziegel aus Zucker und Mauern aus Marzipan. Wo die Steine aus Manna sind, die Balken aus Zuckerrohr, die Türen und Fenster aus *sfogliatelle* (*pizze sfogliate*) [...] Ich kann dich nicht lassen, o Markt, ohne von Schmerz gebrandmarkt zu sein. Ich kann mich gar nicht trennen von dir, schöne Chiaja, ohne tausend Schmerzen in diesem Herzen zu tragen! Addio, Pastinaken und Rüben, addio, Zuckerkrapfen und Maronencreme, addio, Brokkoli und fetter Thunfischbauch, addio, Kaldaunen und Kutteln, addio, Würzfleisch und Pastetchen, addio, du Blüte einer Stadt, Zierde Italiens, bemaltes Osterei Europas, Spiegel der Welt, addio, Napoli non-plus-ultra, wo die Tugend die Grenzpflöcke eingeschlagen und die Anmut das Banner schwenkt. Ich scheide, um für immer Witwer der »verheirateten« Speckkohlsuppe zu bleiben, ich lasse diesen schönen Ort; meine Brokkoli, ich laß euch zurück.

Der Name *sfogliatella* bürgerte sich für das Gebäck erst Anfang des 19. Jahrhunderts fest ein. Damals wurde der königliche Konditor und Hoflieferant Pasquale Pintauro in den Adelsstand erhoben, nachdem er die *sfogliatella* auf den königlichen Speisezettel gebracht hatte. Freilich war er auf die *frolla* spezialisiert. Der Schweizer Luigi Caflisch, dessen süße Kreationen in ganz Europa berühmt waren, verzichtete zunächst auf lokale Spezialitäten, als er eine Filiale in Neapel eröffnete, mußte aber bald einsehen, daß eine neapolitanische *pasticceria* nicht ohne *babà, pastiera, struffoli, zeppole* und natürlich *sfogliatelle* Bestand haben würde. Pietro Carraturo schließlich verläßt als erster die aristokratischen Chiaia- und Toledo-Viertel und verlagert die Produktion des Gebäcks im Jahre 1837 in die Nähe der Porta Capuana. Dort, in Bahnhofsnähe, tritt die *sfogliatella* ihren Siegeszug im *ventre di Napoli* an und wird gleichsam demokratisiert.

Seither ist sie aus der neapolitanischen Backkunst nicht mehr wegzudenken. Ob *frolla, riccia* oder *Santa Rosa* (mit Creme und Kirschfüllung und deutlich größer), die *sfogliate calde* sind eine Institution. Sie an einem beliebigen Stand zu kaufen wäre ein Frevel wie zu Zeiten von Matilde Seraos Neapelroman *Il paese della cuccagna* (Das Schlaraffenland, 1891):

Und sonntags kauften all die patriarchalischen Familien, die aus den Messen der umliegenden Kirchen, aus Spirito Santo, Pellegrini, San Michele oder San Domenico Soriano herauskamen, beim Hin- und Herflanieren ihre sechs oder acht *sfogliatelle*, die dazu bestimmt waren, den finalen, festtäglichen Schlußakkord des sonntäglichen Mahles zu bilden.

Der Neapolitaner weiß, wo er sie erwirbt, kunstvoll verpackt in großen Kartons für das sonntägliche Mittagsmahl im großen Familienkreis, etwa bei Caflisch oder Moccia im Chiaia-Viertel oder Scaturchio an der Piazza San Domenico in der römisch-griechischen Altstadt. Die *sfogliatella* wird auch in den vornehmsten Kaffeehäusern wie dem Gambrinus gegenüber dem Theater San Carlo noch immer mit den Fingern gegessen, denn sie liegt gut in der Hand. *Madame Sfogliatella* ist eitel und gestattet keine Konkurrenz. Allenfalls duldet sie den neapolitanischen *caffè* an ihrer Seite, doch am besten genießt man sie pur, mit einem Glas klaren Wassers.

(Katja Ellen Jaeckel)

→ La rivoluzione siamo noi

Beuys und Neapel

MICHELE BONUOMO: *Andy, what do you think about Naples?*
ANDY WARHOL: *It is an incredible city. The last time I came it was really so nice to walk around in its streets. My God, it is fantastic!*
MICHELE BONUOMO: *Sollte New York einen Vesuv haben ...?*
ANDY WARHOL: *Nein, so etwas kann ich mir nicht vorstellen. Vielleicht gibt es hier in New York nur ein Ding, das wie der Vesuv aussehen könnte: das Empire State Building. Falls es Feuer fangen sollte...*
MICHELE BONUOMO, *Vesuvius*

Sich mit Menschen und Orten einzulassen kann unberechenbar sein. Jean-Paul Sartre versucht es 1935 in Neapel mit einer Annäherung aus Beobachtung und Unsichtbarkeit. Er wandert und sieht, ohne Teil des Szenarios zu werden. Am Ende des ersten Abends resigniert er, »es bleibt mir nichts anderes übrig, als ins Kino zu gehen«, und wundert sich: »Bin ich in Neapel? Existiert Neapel überhaupt?« Später verschlägt es ihn erneut in die Stadt. »Alle Gassen waren sich ähnlich. Niemand nahm Notiz von mir.« Plötzlich geschieht etwas mit ihm, er löst sich auf, bis ihm übel wird: »Es begann mit einem Brechreiz, aber sehr sanft und sehr süßlich, nach einiger Zeit durchfuhr es meinen ganzen Körper wie ein seltsames Kitzeln.« Die Wahrnehmung seiner körperlichen Schwäche schafft in ihm das Verlangen, die Haut und das Fleisch der anderen zu berühren. »Einer Kranken wäre ich am liebsten mit meinen Händen über den mageren Hals gewandert.« Eine Liebkosung zwischen Vater und Tochter erinnert ihn an das süße, reine Gebäck, das er in der Hauptstraße gesehen hat. Im Hunger stellt

← **Couragiert: Joseph Beuys und Andy Warhol necken den Löwen auf der Piazza dei Martiri**

er plötzlich fest: »Ich bin gefangen. – Das ist es, ich bin in Neapel.« (*Nahrung*, 1935).

1943, während des Krieges, sieht Beuys als junger Soldat Neapel zum erstenmal. Man könnte von einer jugendlichen Verliebtheit sprechen. Er ist begeistert von dem »Land, in dem die Zitronenbäume blühen«. Seine Berichte erinnern an Goethes *Italienische Reise*. Er macht Pläne. In einem Brief bittet er die Eltern, ihn an einer Kunstakademie einzuschreiben. »Ich will Künstler werden«, schreibt er und verdeutlicht schon jetzt: »Ich will Bildhauer sein.« Lucio Amelio (1931–1994), sein Freund und Kunstagent, der nach einem Studium in der DDR 1965 mit der *Modern Art Agency* Italiens avantgardistischste Gemäldegalerie begründete und Neapel mit Künstlern wie Baselitz, Mapplethorpe, Kounellis und Warhol bekannt machte, vermutet sogar, daß Beuys von Italien träumte, bevor er überhaupt da gewesen sei: »Beuys mochte den Süden Italiens, den sonnigen Teil Italiens. Das ist eine deutsche Faszination.«

28 Jahre später fährt Beuys zur Eröffnung seiner ersten Ausstellung nach Neapel. Die Bahnfahrt führt über den Brenner, vorbei an Verona und Rom, wie bei seiner ersten Reise. Beuys trägt einen Fellmantel und den Filzhut. Er ist aufgekratzt und erzählt allen, daß er die *Italienische Reise* liest. Als er Neapel erreicht, erwartet ihn Lucio Amelio am Bahnhof: »Er sah aus wie jemand, der richtig glücklich ist, wieder da zu sein, wo er vor langem schon mal war.«

Diese zweite Reise nach Neapel wird die Methode von Beuys verdeutlichen: Er schmilzt seine persönliche Geschichte und Wahrnehmung mit dem Charakter eines Ortes zu einem neuen, lebendigen Mythos. Und er macht die Natur zum Protagonisten seiner Kunst. Das ist etwas radikal Neues gegenüber der Klassik und Romantik. Dabei bleibt die Geographie an sich für Beuys unbedeutend; er ist kein »Konzeptkünstler« im herkömmlichen Sinne. Es geht ihm nicht um Symbole, sondern um dynamisches Speichern und Umwandeln von Energie. Ihn interessierten weniger die paradiesischen Naturzustände als das Wiedererleben des Schöpfungsaktes. Gerade die neapolitanische Landschaft mit ihren Eruptionen und Beben ist ein Ort, an dem Energieveränderungen zum Alltag gehören und Schöpfung sichtbar wird. Neapel konnte in der privaten Geographie von Beuys weder Zentrum noch Peripherie sein, sondern einfach »ein Stück Heimat«.

In Neapel fand er viel von sich selbst: die »soziale Skulptur« der Bewohner, die ohne Staat auskommen, die Selbständigkeit, die andauernde Erschütterung. Neapel ist Utopie, Verhängnis und Lebenskraft. Und: »Neapel ist eine Katastrophe.« Neapel ist die Stadt der Sedimente, der Anarchie, der täglichen Revolution, des Dialogs wie der Selbstgespräche. Die Vorsokratiker, Vico und andere Philosophen, die am Golf gewirkt haben, glaubten an eine Zeit, die, anstatt linear zu verlaufen, merkwürdige Schlaufen drehe und in Kreisen münde. Neapel hat einen langen Atem. In Neapel sind die Schichtungen gegenwärtig.

Dazu ist es ein Ort der Sonne und der körperlichen und kulinarischen Gelüste. In seinem Stammlokal La Campagnola in der Via Tribunali bestellte Beuys am liebsten *risotto primavera, scaloppine al vino bianco* und *patate al forno* und hinterher *babà*, die rumgetränkten Muffins Neapels. Auf der Überfahrt nach Capri lernte er den Winzer Baron Buby de Domizio Durini und seine Frau Lucrezia, die ihm eindrucksvolle Bücher gewidmet hat, kennen; ihr Palazzo im winzigen Abruzzenort Bolognano sollte für Beuys zur zweiten italienischen Wahlheimat werden. Hier nahm er ausnahmsweise seinen Hut ab, trank abends gern roten Montepulciano d'Abruzzo und tunkte frühmorgens taufrische grüne Chilischoten zusammen mit Knoblauchzehen und Oregano in Olivenöl als Brotaufstrich. Kofferwagenweise wurden frische süditalienische Lebensmittel nach Deutschland gefahren und während der documenta-Auftritte verteilt und auch in seine Aktion DIFESA DELLA NATURA (Die Verteidigung der Natur) als Protagonisten einbezogen. Der Kunstkritiker Alastair Macintosh hat diese Beuys'sche Verweigerung gegenüber moderner Verfremdung, diese Wahlverwandtschaft zu Neapel und dem Süden treffend analysiert: »Es ist viel schwieriger, ihn in Paris, London oder New York zu verstehen, er gehört nicht in die großen Museen und Kulturzentren.

Beuys ist dort, wo die Menschen noch miteinander sprechen, wo sie sich betrinken, um zu vergessen, wo sie sich einen Dreck um die moderne Kunst scheren. An diesen Orten macht Beuys Sinn, diese Menschen freunden sich mit seinen Ideen an.«

Neapel ist selbständig, aber die Stadt liegt an der europäischen Peripherie, näher am Maghreb als an Mailand, Paris oder Rom. Dennoch schaffte Beuys es zeitweilig, Neapel aus seiner Randlage zu lösen, es mitten in den Diskurs der Moderne zu stellen. Er hatte große Pläne: »Beuys wollte aus Neapel ein Weltzentrum der Künste machen«, so Lucio Amelio, der Beuys 1971 erstmals in Heidelberg begegnet und sich wundert, daß der Künstler mit dem Hut an ihm und Neapel interessiert sei. »Ich war nur ein einfacher Typ, der gerade anfing, sich mit Beuys zu beschäftigen. Ich wußte nicht, daß er seit mehr als zwanzig Jahren irgend etwas in Neapel machen wollte, es war Glück, daß ich zum richtigen Augenblick da war.«

Amelio macht Beuys den Vorschlag, mit seiner Familie nach Neapel und Capri zu kommen. Beuys zögert nicht lange. Mehr noch als Monumente fasziniert ihn die Natur. »Er kannte den Namen jeder Pflanze, jeder Blume, er aß sie sogar.« Capri war für ihn die »Insel des Schlafes«. Amelio erklärt: »In Capri, in der Küche fragte ich ihn nach einer Ausstellung, er antwortete, es sei schwierig, eine Ausstellung zu machen, weil er zeichne, Aktionen mache, Objekte zeige. Ich antwortete ihm, okay, dann machen wir eben zwei Ausstellungen. Er sagte, nein, laß uns vier Ausstellungen machen. So machten wir also vier.«

Diese vier neapolitanischen Ausstellungen umfassen einen Zeitraum von mehr als 15 Jahren. Neapel wird Bindeglied und Katalysator der selbst verfaßten Lebensbiographie. »Wir überlegten, wie wir vorgehen sollten. Zunächst wollte er in Videos, Zeichnungen, Objekten und Sprache von der Freiheit der Kunst sprechen [...] In einer zweiten Ausstellung, die er ARENA nannte, ging es um den Künstler als Katalysator. Der Künstler wird zum Helden, er wird Schamane.« Zum Thema paßt, daß Beuys bereits 1954 eine SIBYLLA PYTHONISSA zeichnete und später an einer Skulptur SIBYLLA/JUSTITIA arbeitete. Damit kreist seine Kunst um den Mythos der griechisch-archaischen Prophetin aus Cumae bei Neapel. Kurze Zeit danach entwickelte, so Beuys, die griechische Philosophie das Denken. Später ermöglicht das Christentum die Befreiung des Menschen. Jedoch werden die neuen christlichen Inhalte nicht verwirklicht, so daß die Menschen die gewaltige Bewußtseinsspaltung des Materialismus erfahren müssen.

LA RIVOLUZIONE SIAMO NOI (Wir sind die Revolution), mit diesem Satz wird ARENA in der *Modern Art Agency* in Neapel 1971 angekündigt: Beuys schafft durch das »wir« einen Zusammenhang der Anwesenden und seiner eigenen Lehrmeister. »Wir«, das ist auch Nietzsche und Steiner, Leonardo da Vinci und Joyce. Beuys bringt Gedanken zusammen und verwandelt sie. Beuys ist jetzt selbst Schamane, er arbeitet mit Schöpfungszuständen. Jeder Mensch ist Energie im alchemistischen Zustand. »Der Mensch steht knallhart in der Materie, aber es wird ihm nicht mehr geholfen wie früher von spirituellen Mächten oder von Hohepriestern oder von Eingeweihten oder von Druiden, sondern er muß das alles selbst machen – es hilft uns jetzt kein Gott mehr; wir müssen selbst Gott werden – jeder Mensch ist ein Künstler.« Aus der göttlichen Schöpfungskultur ist eine Inspirationskultur geworden. ARENA in Neapel ist exemplarisch für die Strategie und Weltanschauung von Beuys: in ihrer frühen Entwicklung stand die Menschheit in einem Abhängigkeitsverhältnis zu Priestern und Sehern, die den Menschen erst eine übersinnliche Erfahrung ermöglichten. So wird auch Jesus zum ERFINDER DER DAMPFMASCHINE: 1971 war Beuys mit Amelio in besonders finsteren Straßen Neapels unterwegs, als eine alte Frau um Geld für ein paar Bildchen mit dem Herz Jesu bat. Amelio wollte bereits weiter, doch Beuys hielt ihn an. »Kauf mir fünf von den Bildchen!« Auf einem schrieb er dann »Der Erfinder der Dampfmaschine« und überzeichnete den Wortlaut *Sacro cuore di Gesù* (Herz Jesu) mit seinem eigenen Namen.

Als Joseph Beuys an einem sonnigen Tag von Capri aus einen Bootsausflug machen möchte, der Motor aber nicht anspringt, betrachtet er lange die Klippen der Villa Jovis. Als Jesus gekreuzigt wurde, beherrschte von hier aus der Kaiser das römische Weltreich. Beuys sieht an diesem sonnigen Tag die Klippen auf ganz neue Weise und begreift, daß er »das Zeichnen neu erlernen muß«. Er holt sein Material und beginnt mit dem ersten Blatt seiner »... LEONARDO CODICES ...«. Leonardo da Vinci vereinigt für ihn analytische Methode und mythologisches Denken, Beuys führt seinen Kunstbegriff über Leonardo hinaus: »Da wo gegenwärtig die Entfremdung zwischen den Menschen sitzt – man könnte fast sagen als eine Kälteplastik –, da muß eben die Wärmeplastik hinein, zwischenmenschliche Wärme muß da erzeugt werden [...] Das ist die Liebe. Das ist das, was in diesem geheimnisvollen Christusbegriff steckt. Von der Kunst fordert er, ein so scharfes Messer zu werden, »womit man Kriege verhindern kann«: »Kunst kann heute keine Kunst mehr sein, wenn sie nicht die Gesellschaft gestalten kann.«

War Beuys als Schamane nicht doch wieder jener Hohepriester, Eingeweihte, Heilsbringer oder Druide, die er durch die Erfahrung der letzten 2600 Jahre vergessen machen wollte? Bei der Eröffnung von ARENA in Neapel gießt Beuys Öl über eine Skulptur, liegt auf dem Boden, umgeben von drei einfarbigen Bildern, zwei in Kobaltblau, eines in Grellgelb. Um seinen Kopf gewunden eine Pflanze, VITEX AGNUS CASTOR, zu deutsch: »Keusch-Lamm-Strauch«, oder Mönchspfeffer, wenige Stunden zuvor aus dem wie üblich geschlossenen Botanischen Garten in Neapel besorgt. Drei Stunden lang reibt er Kupfer und Eisen aneinander, sein Körper beginnt zu erzittern und zu beben, in Schmerz und orgiastischem Erleben ruft er: »Ich strahle, ich strahle!«

Die dritte Aktion steht unter dem Motto TERREMOTO IN PALAZZO, ein kontinuierliches Erdbeben, ein Aufrütteln, ein Bewußtmachen, ausgelöst durch das Erdbeben, das 1980 Kampanien und die Basilicata erschütterte. Beuys: »Noch immer wackeln die Paläste. Die Erdstöße in zahlreichen Städten und Dörfern des Südens und in Neapel selbst, die vielen Toten, derer wir immer gedenken müssen, wenn wir wirklich radikale Veränderungen herbeiführen wollen.« Er sieht eine Ausweitung der »Todeszone«, wenn nicht auch im menschlichen Sinne den Zusammenbrüchen Einhalt geboten wird.

Beuys ist nicht der einzige Künstler von Weltruf, der auf die Naturkatastrophe reagiert: Andy Warhol gestaltet mit dem 20-jährigen Keith Haring am 26.11.1980 die Titelseite der Tageszeitung *Il Mattino* mit dem Aufruf: *Fate presto* – Macht schnell! Heute sind die über 70 Werke der Amelio-Sammlung *Terrae Motus* im bourbonischen Königsschloß von Caserta eher versteckt als ausgestellt; der berühmte *Mattino*-Aufmacher ist hingegen in der 2002 eröffneten und von Gae Aulenti gestalteten U-Bahn-Station Piazza Dante als riesige Wandinstallation öffentlich präsent.

Die Amelio gewidmete CAPRIBATTERIE (1985) erreicht einen Bekanntheitsgrad weit über einschlägige Kunstzirkel hinaus. Ihr Multiple ist als Postkarte aufgelegt, an den Verkaufsständen befindet sie sich gleich neben dem Vesuv, Pompeji und der Blauen Grotte. Selbst das Bundesland Nordrhein-Westfalen war bei der EXPO 2000 in Hannover durch die Capribatterie vertreten.

In der CAPRIBATTERIE bearbeitet Beuys den Mythos der *dolce vita*. Capri hatte sich während der Nachkriegszeit in die europäische Südsee des Lichts, der Lebensfreude und leichten Musik verwandelt. So wie das Lied *O sole mio* aus Sehnsucht in düsteren Wintertagen am Schwarzen Meer entstand, wurde Capri zum Inbegriff der Hoffnung auf Wärme nach der Kälte des Krieges. Der Tourismus bedient sich des alten Goethetraumes, und Beuys macht ihn sichtbar. In einem neapolitanischen Laden fand er eine gelbe Glühbirne, wie sie so manchen deutschen Schrebergarten in mediterranes Licht tauchte; in Neapel wurden diese Birnen jedoch verkauft, um Mücken abzuhalten. Beuys befestigte das Gewinde der Glühbirne in einer frischen Zitrone. Die Zitrone wird feucht, die Glühbirne leuchtet. Die Capribatterie ist kosmische Alchemie. Es entstehen Reibung, Wärme, Feuchtigkeit und Licht. Die Methode von Beuys erinnert oberflächlich an Tourismusmarketing in drei Schritten: 1. der Griff in die Mottenkiste der Mythen und Kuriositäten; 2. Verkleidung des Mythos; und 3. Bewegung, also die

Kombination und Wiederbelebung. Beuys wußte, daß er sein Leben lang Werbung gemacht hatte. Aber: »Die Leute sollten sich mal fragen, wofür ich eigentlich geworben habe.« Auch in der Capribatterie war Energie wichtiger als das Symbol.

Sein persönliches Mausoleum errichtete Beuys schon vor seinem Tode im Museo di Capodimonte in Neapel. Mit PALAZZO REGALE, der vierten und letzten Installation von Ende Dezember 1985, zieht Beuys Bilanz. Er verknüpft das Königsschloß der Bourbonen (Palazzo Reale) mit dem Begriff Geschenk *(regalo)*. Sein Evolutionsbegriff erreicht den Höhepunkt: PALAZZO REGALE ist das Geschenk einer goldenen Zukunft, ein Fest und Lied auf das Leben. Zugleich ist Palazzo Regale der Sarg eines Pharaos. Beuys mumifiziert in einer Vitrine jenen Fellmantel, mit dem er 14 Jahre zuvor nach Neapel gereist war, und legt daneben u. a. eine Meerschnecke aus Capri, die er tritonengleich als Megaphon benutzt hatte, um seine Studenten herbeizurufen. Auch hier geht es um natürliche Energieumwandlung: Fell = Wärme, Muschel = Laut.

Sein neapolitanisches Vermächtnis: Der Mensch hat das Materielle überwunden, er ist Energie geworden. Jeder Mensch ist ein Herrscher, jeder kann dem Leben eine eigene Richtung geben. Alle Bezüge, die den Menschen leiten, werden so weit abgebaut, bis »der aktive Wille im Denken zur Wahrnehmung wird«. In diesem »Todespunkt« steht der Mensch sowohl am Anfang als auch am Ende der Schöpfung. PALAZZO REGALE schließt den Kreis. Einen Monat nach Eröffnung der Ausstellung war Joseph Beuys tot. 1999 benennt die Gemeinde Bolognano in den Abruzzen ihren Hauptplatz nach ihm: Piazza Joseph Beuys.

(Bernd Bierbaum)

→ La vera Pizza

Ein neapolitanischer Lokalaugenschein

Noi Napoletani amme 'nventate 'a pizza ... e gli Americani in cambio cosa c' hanno dato? 'O scatole per trasportarla!

Nikko Amandonico, *La Pizza. Ein Blick in die Seele von Neapel 2001*

1895 begann das Unheil aus neapolitanischer Sicht seinen Lauf zu nehmen. Die erste Pizzeria in New York wurde von neapolitanischen Emigranten eröffnet. Mit gebührendem Abstand folgten die deutschen Gastarbeiterpizzerien. Die allererste, 1952 von dem Abruzzesen Giuseppe di Camillo in der Würzburger Elefantengasse mit Grotta-Azzurra-Kulisse eröffnet, zielte auf pizzaessende amerikanische GIs. Diese Lokale lösten bei der Generation der Riminitouristen lebhafte Nachfrage nach typisch italienischer Pizza aus, auf die allmählich auch der Rest Italiens flexibel reagierte. Heute ist nicht nur der Globus, sondern auch ganz Italien flächendeckend mit Pizzerien überzogen. Brüsseler Eurokraten diskutieren, was in oder auf der Pizza sein darf, und tiefgefrorene Pizza aus der Mikrowelle ist schon längst keine Ausnahme mehr.

In Neapel, der Heimat der Pizza, brennt nicht nur wie seit eh und je das ewige Feuer der buntgekachelten glockenförmigen Pizzaöfen – ein guter *forno* sollte nie ganz ausgehen. Es kocht auch der Volkszorn der *pizzaioli*. »Früher waren wir Hauptstadt mit einem König, der regelmäßig Pizza aß. Wir haben die Pizza erfunden ... und was haben uns die Amerikaner dafür gegeben? Die Schachtel, um sie einzupacken!«

La vera pizza, die einzig wahre Pizza gibt es nur in der parthenopeischen Metropole unter dem Vesuv, da ist man sich ganz sicher. Pizzologen führen das 997 erstmals erwähnte Wort auf indogermanisch *peis* (schlagen, kneten) zurück. So soll die Kultscheibe aus Neapel in einer direkten Traditionslinie mit indoarischem *japati*, griechisch-orientalischem *pitta* und homerischen

DA CIRO
Trianon
PIZZERIA VERACE NAPOLETANA
Dal 1923 ©

Heroenfladen (sie aßen ihre »Tische«) verbunden sein. Auch ganz Italien besitzt teilweise noch lokale fladenartige Gebäcke wie *focaccia*, ligurische *sardenaria*, umbrische *schiacciata*, die sizilianische *fuazza*. Nur sie haben alle etwas gemeinsam: sie sind keine richtige Pizza und vor allem nicht rund. Und sie biegen sich, wenn man sie anschneidet, nicht so grazil wie die neapolitanische Pizza, die weich und doch leicht knusprig, hell und doch mit dunklen Brandbläschen bedeckt sein muß.

Die Urpizza soll die heute praktisch verschwundene *mastunicola* gewesen sein. Eine *pizza bianca*, mit Schweineschmalz getränkt, mit geriebenem Käse und Basilikum bedeckt. So steht es in alten Rezeptbüchern. Alles Unsinn, behauptet Giovanni Serritelli, Inspirator des in einem barocken Palazzo residierenden kulinarischen Zirkels *Simposium* und vielleicht der profundeste Kenner der einst in Europa führenden neapolitanischen Hofküche. Schweineschmalz war viel zu kostbar, praktisch ein Privileg des Adels. Ein Volksgericht war die *mastunicola* niemals, sondern ein Festtagsgebäck zu Ostern.

Nein, *la vera pizza napoletana* entsteht erst Mitte des 18. Jahrhunderts. Denn erst damals beginnt man darauf zu kommen, daß die von den Spaniern aus Amerika eingeführten Tomaten nicht giftig und daher nur in medizinischen Dosen genießbar sind. Gerade im kampanischen Hinterland, in der Sarnoebene bei Avellino, werden neue, süße Sorten entwickelt und in großem Stil angebaut: Der Siegeszug der Tomate in der süditalienischen Küche setzt ein. *I pomi d'oro sono di piacere*, rühmt 1733 Vincenzo Corrado in seinem Kochbuchklassiker *Il cuoco galante*. Tomaten schmecken, vor allem dem einfachen Volk von Neapel, das sie als willkommene Abwechslung zu den ärmlichen Gemüsesuppen empfindet und sich die teuren *maccheroni* nur selten leisten kann. Die mit *pomodori pelati*, mit geschälten gekochten Tomaten bedeckte Pizza wird zur Alltagsnahrung der Volksmassen. Viele essen sie

← **Der Vesuv ist immer dabei: Jugendstilplakat der Pizzeria Trianon** dreimal am Tag, früh, mittags und abends, wie ein Taschentuch *a quadretto* zusammengeschlagen. Daß die Fischer sie als Bordproviant mitnahmen, hat der Urvariante den Namen verliehen: *Marinara* mit Tomaten, Knoblauch, Oregano und ein paar Tropfen Olivenöl. Dem Ostpreußen Ferdinand Gregorovius war 1853 – wie vielen bürgerlichen Neapolitanern – dieses Armeleuteessen nicht ganz geheuer:

Das Volk ist nur da, um zu kaufen, zu essen. Hier ist das Theater für den Hunger Neapels. Man flüchte sich in eine jener wunderlichen Garküchen, wo hinter Bretterverschlägen die *pizzi*, große flache Kuchen, gegessen werden, welche mit Käse oder mit Schinkenstücken belegt sind, je nach dem Geschmack des Bestellers. Man fordert sie, und in fünf Minuten sind sie gebacken. Es gehört der Magen eines Lazzarone dazu, sie zu verdauen.

Dennoch verbreitete sich ihr Ruf derartig, daß die neapolitanischen Bourbonenkönige, die ein untrügliches und publikumswirksames Gespür für bodenständige Volksküche besaßen, neugierig wurden. 1772 betritt König Ferdinand trotz verzweifelter Vorhaltungen seiner habsburgischen Gemahlin die populäre Pizzabäckerei von *'Ntuono* an der Salita S. Teresa. *Re Nasone* (König Nase) ist begeistert, konvertiert die Granden seines Reichs zur Pizza und will schließlich seinen eigenen Pizzaofen haben. Passender Ort: Capodimonte, wo neben den Öfen für die königliche Porzellanmanufaktur auch einer für Pizza brennt.

1860 wurden die Bourbonen von dem Pizzaesser Garibaldi aus ihrem Königreich Beider Sizilien vertrieben, Neapel ist keine Hauptstadt mehr und verarmt zusehends. Schlechte Karten für die neue italienische Dynastie aus Savoyen. Bis Königin Margherita bei einem Neapelbesuch auf einen genialen Publicity-Einfall kommt. Demonstrativ läßt sie sich von dem *pizzaiolo* Raffaele Esposito Pizza im Palast backen. *Don Rafè*, der im Eselskarren anfuhr, hatte die Idee, die politische Königspizza mit weißer Mozzarella, grünem Basilikum und roten Tomaten in den Farben der italienischen Trikolore zu belegen und diese Komposition der Königin zu widmen. Neapels Pizzaklassiker, die Margherita, war entstanden. Und die Neapolitaner liefen mit fliegenden Fahnen zur neuen Dynastie über und haben noch 1946 zu 80 Prozent gegen die Republik gestimmt. Die Pizza hat auch diesen Wechsel der Staatsform überstanden: An die 500 Pizzaöfen brennen in Neapel, und es werden eher mehr als weniger. Denn auch die schicken Szenekneipen auf dem Vomero oder in S. Lucia haben *The first fast food in the world* wiederentdeckt.

Pranzo dei poveri, sfizio dei ricchi – Mahl der Armen, Schleckerei der Reichen: Pizza in Neapel schmeckt heute noch anders als im Rest der Welt, ist eine Lebensform, die von über die Generationen ererbtem Handwerksstolz geprägt ist. Da gebe es doch jetzt glatt Kurse, in denen man sich in bloßen sechs Monaten zum *pizzaiolo* ausbilden lassen könne, ereifert sich etwa Vincenzo Pagnani. Dabei brauche man mindestens zehn Jahre, bis man richtig gut sei. Er muß es wissen, denn er hat selbst als 15-jähriger Gassenjunge angefangen. Nicht irgendwo, sondern bei Brandi, 1780 gegründet, dem *forno* von Esposito, der Heimstätte der Margherita, der bodenständigen Pizzeria der VIPs. G-7-Staatschefs haben bei ihm ebenso Pizza probiert wie die Einheimischen aus den Spanischen Vierteln. Don Vincenzo liegt die Pizza im Blut, und die Hitze des Backofens scheint schwüle Gedanken zu fördern: »Alle kommen, um unsere Pizza zu probieren. Und wißt ihr warum? Weil die Pizza wie eine schöne Frau ist, um die 40, heiß, sinnlich und geheimnisvoll. Die weckt selbst die Toten auf.« Originalton Neapel. Solche Lebensweisheiten lassen sich tatsächlich nicht in einem halben Jahr lernen. Aber sie stehen nicht allein, wie der Auftritt der drallen blonden Pizzabäckerin in Giuseppe Marottas *Gold von Neapel* beweist, trotz des falschen Haartons eine Paraderolle Sophia Lorens im gleichnamigen Film:

Die milchigen Hände Donna Sophias walzen mit kleinen Schlägen den willfährigen Teig aus: heiße Laute sind hörbar, bald zu einem Wispern gedämpft, guttural möchte ich sagen, bald entschieden und voll und sinnlich, so daß die Schnurrbärte der Kunden, die auf ihre Pizze warten, wie Antennen erbeben, worüber man besser nicht weiter nachdenkt, wenn man gleichzeitig die Signora Pugliese betrachtet. In der Pfanne erschauern die Kuchen und nehmen, indes der Löffel sie wissenschaftlich gründlich mit qualmendem Öl begießt, eine blonde Tönung an wie die Achselhöhlen Donna Sophias. Die Männer essen für vier und starren für fünfzig.

Szenenwechsel von der *pizza fritta* zu *Sorbillo*, mitten im Bauch von Neapel. Ein winziger Basso wie aus dem Schwarzweiß-Film, versteckt in der Via dei Tribunali, gleich daneben einer der letzten Limonadenstände Neapels und die barocke Chiesa del Purgatorio. Mit Mühe drängt man sich am Backofen vorbei in den Gastraum, in dem mit äußerster Ökonomie vier Tischchen Platz haben. Anheimelndes Neonlicht, Besteck mit Plastikgriffen, gerissene Papierservietten – für Neapelkenner Indizien solider Qualität. Die *padrona*, Donna Esterina Sorbillo, zierlich, fein und gebückt, ist mit der Pizzeria alt geworden, schaut aber hin und wieder noch vorbei. Fürs Heiraten hat es nie gelangt, denn erst mußte sie ihre 15 kleineren Brüder und fünf kleineren Schwestern versorgen und dann die Pizzeria. Stolz verweist sie auf vergilbte Zeitungsausschnitte der fünfziger Jahre. Ganz Neapel verfolgte damals, wenn der Pizzaiolo Luigi Sorbillo von der Via Tribunali ein neues Bambino bekam. Immerhin schwört ein patriotisches Neapelkochbuch auf die aphrodisische Wirkung der Pizza, deren dunkle Brandbläschen schwärmerisch mit Juwelen auf dem Dekolleté einer rothaarigen Schönen verglichen werden.

Es soll Reisende geben, die (wie mittlerweile 59 Prozent der Neapolitaner) nur eine Pizza pro Woche essen wollen. In dem Fall gehen sie zu *Michele* in der Forcella. Ein neapolitanisches Muß für Pizzapuristen, vielleicht die letzte echte neapolitanische Pizzeria, in der man ab 8 Uhr Pizza frühstücken kann und die noch nicht der Mode des üppigen Belags verfallen ist. Hier gibt es nur *Marinara* und *Margherita* und dazu kanonisch Bier, denn für Weinausschank brauchte man früher eine Lizenz, für Bier in Flaschen nicht. Alles andere sind für die Brüder Antonio und Luigi Condurro Lächerlichkeiten von Kleinbürgern, die durch affigen Belag den großen Mann spielen wollen. Stolz verweisen sie auf ihr Credo: ein unübersehbares gerahmtes Gedicht in großen Lettern:

Ca se rispetta ‘a regola
facenno ‘a vera pizza [...]
Perciò nun ‘e cercate
sti pizze complicate
ca fanno male ‘a sacca
e ‘o stommaco patì

(Hier respektiert man die Regel und macht die echte Pizza [...] Darum sucht nicht nach diesen komplizierten Pizze, die nur den Säckel leeren und den Magen leiden lassen)

Daß das so bleibt, dafür sorgt schon – echt neapolitanisch – die Präsenz der Ahnen, die feierlich patriarchalisch und etwas steif aus großen Schwarzweiß-Photographien blicken, und die frisch vergoldete Heiligenstatue von S. Antonio Abbate, dem Beschützer des Herdfeuers. Und staatlicherseits ist auch alles abgesegnet: *Primaria pizzeria igienica moderna* bescheinigt ein Dekret von 1933.

Gleich gegenüber liegt das genaue Gegenteil. Im 1923 gegründeten Trianon, der wohl schönsten Pizzeria Neapels, gibt es nicht nur marmorgeflieste Jugendstilräume mit Osteria-Tischen, sondern auch eine richtige Pizzaspeisekarte, reicht die Auswahl von der etablierten *capricciosa* bis hin zu neapolitanischen Kreationen mit *salsiccia e friarielli* (Brät und Bitterkraut). Und das auf drei Stockwerken mit drei Backöfen. Ein neapolitanisches Konzept mit Zukunft. Das erste japanische Trianon ist schon angedacht.

Stets gut besetzte Tische im Freien und brummige Kellner, die solide Riesenpizza servieren. Bei Costa an der Piazza Capuana fühlen sich neapolitanische Familien gut aufgehoben: unverfälschtes bahnhofsnahes Neorealismo-Neapel für Esser, die hart im Nehmen sind und den sozialen Kick suchen. Leider ist vor ein paar Jahren die Hauptattraktion verschwunden: die Tankstelle gleich neben den Pizzeriatischen, deren Tankwärterhäuschen ein Poster des halbnackten Maradona aus seiner durchtrainierten Glanzzeit zierte, als er noch Meistertitel für Neapels Fußball holte. So war man noch näher dran am Geschehen.

Pizzaessen heißt Neapels Facetten kennenlernen. Wir lehnen uns zurück, um eines Pizzakünstlers aus Domenico Reas (1921–94) Roman *Ninfa plebea* zu gedenken, der in Nofi, einem Akronym seiner vesuvianischen Heimatstadt Nocera Inferiore spielt:

Die Pizza von Fafele war legendär. Man hatte ihn bis nach Cava und Salerno gerufen, aber der Alte hatte davon nichts wissen wollen. Cava oder Salerno schienen ihm fern zu sein wie Frankreich. Und er hatte nicht einmal die Nachfrage seiner Kundschaft in Nofi erhört, daß aus seinen fünfzig täglichen Pizze hundert würden. Er verteidigte sich, indem er sagte, daß eine Pizza zu machen nicht dasselbe war, wie einen Teller Spaghetti zu machen. Die Pizza ist nichts anderes als eine unförmige Boulette aus 200 g Mehl, das man mit Hefe aufgehen läßt. Man muß den günstigsten Moment erraten, um damit anzufangen, sie auf mehlbepudertem Marmor auszubreiten, sie zu schlagen und zu wenden und sie dann zurechtzumachen, bis man einen Teig kreisrund wie den Golf von Neapel hat, leicht und durchscheinend in der Mitte, ausgefranst wie eine Küstenlinie am Rand. Das zu sagen erscheint leicht, aber es zu tun, ist wie eine wilde Kreatur zu bändigen und sie zu formen, um die Stückchen Mozzarella aufzunehmen, die die weißen Segel sind, die Stückchen Tomate, die die dunkelfarbenen Segel sind, und die Basilikumblätter, die den lächelnden Schaumkronen des Meeres gleichen.

→ Maccheronifresser und Spaghettitrockner

Die Heimat der Pasta

Nur gar zu oft denke ich an Italien und am öftesten des Nachts. Vorgestern träumte mir, ich befände mich in Italien und sei ein bunter Harlekin und läge recht faulenzerisch unter einer Trauerweide. Die herabhängenden Zweige dieser Trauerweide waren aber lauter Makkaroni, die mir lang und lieblich bis ins Maul hineinfielen; zwischen diesem Laubwerk von Makkaroni flossen statt Sonnenstrahlen lauter gelbe Butterströme, und endlich fiel von oben herab ein weißer Regen von geriebenem Parmesankäse. Ach! von geträumten Makkaroni wird man nicht satt – Beatrice!

Heinrich Heine, *Die Memoiren des Herren von Schnabelewopski*

Heute würde man sofort die Kamera zücken: Die *mangiamaccaroni* auf den Hafenkais von S. Lucia gibt es nicht mehr. Verwegene verwilderte *lazzaroni*, barfuß und mit zerrissenen Hosen, die sich von den Fremden einen Teller *vermicelli* oder *spaghetti* kaufen ließen, um die unfaßbar langen Nudelfäden gierig mit einer Technik zu schlürfen, die seit den Zeiten des hygienewütigen Faschismus unwiderruflich dahin ist. Denn gleich den Dionysosstatuen im Museo Archeologico Nazionale, die an der Weintraube knabbern, hebt der echte Spaghettischlinger mit der rechten Faust ein Bündel verwirrter Nudeln hoch über den Kopf und läßt die leckeren Fäden in die Kehle gleiten – eine Methode, die dadurch erträglich wird, daß die *spaghetti* meist nur mit etwas Öl und Reibekäse angemacht waren. Richtig Mode werden Tomatensaucen zur Pasta erst gegen Ende des 19. Jahrhunderts. Die in Griechenland geborene Dichterin und Journalistin Matilde Serao hat in ihrem nach einem Roman Zolas getauften *Il ventre di Napoli* (Der Bauch Neapels, 1884) veristisch *quello che mangiano* (was sie essen) beschrieben:

Kaum hat es zwei Soldi, kauft das neapolitanische Volk einen Teller gekochter und gewürzter *maccheroni*; alle Straßen der vier Volksquartiere haben eine dieser Osterien, die unter freiem Himmel ihre Kochtöpfe aufstellen, wo die *maccheroni* immer kochen, die Pfannen, wo der Tomatensugo köchelt, die Berge von geriebenem Käse, ein pikanter Käse, der aus Crotone kommt.
Vor allem ist diese ganze Zubereitung sehr pittoresk, und Maler haben sie gemalt und sie beschaulich, ja fast elegant wiedergegeben, mit einem Wirt, der ein Hirte Watteaus zu sein scheint; und in der Sammlung neapolitanischer Photographien, die die Engländer kaufen, ist neben der »Nonne in Klausur«, dem »kleinen Taschentuchdieb« und der »flohzerstochenen Familie« auch die »Theke des *maccaronaro*«. Diese *maccheroni* verkauft man tellerweise zu zwei oder drei Soldi; und das neapolitanische Volk nennt sie knapp bei ihrem Preis: »ein Zweier und ein Dreier«. Die Portion ist klein und der Käufer zankt mit dem Wirt, denn er möchte etwas mehr *sugo*, etwas mehr Käse und etwas mehr *maccheroni*.

Bis in die 1930er Jahre gehörte der ambulante Kochstand des *maccaronaro* zu den festen Neapelbildern. Auch Neapels populärster König Re Nasone (Ferdinand IV./ I., 1759–1825), dessen Lieblingsvergnügen darin bestand, auf dem Fischmarkt in breitestem Dialekt selbstgefangene Fische zu verschachern, scheute sich nicht, die *spaghetti* zu königlichen Weihen zu erheben. Unter dem Beifall der verblüfften Gäste verzehrte er in der Königsloge des Teatro S. Carlo seine Nudeln mit der Hand.

Wenn Neapolitaner Fremden zeigen wollen, was richtige *pasta* ist, dann fahren sie mit ihnen nach Gragnano mit den uralten Hartweizenmühlen. Kein Ort repräsentiert die jahrhundertealte Tradition

← **Pulcinell in seinem Element als Spaghettischlinger**

handwerklichen Nudelmachens heute so wie das labyrinthische, chaotisch verstädterte Vesuvdorf, wo Touristen noch eine bestaunte Seltenheit sind. Echte Nudelmacherkunst ist der Drahtseilakt, ohne Zusatzstoffe endlos lange dünne Nudeln zu erzeugen, erklärt Signore Marchetti, Presidente der rührigen Firma *Pastai di Gragnano*. Dazu bedarf es einer doppelten Trocknung, die bis vor wenigen Jahrzehnten noch im Freien, meist auf der Straße oder direkt vor der Werkstatt stattfand. Nostalgiephotographien in Trattorien oder eine Passage aus der Novelle *Der Bergrutsch* von Marie Luise Kaschnitz erinnern an verschwundene Süditalienimpressionen, als in Amalfi, Torre del Greco oder Gragnano die meterlangen Fadennudeln wie auf der Wäscheleine trockneten:

Am kleinen Hafen, wo die Netze zum Trocknen hängen, und daneben hängen die feinen Nudeln, auch zum Trocknen, und leuchten schön golden im Lampenlicht.

Heute wird Pasta di Gragnano, die vorher durch Bronzeköpfe getrieben wird, langsam in Wärmekammern getrocknet. Die Neapolitaner schwören auf ihre Pasta, denn die so entstandenen porösen Nudeloberflächen sind ganz anders in der Lage, den *sugo* aufzusaugen und geschmacklich zu intensivieren, als turbogetrocknete proteinarme Industrieprodukte. Und immer noch wird hier eine verwirrende Fülle von Nudelformen hergestellt, von riesigen *paccheri* bis hin zu winzigen *stelline*, von an die Kolonialgeschichte erinnernden *tripolitane* bis hin zu den Hochzeitsnudeln *zite*. Interessant ist auch, daß der Name *spaghetti* (Fädchen) sich erst im 20. Jahrhundert durch den USA-Export richtig eingebürgert hat und die Neapolitaner bis vor kurzem lieber *maccheroni* oder *vermicelli* aßen.

»Ich könnte ohne Spaghetti nicht existieren, geschweige dirigieren ... vor jeder Aufführung brauche ich eine Riesenportion Pasta mit Sugo, egal, wo ich auch gerade bin.« Das Statement des neapolitanischen Dirigenten Riccardo Muti bestätigt einmal mehr, daß

Neapel und die Pasta eine untrennbare Einheit geworden sind. Doch wie wird ausgerechnet die Vesuvmetropole zur Hauptstadt der Spaghetti? Auf verschlungenen Wegen. Längst ist man über die simple Streitfrage, ob die Pasta ein Chinaimport Marco Polos oder italienisches Eigengewächs ist, hinausgelangt – die Nudelforscher sehen die Angelegenheit mittlerweile eher im Lichte des neapolitanischen Philosophen Giambattista Vico (1668–1774), der mit seinem Hauptwerk *La Scienza Nuova* als Erfinder antidiffusionistischer Kulturtheorien gilt. Kurz gesagt, die Chinesen haben die Nudeln erfunden, aber im Mittelmeerraum sind sie auch erfunden worden – die Kulturen sind unabhängig voneinander daraufgekommen, Mehl mit Wasser zu Teig zu formen und dann zu kochen.

Tausendseitige wissenschaftliche Abhandlungen wie *La Pasta. Storia e cultura di un cibo universale* von Silvano Serventi und Françoise Sabban (Nudeln, Geschichte und Kultur einer globalen Speise, 2000) zeigen, welch fast kriminalistischen Scharfsinn man braucht, um dem Ursprung der Spaghetti nahezukommen. Was die Sache so vertrackt macht, ist, daß weder das Lateinische noch das Italienische sprachlich einen Unterschied zwischen Nudel und Teig machen.

Fest steht, daß die Römer keine Nudeln kannten – spekuliert wird, daß Brotteig und Mehl beim Opfer an die Götter und in der Gastfreundschaft eine sakrale Rolle spielten und deswegen nicht gekocht wurden. Wer sich ernsthaft mit Nudelgeschichte beschäftigt, muß sich en passant durch unendliche Kirchenväterstreitigkeiten, ob man für die Abendmahlshostie gesäuerten oder ungesäuerten Teig verwenden sollte, hindurcharbeiten – denn rein bäckertechnisch ist die Hostie aus Mehl und Wasser auch nichts anderes als *pasta*.

Ex oriente lux, ex oriente pasta. In der jüdisch-arabischen Mischkultur des vorderen Orients ist der Ur-Ursprung aller neapolitanischen Nudeln zu suchen. Der erste hieb- und stichfeste Beleg für Nudeln ist jüdisch. Im 3. Jahrhundert n. Chr. fragt in einem Talmudkommentar eine Frau den Rabbi, ob sie den für die Priesterschaft vorgesehenen göttlichen Anteil *(hallal)* auch abgeben muß, wenn sie den Teig in Wasser kocht und nicht verbäckt. Arabische

Pasta war eher eine Art getrockneter Graupenersatz, wie noch heute Couscous oder reiskorngroße griechische *kritharakia*-Nudeln. Auch das Wort *maccheroni* soll ebenso wie die Makronen auf eine Körnersuppe zurückgehen, die zu Ehren der »Seligen« Verstorbenen gereicht wurde.

Im 12. Jahrhundert ist die arabisch meist *itriyya* genannte Pasta im kornreichen Sizilien nachgewiesen. Zur Erinnerung: Der Chinareisende Marco Polo lebte später, 1254–1324. Und erst ab dem 18. Jahrhundert wird Neapel zur Nudelmetropole der Welt. Die ergiebigen apulischen Hartweizenfelder des Königreichs Beider Sizilien, die Getreidemühlen an der wasserreichen Amalfitana und um den Vesuv und die virtuose Technik des Nudeltrocknens, verbunden mit dem permanenten Appetit der Hauptstadt Neapel, werden zur Grundlage dieser einzigartigen Erfolgsgeschichte. Bis heute ist der Mezzogiorno Heimat der *pasta secca*, der trockenen Pasta, die aus Hartweizen mit hohem für die kompakte Verklebung der Nudeln sorgenden Glutenanteil hergestellt wird. Sie ist eigentlich viel bekömmlicher und viel kunstvoller und aufwendiger zu erzeugen als die in Norditalien verbreitete *pasta fresca*, die wegen besserer Haftung meist mit Eiern geknetet wird.

Zurück nach Neapel und der absoluten Identifikation dieser Stadt mit dieser Speise. Keiner hat die *napoletanità* der Pasta so tiefschürfend analysiert wie der Ethnologe Marino Niola in seinen Essays *Totem und Ragù*, wo die Nudeln bis in die kosmisch-geschlechtliche Sphäre von Yin und Yang transponiert werden: »Nicht zufällig sind die Mythologie und die Rituale der *maccheroni* streng an die *mamma* gebunden, eine durchaus zwiespältige weibliche Figur. Sie ist der Inbegriff der Weiblichkeit im Sinne der Reproduktion, aber zugleich die Negation der Sexualität.«

Andere, wie der Neapolitaner Giuseppe Marotta (1902–1963), der lange Jahre als Journalist in Mailand lebte, haben die Spaghetti weit sinnlicher und hingebungsvoller genossen, sie aber auch eindeutig in den oralen Mamma-Kontext gestellt. In seinem 1947 veröffentlichten Klassiker *L'Oro di Napoli* (Das Gold von Neapel) geht es um Babynahrung auf neapolitanisch:

Wer das Paradies durch eine Tür betritt, ist nicht in Neapel geboren, wir halten unseren Einzug in den Palast der Paläste, indem wir einen dünnen Vorhang aus Spaghetti behutsam beiseite schieben. Wir wurden in Eile gestillt, während die Spaghetti kochten; rasch nahmen unsere Mütter uns von der Brust und steckten uns ein abgebrochenes Spaghettistück in den Mund; vorher hatten sie es mit den Lippen von der Fleischsauce gereinigt: andernfalls hatten sie sich darauf beschränkt, es zu küssen. Was hinterlasse ich denn auch meinen Kindern, wenn nicht die Spaghetti, die ich erbte?

Zu dieser infantilen Pasta-Orgie fügt sich das scharf eingefangene Bild eines lebenslangen *mammone* in Martin Mosebachs tief in das Verständnis Süditaliens eindringendem Essayband *Die schöne Gewohnheit zu leben. Der Golf von Neapel in Sprichwörtern* (1997):

Wenn Luigi zu Mittag ißt, hat niemand außer seiner Mutter etwas in der Küche zu suchen. Der sechzigjährige Mann sitzt im Unterhemd am Küchentisch, während Maria in der Nähe des Herdes steht, ihn beobachtet, gebrauchte Teller wegnimmt und neue Speisen aufträgt. Es ist zwölf Uhr mittags. »Luigi ißt mit dem Papst«, sagt Maria. Ihr ältester Sohn ist ihr schwierigster Gast. Reinheit ist sein Ideal, und er weiß, daß man heute auswärts nur selten noch etwas Reines zu essen bekommt. »Woher kommt das Öl?« fragt er. »Von Ugo«, sagt Maria. »Woher kommt der Wein?« fragt er. »Von Mario«, sagt Maria. Das ist die Unterhaltung, viel mehr wird nicht gesprochen. Maria weiß sich mit ihrem Sohn in der Feindschaft gegenüber Vorspeisen einig. So ein Teller mit Salami, Sardinen und Muscheln nimmt den ganzen Hunger weg. Der hochaufgehäufte Spaghettiteller muß aber mit Heißhunger angegangen werden, sonst schmeckt er nicht wirklich. Luigi sieht aus der Ferne zu, wie seine Mutter mit der Zange in den vollen Topf fährt und immer neue Portionen in den Teller fallen läßt. Wenn der dampfende Haufen dann vor ihm steht, beugt er sich darüber und führt mit der Gabel den ersten Spaghettistrang zum Mund; wie mit einer Nabelschnur wird er nun mit dem Teller verbunden erscheinen, bis er alles aufgegessen hat.

Ein internationales Lesepublikum ist mit dem Thema durch den Erfolgsroman *Die Pastakönigin – Roman einer neapolitanischen Nudeldynastie* (*Francesca e Nunziata*, 1996) von Maria Orsini Natale bekannt geworden, der auch mit Sophia Loren, der schönsten Spaghettiesserin aller Zeiten, verfilmt wurde. Die in Torre Annunziata lebende Autorin hat in dieser Familiensaga, die von der Bourbonenzeit bis 1940 spielt, detailliert und liebevoll die traditionelle manuelle Herstellung der Pasta und die Einführung der ersten Nudelpreßmaschinen beschrieben:

Der Müller hatte alle seine Frauen in seine Kunst eingeweiht, aber nur Francesca hatte er, zum Zeichen, daß sie die Tradition weiterführen sollte, die kleinen Hände mit Korn gefüllt, ihre Stirn mit dem mehlbestäubten Daumen bekreuzigt und ihr eine fast religiöse Einstellung zu ihrer Arbeit vermittelt [...]
Einem schlauen Einfall folgend hatte er allerdings die beiden kleinsten Mädchen, 'Ndreina und Sabella, bis zur Matrize hinaufsteigen lassen. Von dort aus sollten sie mit den kurzen Fächern, die sonst zum Anfachen des Herdfeuers dienten, die Nudeln gleich beim Herausquellen kräftig bewedeln, so daß sie schnell trockneten und nicht aneinanderklebten. [...]
Die im Korb liegenden fertigen Nudeln besänftigten den Großvater, der zurückgekehrt war und jetzt lächelte. Er kletterte nun selber bis zur Matrize hinauf. Auch Salvatore, der das Messer bediente, lächelte.
Sie tauschten solidarische glückliche Blicke. Dies waren ihre ersten kurzen Röhrennudeln, die vielleicht noch nicht ganz perfekt waren, aber das nächste Mal würden sie besser.
Als sie am Abend dieses Feiertags, es war nämlich Palmsonntag, die Röhrchen mit einer Soße aus Speck, Knoblauch, scharfem Paprika, Schwartenstückchen und mit geriebenem Schafskäse

bestreut aßen, wandte sich Großvater Giuseppe noch einmal an seinen Schwiegersohn, aber diesmal voll freudiger Anerkennung: »Verfluchter Salvatò, wirklich gut, diese Dinger …«
Salvatore bewahrte den Geschmack dieser Nudeln im Gaumen, und auch später, als sie andere Formate erfunden hatten und sich seine Matrizen nicht mehr zählen ließen, wurden sie immer am Geschmack jener allerersten mythischen Nudeln gemessen.

→ Der schwarze Schnee des Vesuv

Die Lieblingsferienorte der Römer

Hier der Vesuv war eben noch grün vom Schatten der Reben,/ und ein edles Gewächs hatte die Kufen gefüllt./ Hier sind die Höhen, die Bacchus vor Nysas Hügeln geliebt hat,/ hier ist der Berg, drauf jüngst Satyrn noch Reigen getanzt./ Hier war der Venus Sitz, ihr lieber selber als Sparta,/ hier die Stätte, berühmt, weil sie nach Herkules hieß./ All das liegt nun in Flammen und trauriger Asche versunken./ Ach, daß sie dieses vermocht, dauert die Götter nun selbst.

Martial, *Epigramme IV 44*

Er faßte sich ein Herz, trat einen Schritt vorwärts [...] als ein furchtbarer Aschenregen gerade vor seinen Füßen niederging. Noch einmal bebte der Gladiator zurück. Finsternis schloß ihn ein. Aber der Regen hörte nicht auf; hoch und erstickend stieg die Asche empor; tödliche Dünste strömten heraus. Der Unglückliche schnappte nach Luft, verzweifelt versuchte er zu fliehen. Die Asche hatte die Tür versperrt – er schrie laut auf, und sein Fuß fuhr vor der glühenden Masse zurück. Wie sollte er entkommen? [...]
Durch die Dunkelheit stierten ihm zwei brennende Augen entgegen – ein langer Blitz zuckte um den Tempel, und mit Schaudern erkannte Glaukus den Löwen, dem er hätte vorgeworfen werden sollen; neben ihm lag, eine solche Nachbarschaft nicht ahnend, die riesige Gestalt des Gladiators Niger. Der Blitz hatte Mensch und Tier gegenseitig enthüllt; aber ihr Instinkt war erloschen. Ja, der Löwe kroch näher zu dem Gladiator, wie um einen Gefährten zu haben, und Niger zitterte nicht, wich nicht zurück.

← **Bricht in allen Farben aus: Andy Warhols Vesuvius**

Der Vesuv bricht aus, und man ist mitten drin im Todeskampf: Edward George Bulwer-Lyttons *Die letzten Tage von Pompeji* (1834) bannt in filmisch wirkenden Horrorbildern den Ausbruch von 79 n. Chr., der Pompeji, Herculaneum und Stabiae unter meterdicken Asche- und Bimssteinschichten erstickte. Er zeichnet damit ein weit packenderes Bild als der in allen Reiseführern abgedruckte Ausbruchsbericht des Augenzeugen Plinius des Jüngeren, dem es vor allem darum geht, die stoische Ruhe seines Onkels zu rühmen. Denn Plinius der Ältere reagierte auf die Katastrophe, die ihn das Leben kosten sollte, eher mit wissenschaftlicher Neugier und hielt es für charakterstark, mitten im Chaos zu baden und zu speisen.

Der seit Menschengedenken friedliche Vesuv hatte mit seinem fürchterlichen Ausbruch nicht irgendeine Gegend des Imperium Romanum getroffen, sondern die Lieblingsurlaubsorte der Römer. Zwischen Bajae und Misenum, zwischen Herculaneum und den Küsten Capris und Neapels genossen reiche Patrizier und emporgekommene Freigelassene seit der Friedensepoche der frühen Kaiserzeit ein Leben als Villenbesitzer, Vergnügungstouristen oder auch betuchte Pensionisten: *agli ozi di potenti gradito ospizio* – den Mächtigen ein lieber Aufenthalt in ihrer Muße (Giacomo Leopardi). Sie feierten endlose Gastmähler wie die wahrscheinlich in Puteoli (Pozzuoli) spielende Freßorgie der *cena Trimalchionis*, die Fellini in *Satyricon* verfilmte, sie wetteiferten in der Zucht fetter Muränen, und sie erbauten an den Steilküsten waghalsige Häuser, die Moralisten vom Schlage eines Sallust verzweifeln ließen, weil das Ende der bäuerlich-bescheidenen altrömischen Welt gekommen sei: »Wozu soll ich denn noch Dinge erwähnen, die keiner glauben kann, wenn er sie nicht selbst gesehen hat: daß mehrere Privatleute sogar Berge abtragen und Meere überbauen ließen.« Andere fanden genau das toll, so z. B. der neapolitanische Lyriker P. Papinius Statius (40–ca. 96 n. Chr.) in seiner hymnischen Beschreibung der heute noch in Trümmern erhaltenen Villa des Pollius Felix bei Sorrent, die vor Statuen und kostbarem bunten Marmor geradezu gestrotzt haben muß. Manchmal hat man beim

Lesen fast ein modernes Luxushotel, das die wilde Romantik einer schroffen Meeresbucht mit allem architektonischem und technischem Komfort verbindet, vor Augen:

Zwischen den Mauern, die durch den Namen der Sirenen bekannt sind, und dem Felsen, mit dem Tempel der tyrrhenischen Minerva, liegt hoch oben eine Villa mit Blick über das dicaearcheische Meer. [...] Die Bucht weicht sanft zurück, gebogen wie eine Mondsichel, hier und da durchbricht das Meer die vorspringenden Felsen. Die Natur hat einen Strand geschaffen, den einzigen zwischen den Bergen, der sich ins Land zwischen dräuenden Felsen fortsetzt. Die Bucht ist lieblich. Aus den Dächern steigt das Badefeuer, und vom Land her läuft eine süße Nymphe zum bitteren Meer. Hier möchten der leichtfüßige Chor des Phorkos und Kymodoke mit ihrem nassen Haar und die meergrüne Galatea baden. [...] Wunderbar ist die Ruhe des Meeres. Hier lassen die müde gewordenen Wellen ab von ihrer Wut, und der Südwind weht milder; hier wagt der jähe Sturm weniger, glatt liegt die Wasserfläche, sie ist ein Abbild des Charakters ihres Herrn. Von dort kriecht ein Säulengang über den schrägen Berghang hinauf, er überwindet auf langem Rücken die rauhen Felsen. Wo früher nur die Sonne herrschte, der schwarze Staub und der wilde steinige Weg, da ist jetzt das Gehen eine Lust [...] Ein Berg war hier, wo du Ebene siehst, und das Haus, das du jetzt betrittst, war einmal ein Schlupfwinkel für das Wild. Wo du jetzt hohe Wälder siehst, da war nicht einmal Land. Der Besitzer bändigte den Platz, und als er die Felsen gesprengt und geformt hatte, trat an deren Stelle fruchtbarer Boden. Sieh nur, wie jetzt die Felsen lernen, das Joch zu tragen, wie da Häuser den Zugang erzwingen, wie der Berg auf Befehl zurückweicht! [...] Warum soll ich die tausend Gipfel aufzählen und die wechselvollen Aussichten? Jedes Zimmer hat seinen eigenen Reiz, hat sein eigenes Meer, und jenseits der Meerfläche hat jedes Zimmer eine andere Aussicht auf »sein« Land.

Kein Zweifel, der Golf war schon zu Zeiten von Tiberius und Caligula, von Claudius und Nero *in*. Doch da es in der Antike zwar Journalistennaturen, aber keine Journalisten gab, wissen wir von dem Treiben dieser Freizeitgesellschaft am ehesten durch ihre Kritiker. Denn gegen das Sündenbabel im Süden zu wettern gehörte in manchen Kreisen zum guten Ton. Properz härmte sich mit umbrischer Stoffeligkeit, daß seine angebetete Cynthia alleine ins frivole Bajae zur Kur fuhr, und Seneca läßt gegenüber seinem Schüler Lucilius eine Philippika gegen diesen Lustort los:

Wie ich unter Folterknechten nicht wohnen möchte, so auch nicht in der Nachbarschaft von Nachtlokalen. Anschauen zu müssen, wie Betrunkene an den Stränden entlang irren, wie man auf Booten Zechgelage feiert, wie die Seen dröhnen von der Katzenmusik der Konzerte und all die anderen Sünden, die die von Gesetzen nicht mehr eingeschränkte Ausschweifung nicht nur begeht, sondern öffentlich zur Schau stellt, ist das nötig? [...] Ein einziges Winterlager hat Hannibal zerrüttet, und dem von den Schneemassen und den Alpen unbesiegten Helden raubte das Wohlleben Campaniens die Kraft: mit den Waffen siegte er, durch die Laster ist er besiegt worden [...] Meinst du etwa, daß *dort* jemals ein Mann wie Marcus Cato hätte wohnen wollen, um die vorbeisegelnden Ehebrecherinnen zu zählen und die ganze Schar buntbemalter Gondeln und die auf dem ganzen See treibenden Rosen, um die nächtlichen Spottgesänge der Grölenden anzuhören? Aber genug mit Bajae gehadert! (51. Brief)

»Gleicht doch nichts in der Welt dem Busen von Bajae«, schwärmte Horaz, und daß auch damals schon »Tango mit Fango« angesagt war, verrät das elegant-satirische Kurschatten-Epigramm (1,62) des spanischen Spötters Martial (ca. 40–103/4 n. Chr.):

Keusch war Laevina wie nur die Sabinerfrauen der Urzeit
Und streng schon ihr Mann, so war sie doch strenger noch selbst.

Doch wie sie bald am Lucriner- und bald am Averner See wandelt
und sie in Bajaes Bad häufig die Welle umkost,
packt sie die Glut; sie verläßt ihren Mann und folgt einem Jüngling:
die als Penelope kam, geht nun als Helena fort.

Nicht nur die neureiche *jeunesse dorée* Roms, auch die Intellektuellen liebten damals schon den Golf. Was sie mächtig lockte, war die Aussicht, im »eigenen Land« der inspirierenden hellenischen Kultur zu begegnen, denn noch sprach die eingesessene Stadtbevölkerung in Neapel und Capri meist griechisch. In den Anfang des 3. Jahrhunderts n. Chr. entstandenen *Eikones* des Philostratos von Lemnos wird der Gelehrtentraum einer privaten Pinakothek, einer mit Gemälden geschmückten Musenvilla, deswegen auch nach Neapolis verlegt: »Es wurden die Spiele in Neapel gefeiert – die Stadt liegt in Italien, ihre Einwohner sind griechischer Herkunft und fein gebildet, und so sind sie auch in ihrem Eifer für Reden echte Hellenen.«

Jetzt hat mich Neapel für immer – *nunc me tenet Parthenope* – steht auf einem Grab in Piedigrotta. Auf dem zwischen *metropolitana* und aus einem Tufftunnel donnerndem Autoverkehr eingeklemmten Friedhof ist der vermutlich nach Gott (Bibel), Allah (Koran) und Agatha Christie meistgelesene Schriftsteller aller Zeiten bestattet. Publius Vergilius Maro (70–19 v. Chr.), geboren in Andes bei Mantua, gestorben im damals kalabrischen Brindisi, glücklich in Neapel, in dessen intellektuellem Klima er aufblühte. Parthenias war sein Spottname: der »jungfräulich Schüchterne« oder der »Neapelfan«? Nach Art der Bärin pflege er seine Verse zu gebären und sie dann durch Lecken zu formen, so beschrieb man die literarische Technik des römischen Nationaldichters und Propagandisten der augusteischen *concordia*. Einige der sprachgewaltigsten Hexameter der *Aeneis* hat er einem Schauplatz bei Neapel gewidmet, der von Augustus wieder ins Zentrum seiner imperialen Propaganda gerückt wurde. Cumae, die älteste griechische Kolonie des italischen Festlandes mit einem von Daedalus gebauten Tempel, Sitz einer Sibylle, die über den nahegelegenen Eingang zur Unterwelt beim Avernersee wacht – genau dort will Aeneas, der trojanische Stammvater der Römer, hinein:

Ausgehöhlt ist Kumaes Fels zur riesigen Grotte;
breit ziehn hundert Schächte hinab, der Mündungen hundert,
hundertfältigen Lauts dröhnt auf der Spruch der Sibylle.
Kaum an der Schwelle, begann die Jungfrau: »Zeit ist, zu flehn um
Schicksalsspruch. Der Gott, o siehe, der Gott!« So rief sie,
stand am Tor, jäh wechselt ihr Antlitz, wechselt die Farbe,
hoch auf flattert ihr Haar, hart keucht ihre Brust, voller Wut schwillt
wild ihr Herz, hoch wächst sie und wächst, kein sterbliches Wort mehr
spricht sie, steht im Anhauch ganz des näher und näher
waltenden Gottes. »Du säumst, Gelübde zu weihn und Gebete,
Troer Aeneas«, so fragt sie, »du säumst? Nicht eher erschließt dir
donnerdröhnend das Haus seinen Mund.« So tönte ihr Wort und
schwand und schwieg. Eiskalt rinnt Schreck durch Mark und Bein der
harten Trojaner, aus tiefstem Herzen betet der König. [...]
So aus innerstem Heiligtum läßt Kumaes Sibylle
schauerlich Rätselwort ertönen, brüllt in der Grotte,
Wahrheit hüllend in dunkles Wort; der Rasenden reißt den
Zaum und bohrt ins Herz gar tief die Sporen Apollo. [...]
Schnell vollzieht Aeneas alsdann den Befehl der Sibylle.
Hochauf ragte die Höhle, gewaltig mit klaffendem Rachen,
schroff und geschützt vom schwarzen See und finsteren Wäldern.
Nimmer konnten straflos hier hinüber die Vögel
nehmen im Fluge die Bahn; ein solcher Brodem entquoll dem
schwarzen Schlunde und stieg empor zum Himmelsgewölbe. [...]

Sieh, da beginnt an der Schwelle des Frühlichts, vor Sonnenaufgang
unter den Füßen der Boden zu brüllen, waldige Höhen
wogen vor Augen und Hunde durchheulen dämmrige Schatten,
da die Göttin sich naht. »Weicht fort, Unheilige, weichet!«
ruft die Seherin laut, »bleibt gänzlich fern dem Haine;
du tritt an deinen Weg und reiß dein Schwert aus der Scheide!
Jetzt ist Mut, Aeneas, dir not, jetzt Stärke des Herzens.«
Rief es und warf sich rasend hinein in den Rachen der Grotte.
Furchtlos folgte der Führung in gleichem Schritte Aeneas.

Doch zurück zum Vesuv, zurück zu dem von schwarzer Asche eingeschneiten Pompeji. »Der Blick auf den Vesuv ist für mich eine Katastrophe, weil ihn schon so viele Millionen, möglicherweise Milliarden geworfen haben«, sagte einst Thomas Bernhard. Tatsächlich könnte man so etwas wie eine Weltliteraturgeschichte des Vesuvs schreiben, doch werden auch die meisten Schriftsteller auf diesem Berg zu manchmal philosophierenden, meist aber nur staunenden und über die Mühsal des Weges klagenden Touristen, auch wenn sie wie Otto Julius Bierbaum 1903 auf empfindsamer Reise von Berlin nach Sorrent mit dem Auto fast bis an den Krater gefahren sind.

»Von ihm [Thomas Cook] erfahren wir auch, daß unser Automobil erst das vierte war, das hierherauf gekommen ist. Dies ist begreiflich, denn dem Motor wird durch eine Vesuvfahrt ziemlich viel zugemutet. Größer noch sind aber, meiner Meinung nach, die Zumutungen, die der Weg von der Endstation der Cookschen Bahn bis zum Rande des Kraters an die Beinmuskeln derer stellt, die so fürwitzig sind, dem Vesuv in den Schlund sehen zu wollen. Ich finden, daß in den Reisebüchem die Anstrengungen, die dieser Weg bereitet, ein bißchen zu gelinde dargestellt werden. Fünfzehn Minuten lang durch ganz lose Asche und rollende Schlacken steilaufrennen zu müssen (denn die Führer geben das Tempo an, damit man sich genötigt sehen soll, ihre Schlepperdienste in Anspruch zu nehmen), ist mehr als hart für einen Stadtmenschen, und vielen Damen dürfte es unmöglich sein. Für sie stehen zwar Tragsessel bereit, aber wer sich denen anvertraut, muß völlig schwindelfrei sein, sonst ist eine solche Chaisenpartie auf den Schultern dahingaloppierender Männer ein etwas bängliches Vergnügen.«

Einer, der seinen Aufstieg trotzdem mit einer gewissen feuchtfröhlichen Verve beschrieben hat, ist der sonst eher für patriotische Österreichdramen bekannte Franz Grillparzer. Damals stritten sich die einheimischen Guides ähnlich um die Fremden, wie man das heute von den ägyptischen Kameltreibern vor den Pyramiden kennt:

In Resina, von wo aus man nicht mehr weiter zu Wagen gehen kann, hielten wir an und waren in einem Augenblicke von einem Haufen zerlumpter Kerls umringt, die jeder, einen gesattelten Esel an der Hand, uns ihr Tier zum Besteigen anboten, wobei sie mit entsetzlichem Geschrei sich bald untereinander wegdrängten und wegstießen, bald sogar an uns selbst Hand anlegten um uns Zögernde kurz und gut auf die Tiere hinaufzuheben. Ich suchte mir aus dem Haufen den stärksten Kerl samt dem tüchtigsten Esel aus und machte mich so reisefertig. Bald war die ganze Gesellschaft im Sattel und umringt von Eseltreibern und lärmenden Gassenbuben, die teils Wein und Orangen nachtrugen, teils durch Eselhalten oder andre kleine Handreichungen eine buona mano zu erhaschen hofften, traten wir unseren komisch-romantischen Zug an. [...]
Es war bereits dunkel geworden, als ein uns entgegenwehender schweflichter Dunst uns ankündigte, daß wir uns dem Feuerherde näherten [...] Man sagte mir, das sei grauenhaft anzusehen, ich fand es nur begeisternd und erhaben. Habe Dank Natur, daß es ein Land gibt, wo du heraus gehst aus deiner Werkeltags Geschäftigkeit und dich erweisest als Götterbraut und Weltenkönigin, habe Dank! [...] Meine Füße waren durch die Sohlen meiner ungewöhnlich starken Stiefel halb gebraten, als wir

endlich uns entfernten, nachdem wir vorher sämtlich allerlei Münzen in herausgeholte Lava getaucht und diese zum Andenken mitgenommen hatten.

Wahre Literaturgourmets zitieren bei einer Vesuvbesteigung eine berühmte Weltschmerz-Ode, die Giacomo Leopardi (1798–1837), der verwachsene und vereinsamte »Hölderlin Italiens«, der in Neapel an der Cholera starb und neben Vergil auf dem Piedigrotta-Friedhof ruht, geschrieben hat. *La ginestra o il fiore del deserto* (Der Ginster oder die Wüstenblume) stellt der Eitelkeit der Menschen den glühend gelben Ginster des Flammenberges entgegen:

Es kehrt zum Himmelslicht
das lang vergessene, das ausgelöschte
Pompei, wie ein Gerippe,
das Habsucht oder Ehrfurcht
aus seinem Grab hervorzieht und befreit;
und auf dem leeren Markt,
umgeben von zerschlagenen Säulenreihen,
betrachtet lange Zeit
der Fremde jenes doppelte Gebirge,
den rauchverhüllten Kamm,
der immer noch das Trümmerfeld bedroht.
Und in den finstern, schreckenvollen Nächten
durcheilt ein Schimmer dort
entvölkerte Theater,
entstellte Tempel, eingestürzte Häuser,
wo Fledermäuse ihre Brut verbergen,
wie eine Todesfackel,
die traurig durch verlaßne Säle irrt:
Der Widerschein des Feuerstroms, der ferne
das Dunkel bricht und rings die Stätten rötet.

Auch durch Pompeji sind die Scharen der Dichter mit den Scharen der Touristen durchgezogen. Entsetzen und schwüle Antikenschwärmerei, Erschöpfung, aber auch der heitere Gedanken, daß die heutigen Süditaliener die wahren Erben des antiken Lebensgefühls seien, schwingt in den meisten Texten mit. Einige Kluge, Sensible spürten eher das Fremde, das Befremdliche von Pompeji, den kulturellen Graben zweier Jahrtausende und den Unterschied zwischen Ideal und Wirklichkeit, den Friedrich von Schiller in seinem Gedicht »Die Antike an den Nordischen Wanderer« auf den Punkt brachte.

Einer der faszinierendsten Pompeji-Verrisse stammt von der frühemanzipierten mecklenburgischen Gräfin Ida von Hahn-Hahn (1805–1880). Die adelige Dame, die später als Orientreisende Berühmtheit erlangte, fühlte sich in dem »Pygmäen-Maßstab« Pompejis eher beklemmt und beklagte vor allem das Los der antiken Frauen:

Ich bin ganz beschämt über den Eindruck den Pompeji mir macht! Die verschüttete Stadt! die auferstandene Stadt! die merkwürdige Stadt, so wichtig für die Kunstgeschichte, so interessant durch ihre Denkmale des häuslichen Lebens der Römer! welche Ansprüche an Respect und Bewunderung! – Und ach! keine Spur davon in mir. Mir war, als müsse ich stillschweigend eins von diesen Häuserchen einpacken und als Spielzeug für meine kleine Tochter mitnehmen. Diese Enge, diese Beschränkung, diese Winzigkeit bedrückt mich: Treppen wie Hühnerstiegen, Zimmer wie Alkoven, Fontänenbassins wie Waschbecken, Altarschreine für die Hausgötter wie Bienenkörbe, Küchen wie ein Feuerherd – sind mir zu klein. Und nicht die Einrichtung der Häuser allein, auch ihre Verzierung, diese Bilderchen, diese unendlichen Arabesken, diese Fontänen mit kleinen Muscheln ausgelegt, haben etwas Kleinliches, Kindisches. Fast alle Zimmerwände sind mit glänzend hochrothem Stück bekleidet: mir däucht, nur Wilde mit ihrer Vorliebe für grelle Farben dürfen in einem feuerrothen Zimmer wohnen. [...] Man tröstet sich zwar mit dem Gedanken, daß man nur darin schlief, aber die Frauen, die nicht auf dem Forum, nicht in der Curie, nicht unter den

Portiken ihren Geschäften nachgingen – wo hielten sie sich auf? ich würd' in solch einer Wohnung ersticken.

Die pubertierende neapolitanische Knabenklasse, die 1946 mit ihrer Lehrerin durch die Ausgrabungen zieht, interessiert sich hingegen brennend für die kleinsten und schäbigsten aller Räume, das *lupanar* oder Bordell. Einer der ausgebüchsten heimlichen Besucher heißt Luciano de Crescenzo, und Pompeji soll, so bekennt er in *Panta rhei*, sein ganzes Leben bestimmen:

»Wenn ich groß bin, werde ich Archäologe«, verkündete ich noch am selben Abend vor versammelter Familie.
»Da kannst du ja gleich unter die Hungerleider gehen«, war der Kommentar meines kulturell nicht besonders aufgeschlossenen Vaters.
»Wenn du unbedingt mit diesem alten Zeug zu tun haben willst, dann mach in Santa Lucia, gegenüber von den großen Hotels, einen Souvenirladen auf. Da kannst du dann außer Ansichtskarten auch Kolosseen aus Plastik verkaufen oder Glaskugeln mit dem Vesuv drin, auf den Schnee rieselt, wenn man sie umdreht.«

Luciano ist nicht der einzige, der von dem *lupanar* aufgewühlt wird, der die heitere Respektlosigkeit der Antike auch in sich fühlt. Denn der Schulausflug nimmt eine sinnliche Wende, die »jeder Komödie des Plautus würdig gewesen wäre«:

Fräulein Rigosi besaß eine Leica, mit der sie so ziemlich alles photographierte, was ihr an Beispielen italisch-korinthischer Baukunst vor die Linse kam. Ein Klassenphoto aufzunehmen, weigerte sie sich aber.
»Nur ein einziges, bitte«, bettelten wir, aber sie blieb taub auf diesem Ohr.
»Ich darf kein Material vergeuden!« antwortete sie streng. »Der Herr Direktor hat die Filme persönlich gekauft, und ihm muß ich sie auch zurückbringen.« [...]

Einer meiner Schulkameraden, ein gewisser Mautone, der mehrmals durchgefallen und schon volljährig war, verübelte es unserer Lehrerin ganz besonders, daß sie nicht einmal ein Erinnerungsphoto von uns machen wollte, und beschloß, ihr aus Rache einen derben Streich zu spielen. Als wir uns endlich im Strandbad Rex von Portici befanden, um das heiß ersehnte Bad zu nehmen, nutzte Mautone die Gelegenheit, daß Fräulein Rigosi sich sofort in die Fluten stürzte und weit hinausschwamm, um sich in ihre Kabine zu schleichen. Dort nahm er die Leica und ließ von seinem Banknachbarn (dem heutigen Bildhauer Gigino Caianello) seine Genitalien ablichten. Dann steckte er den Photoapparat in die Aktentasche der Lehrerin zurück und folgte dieser ins Wasser, um sich ein Alibi zu verschaffen. Dieser Streich ging in die Geschichte des Jacopo-Sannazaro-Gymnasiums ein. Ich kann mich heute nicht mehr genau erinnern, ob Fräulein Rigosi oder der Schuldirektor im Photogeschäft die »Vergrößerung« von Mautone abholte. Genau weiß ich nur noch, daß der letzte Monat dieses Schuljahres die wahre Hölle war.

Die wahre Hölle und das Paradies. Die Vulkanologen wissen es und warnen: die Ruhe des Vesuv ist gefährlich, der Symbolberg der *iconografia partenopea* könnte wieder explodieren wie auf den bunten Vesuvius-Bildern Andy Warhols. Ein ausfließender Vulkan ist berechenbarer als ein verstopfter. Diese dräuende Größe des Berges hat Curzio Malaparte in seinem Roman *Die Haut*, der während des letzten Vesuvausbruchs 1944 spielt, in einem eindringlichen Landschaftsgemälde festgehalten:

Es war die Stunde des Tramonto, und das Meer verfärbte sich allmählich weinrot, die Farbe der See bei Homer. Doch weiter draußen, zwischen Sorrent und Capri, erglühte das Wasser mit den hohen Steilküsten und die Berge und die Schatten der Berge sacht im lebendigen Farbton der Korallen, als ob die Korallenwälder, die die Tiefen des Meeres bedecken, langsam aus ihrer

Feuchte emporstiegen und den Himmel mit dem Widerleuchten dunkel geronnenen Blutes übergössen. Überwuchert von Zitronen- und Orangenhainen erhob sich fernab des Meeres gleich Zahnfleisch, das zu grünem Marmor versteinert ist, der Felshang von Sorrent, und die untergehende Sonne schoß vom anderen Horizont her ihre nunmehr kraftlosen Pfeile schräg darauf und ließ den wärmenden Goldglanz der Orangen und das kalte blaugrüne Funkeln der Zitronen aufblitzen, Ähnlich einem alten, abgenagten, von Regen und Wind gebleichten Knochen stand der Vesuv einsam und nackt unter dem endlosen, wolkenfreien Himmel und begann allmählich in einem rosenfarbenen Schimmer rätselhafter Herkunft zu glimmen, als ob das in seinem Körper glühende Feuer durch die harte, wie Elfenbein leuchtende, farblose Lavakruste durchschiene – bis endlich der Mond den Rand des Kraters wie die Schale eines Eis aufbrach und hell und ekstatisch in magischer Ferne aus dem blauen Abgrund des Abends aufstieg. Vom tiefsten Horizont kamen windgejagt die ersten Schatten der Nacht heran. Und, sei es die zauberische Lichterscheinung des Mondes oder die kalte Grausamkeit dieser abstrakten, schemenhaften Landschaft, es lag wie eine zarte vage Trauer über dieser Stunde, fast wie die Ahnung eines glücklichen Todes.

→ Der Revoluzzer als Feriengast

LENIN UND DIE CAPRIFISCHER

Selig, wer wenigstens einmal/ Wenigstens die Augen schließend/ Euch alle vergessen könnte/ Ihr die nutzlos seid wie eine Erkältung/ Und nüchtern/ Wie Mineralwasser.
Alle so langweilig, als ob/ Es in der Welt kein Capri gäbe./ Aber Capri existiert/ Mit seinem Heiligenschein von Blumen/ Ist die ganze Insel ein Faun mit roter Haube.

WLADIMIR MAJAKOWSKI

Jeder ABC- oder besser kyrillisch AVG-Schütze in der Sowjetunion kannte das Photo, in jedem Leninmuseum hing es: Wladimir Iljitsch Uljanow, genannt Lenin, spielt mit Aleksandr Bogdanow auf der Terrasse von Maxim Gorkis Capri-Villa Schach, beäugt von Lenins Frau Krupskaja. Ein eigentümliches Bild großbürgerlicher Kaffeehausruhe – der Revolutionär erholt sich ausgerechnet auf der Luxusinsel! Tatsächlich hat Capri seit dem folgenschweren einwöchigen Kurzaufenthalt Lenins eine ganz eigene Beziehung zum russischen Vaterland der Werktätigen gepflogen.

Die altväterliche Aeroflot-Werbung an der Talstation der Seilbahn, die sich zwischen Gucci- und Armani-Models seltsam antiquiert ausnahm, ist Anfang der neunziger Jahre verschwunden. Doch das öffentliche Lenindenkmal von 1970 bleibt Capri erhalten, wenn auch die gewendeten Neofaschisten der *Alleanza Nazionale* jüngst dagegen protestiert haben. Das von der Sowjetunion gestiftete Revolutionärsporträt auf kantigem Marmorblock beherrscht einen schattigen, verborgenen Platz etwas oberhalb der Augustusgärten, wenige Schritte entfernt vom kapitalistischen Meisterwerk der Insel, der Serpentinentreppe Salita Krupp. Der

← **Ließ sich gern wie ein Theaterbandit photographieren: Maxim Gorki zwischen Capri-Agaven**

Künstler der Stele war kein Geringerer als der Bergamaske Giacomo Manzù, Schöpfer der Bronzetüren im Salzburger und im Petersdom, Lieblingsbildhauer von Papst Johannes XXIII. und Leninpreisträger des Jahres 1966. Ein schräger Ort, denn die Abgeschiedenheit lockt auch Neapels nächtliche *gay community*: auf dem Marmor, der mit Graffiti beschmiert ist wie einst der römische Pasquino, lassen sich die unterschiedlichen Motive der Besucher ablesen. Sadomaso-Hardcore steht neben allerlei kyrillischen und kaukasischen Schriftzeichen, die Väterchen Lenin ihre Reverenz erweisen wollen: »Und von welchem Geld lebte Onkelchen Lenin hier???« fragt am 1. Mai 2002 eine zierliche Frauenschrift, vielleicht genervt von den prohibitiv hohen Pensionspreisen der Insel. Kaum einer der russischen Capripilger dürfte wissen, daß auch in den Amtsräumen des *sindaco*, des Bürgermeisters von Capri, eine Zeichnung des auf der Insel flanierenden Lenin hängt. Gemalt hat sie ein weiterer Leninpreisträger, der große sizilianische Maler Renato Guttuso (1912–1987), der Sex und sozialistischen Realismus, Boogie-Woogie, Landarbeiteraufstände und Feigenkakteen in eindringliche Bilder umzusetzen wußte.

Russen auf Capri – schon 1871 hatte Iwan Turgenjew prophezeit: »Capri ist ein Wunder [...] ein Tempel der Göttin Natur [...] der Eindruck davon wird mir bleiben bis zum Tode [...] Wisse aber, daß in kurzer Zeit, dessen bin ich sicher, die neue Generation der russischen Intellektuellen zur Insel Capri wallfahrten wird, und, wer weiß, vielleicht werden wir dort eine starke russische Kolonie von Malern und Schriftstellern sehen.« Er sollte recht behalten: Anlaufstelle für Lenin und die zahlreiche russische Diaspora waren die äußerst gastfrei geführten Villen, die der damals schon international gefeierte Dichter Maxim Gorki während seines langjährigen Capreser Exils mietete. Der in Nishnij-Nowgorod geborene Gorki (»der Bittere«) hatte sich nach schwerer Jugend als Schiffskoch, Bierfahrer, Nachtbrezelbäcker und Wolgaschlepper durch Dramen wie *Nachtasyl* und *Die Kleinbürger* einen Namen gemacht, war aber während der Revolution von 1905 wegen umstürzlerischer Umtriebe verhaftet worden. Auf Grund internationaler Proteste von der zaristischen Regierung freigelassen, suchte er zunächst mit seiner Lebensgefährtin Marija Fedorowna Andrejewa in den USA Asyl, sah sich aber bald durch die puritanischen Mäkeleien an seiner »wilden Ehe« genervt. Von 1906 bis 1913 fand er auf Capri, das auch seiner Lungenkrankheit gut tat, sein Jasnaja Polja, wo Bücher wie *Die Mutter* und *Meine Kindheit* entstanden. Nach der hochfeinen Anlaufadresse des Grand Hotel Quisisana und der nach einem griechischen Capreser Poeten getauften Villa Blaesus-Settani (jetzt Hotel Krupp) mietete er die auffallend rostrot gestrichene Villa Behring, an deren Fassade noch heute eine Plakette an den Besuch Lenins erinnert. Schwarzweißphotos zeigen den militärisch-bäuerlich kurzgeschorenen Poeten mit dem stattlichen Schnauzer meist in entspannten Posen und Kleidern, die sich von den muffigen Bratenröcken der ihn besuchenden russischen Intelligentsia abheben: Den schwarzen Kalabreserhut tief in die Stirn gedrückt und in ein Cape gehüllt, karikiert er mit gezückter Pistole die 1848er Revolutionärstracht kalabresischer Briganten; in weißer Hose, weißen Schuhen und aufgekrempeltem Baumwollhemd entspannt er sich ganz *à la grand tourisme.*

Gorki hielt großes Haus, und so kam es immer wieder zu seltsamen Begegnungen. Welten prallten aufeinander, als Rainer Maria Rilke, ganz ästhetischer Elegant, dem Proletarierdichter 1907 seine Aufwartung machte. Der Deutschprager, den Capri zu elegischen Gedichten wie »Uraltes Wehn vom Meer« inspirierte, stieß sich deutlich daran, daß Gorki zu sehr den »Demokraten herauskehrte«, nach Rilkes Meinung für Künstler und Russen, deren Stärke die Geduld sein müsse, völlig unpassend: »Sie kennen meine Meinung, daß der Revolutionär dem Russen direkt entgegengesetzt ist.« Treffsicherer war Rilkes Analyse der eigentümlichen Emigrantenstimmung, die für die touristischen Schönheiten der Insel und die lockenden Verheißungen mediterraner Entspannung kaum ein Auge zu haben schien:

Merkwürdig war die Atmosphäre namenloser, anonymer Égalité, in die man geriet, sobald man an dem runden Tisch

Platz nahm. Es war wie ein Jenseits, in dem diese Verbannten verweilten, und ihre Augen schienen nach der Erde zurückgewendet, die Rußland ist und wohin zurückzukehren so ganz unmöglich erscheint.

So bildete sich in Capri um Gorki einer der wichtigsten russischen Emigrantenkreise, der in der Gründung der »Schule von Capri« gipfelte. Die Nietzschesche Idee eines süditalienischen Philosophencercles wurde besonders von Exilanten wie Aleksandr Bogdanow, dem späteren Gründer des Proletkults und Herausgeber der ersten Sowjetenzyklopädie, in einer Art freier Parteiakademie umgesetzt. In lockerer Folge schauten hier Männer wie der spätere KGB-Gründer Feliks Dzerschinski, Starbassist Fjodor Schaljapin und der gelehrte Anatol Lunatscharski, erster Volkskommissar für das Bildungswesen, vorbei – auch Rosa Luxemburg und Trotzki wurden um Mitarbeit gebeten.

Eine Einladung, eventuell dort zu lehren, und zugleich die Aussicht, wieder einmal Richtungskämpfe zu bestimmen, bewogen den sonst pflichtbewußt im Dienst der Sache in braven Städten wie Zürich oder München publizierenden und agitierenden Berufsrevolutionär Lenin im April 1908 zur Fahrt gen Süden: »Hol's der Teufel, es ist ungeheuer verlockend, zu Ihnen nach Capri zu kommen!« Ganz patriotisch verlief der Empfang am kleinen Hafen: dem von der Schiffahrt bleichen Lenin wurde ein russisches Lied zur Begrüßung geschmettert, und Gorkis einheimischer Koch Cataldo versuchte sich an Piroggen. Doch die scheinbare Harmonie trog: Nicht nur, daß Lenin ziemlich verschnupft gewesen sein soll, weil er das Schachspiel verlor, auch sonst sagte ihm das Schwärmerische des eher aus Künstlern und Literaten bestehenden Caprikreises nicht zu. *L'altra rivoluzione,* die andere Revolution, wie es Vittorio Strada, langjähriger Leiter des italienischen Kulturinstituts in Moskau, in einem Standardwerk formuliert hat, blieb durch Lenins ideologische Ablehnung Utopie. So wurden die kurzen Tage auf Capri entscheidend für die weitere Entwicklung der Bolschewistischen Partei zur strengen Kaderschmiede.

Gorkis eher idealistischer Weg, in einer Sommerakademie freier Menschen eine Gegengesellschaft zur Repression des Zarenregimes zu schaffen, behagte dem puritanischen Revolutionär Lenin nicht, der das für utopische Linksabweichlerei hielt: So ging irgendwie in den Diskussionen von Capri die sozialdemokratisch-menschewikische Option der russischen Revolution, der Sozialismus mit menschlichem Antlitz baden.

Doch bei aller ideologischen Strenge genoß Lenin das für einen Kommunisten politisch-korrekte Vergnügen, sich unter die elitärsten und malerischsten Proletarier des Weltkreises zu mischen. Denn wo gab es solche Volkstypen wie hier, um ein Revolutionärsherz ins Schwärmen zu bringen? Echte Caprifischer, frei und wild, barfuß und trotzig, stolze, mit den Elementen vertraute Naturkinder: die perfekte Gegenwelt zur angekränkelten internationalen Bourgeoisie der großen Hotels, die ihrerseits ja auch die freien Inselkinder mit den so antik wirkenden Profilen anschwärmte.

Er sprach nicht italienisch, aber die Fischer von Capri, die Schaljapin und viele andere bedeutende Russen gesehen hatten, räumten Lenin sofort eine herzliche Stellung ein. [...]
Der alte Fischer Giovanni Spadaro sagte von ihm: »So lachen kann nur ein ehrlicher Mensch.«
In einem schwankenden Nachen, auf blauen und wie der Himmel durchsichtigen Wogen, lernte Lenin »mit dem Finger« angeln – mit der Schnur ohne Angelrute. Die Fischer erklärten ihm, er müsse anziehen, wenn der Finger ein Zucken der Schnur verspüre.
Così: drin-drin ... capisci? sagten sie.
Er zog auch sofort an, holte den Fisch herauf und rief mit der Freude eines Kindes, mit dem Eifer eines Jägers:
»Aha! *Drin-drin!*«
Die Fischer brachen gleichfalls in kindlich-fröhliches schallendes Gelächter aus und nannten ihn »Signore Drin-Drin«.
Als Lenin schon lange fort war, fragten sie immer noch:

»Wie geht es Signore Drin-Drin? Der Zar hat ihn doch nicht gefangen, was?«

Zu diesen Erinnerungen Gorkis ist zweierlei anzumerken. Signore Drindrin dürfte übersetzt nicht Signore Bimmel-Bimmel bedeuten – *drindrin* ist in Lexika des Hochitalienischen der Laut der Fahrradglocke –, sondern dialektal für *trainare* (ziehen) sein. Und der alte Fischer Giovanni Spadaro ist nicht irgendwer, sondern der berühmteste Caprifischer aller Zeiten. Selbst am Uhrturm der Piazzetta hat die Comune di Capri mittlerweile eine Gedenktafel für den legendären *marinaio* angebracht. Giovanni Spadaro, hochgewachsen, muskulös-ausgemergerlt, mit schulterlangem Haupthaar und schlohweißem Vollbart, oft barfüßig, doch mit stolzem, freiem Blick und Meerschaumpfeife, war über Jahrzehnte Italiens meistphotographiertes Photomodell. Jeder wollte von dem »malerischen« Fischer in die Blaue Grotte gerudert werden. Myriaden von Schwarzweiß-Postkarten zierte sein Profil, und was er sagte, galt als Orakel. Giovanni Spadaro, das war die Perfektion des edlen Wilden, arm, aber frei (wie schon in August von Platens Ode »Die Fischer von Capri«), eine lebende Capri-Ikone, die von Touristen wie Revolutionären gleichermaßen verehrt wurde. Kein Geringerer als Theodor W. Adorno hat ihm einen seiner Essays gewidmet:

Das Urbild des Fischers Spadaro sind die hundertfünfundsiebenzig Abbilder, die, auf Capri, hundertfünfundsiebenzig Maler nach dem Original gefertigt haben. Vorher war er nur da, der schlichte Mann, und half abends auf der Barchetta das Meer und dessen Fische mit seiner Laterne beleuchten wie ein Stern, weil es andernfalls zu dunkel gewesen wäre; nun ist er selber symbolisch durchhellt ganz und gar. Er hat Meer und Sterne gleichsam überflüssig gemacht. Daß Massaniello [sic!] ein neapolitanischer Revolutionär war und eine rote Mütze trug, weiß jeder Deutsche [...] Die Cookgesellschaft [...] zahlt dem Fischer ein regelmäßiges [...] Gehalt zur Anerkennung seiner Existenz und zur Hebung des Fremdenverkehrs. Als Gegenleistung trägt er gleichzeitig an verschiedenen Orten die rote Mütze, einen sorgsam verwahrlosten Shawl, einen Vollbart, der sich der wechselnden Capreser Beleuchtung anpaßt.

Mit feiner Beobachtungsgabe für das »Kunstwerk und den Caprifischer in seiner Reproduzierbarkeit« weist hier Adorno darauf hin, wie die scheinbar revolutionäre rebellische Kopfbedeckung zum touristischen Mainstreamobjekt erstarrt. Tatsächlich geht die französische Jakobinermütze auf den amalfitanischen Fischer Masaniello zurück, der 1647 recht erfolgreich zehn Tage gegen die spanische Adelsherrschaft in Neapel putschte und europaweit in Dramen und Opern gefeiert wurde. Denn der trug, wie alle Fischer früher am Golf, eine rote Mütze.

Habent sua fata libelli, Bücher haben ihre Schicksale. In der kühlen Bibliothek Capris in einer ehemaligen Zelle der Certosa, des Kartäuserklosters, hängt das Schwarzweiß-Bild eines Poeten, der nach Auskunft der jungen Bibliothekare Riccardo und Alberto deswegen zu dieser Ehre kam, weil er mit seinem Spitzbart fast wie Mussolinis Lieblingsdichter Gabriele d'Annunzio und zugleich fast wie Lenin aussah, was verblüffenderweise tatsächlich zutrifft. Entnommen ist das janusköpfige Autorenporträt einem fast verschollenen Buch mit dem schlichten Titel *L'isola Capri* (Die Insel Capri), das 1913 auf Capri in italienischer Übersetzung gedruckt wurde. Ein ukrainischer Kulturzirkel in Kanada hat die bibliophile Rarität der Capreser Bibliothek gestiftet, denn der geheimnisvolle Dichter war Ukrainer und hieß M.(ichajlo) Kotzjubynskyi (1864–1913). In seinem von Sonne und Bläue nahezu trunkenen Inselwerk wird ein Caprifischer zum restlos naturverbundenen quasi göttlich-archaischen Wesen, zu einem modernen Glaukos stilisiert. Der Capriproletarier als Übermensch – sieht so die vom Gorki-Kreis angestrebte Neuschaffung Gottes *(bogostroitelstvo)* in der Schöpfung aus?

Der alte Giuseppe singt immer. Er schert sich nicht um seine 70 Jahre, nicht um seinen schwarzen zahnlosen Mund, der immer zum Gesang geöffnet ist.

Die Hände, verbrannt vom Wind, ruhen auf dem Ruder, und die Ruder sind wie Flügel im Blau. Sogar die Luft scheint blau. Giuseppe singt. Hier ist er mehr der Herr als auf der Erde. Sicher überlegt er, bevor er sagt, wer ihn gebar: eine Frau oder eine Meereswoge.
Das Meer hat ihn geschmiedet wie eine Klippe, er ist rauh geworden wie ein Schwamm, getränkt mit Salz wie ein starkes Tau, aber seine Seele ist blau wie das heitere Meer, und seine Augen glänzen wie Sonnenstrahlen. Er kennt alle acht Winde wie fleischliche Brüder, versteht die Sprache des Himmels und des Meeres, er fängt Fische, wie der Landmann das Korn des Feldes, als ob er selbst sie in den Tiefen des Meeres ausgesät hätte. Mit krummem Messer, seinem treuen Gefährten, löste er von den Felsen die Muscheln und schlürfte das perlmuttene Gallert, schloß die Augen vor Vergnügen. Er verschlang lebendige Krabben, winzige Fischlein, brach mit den Zähnen die Fangarme des Polypen, der sich ihm um die Zunge schlang. Das waren seine *frutti preferiti*.

Giuseppe, der durch Ölflecke wie durch eine Linse dem Treiben der Fische zusieht, könnte übrigens auch der Titelheld von einem der *Italienischen Märchen* sein, die Maxim Gorki zwischen 1906 und 1913 auf Capri verfaßte – die einzige literarische Hommage des Arbeiterdichters an das Gastland, das ihn fast zwanzig Jahre beherbergte. »Das Meer« ist eine elegische und doch ästhetisch-tröstliche Fabel von einem Fischer, der dem Sirenenruf der Wellen lebenslang verfallen ist und schließlich, krummgeschuftet und achtzigjährig, nackt in die blaue Weite des capresischen Sommernachtsmeeres für immer hinausschwimmt:

Der alte Giovanni Tuba hatte schon in früher Jugend das Festland um des Meeres willen verraten – diese endlose blaue Fläche, bald zärtlich und ruhig wie der Blick eines sanften Mädchens, bald stürmisch und leidenschaftlich wie das Herz einer Frau, diese Weite, die das für Fische unnütze Sonnenlicht verschlingt und aus der Vereinigung mit dem lebendigen Strahlengold nichts hervorbringt als Schönheit und blendenden Glanz, dieses arglistige Meer, dessen ewiger Gesang unwiderstehlich den Wunsch nach der Ferne hervorruft [...] angeschaut hatte er es und die salzige Seeluft eingesogen, ein Rausch hatte ihn gepackt, er war zerstreut, träge und unfolgsam geworden, wie alle, die das Meer umstrickt und zu sich ruft.

Nun, Maxim Gorki, der noch 1917 Lenin als verantwortungslosen Abenteurer abqualifiziert hatte, wurde schließlich von Stalin umstrickt und zu sich gerufen: Nach Jahren eines literarisch fruchtbaren zweiten Südasyls in einer Sorrentiner Villa (ab 1924) nahm der Paradepoet der Sowjetunion im Mai 1933 Abschied von der Existenz eines *oldtimer and revolutionary in paradise*. Der jüdische Odessaer Dichter Isaak Babel, der damals zu Besuch in Sorrent weilte, hat in einem Brief bewegend geschildert, daß Gorki doch mehr, als es sich für einen linientreuen Stalinisten zuzugeben schickte, an der Freiheit des Südens hing.

Sorrent, 5. Mai 1933

Gestern verbrachte ich den ganzen Tag in Neapel mit Gorki. Er nahm uns ins Museum mit, zeigte uns antike Skulpturen, Gemälde von Tizian, Raphael und Velázquez. Wir hatten Mittagessen und Abendessen zusammen. Der alte Mann trank, und er trank viel. Abends gingen wir zu einem Restaurant auf einem Hügel oberhalb der Stadt mit märchenhaftem Blick. Jeder hier kannte ihn seit dreißig Jahren, und alle standen auf, als er hereinkam. Die Kellner stürzten herbei, um Gorkis Hand zu küssen, und sandten sofort nach den Alten, die neapolitanische Lieder singen. Sie kamen angerannt – siebzigjährige Männer, die sich gut an Gorki erinnerten –, und sie sangen in ihren brüchigen alten Stimmen auf eine Art, die ich nie vergessen werde. Gorki weinte hemmungslos, trank beständig, und als sie versuchten, ihm sein Glas wegzunehmen, sagte er immer wieder: »Das ist das letzte Mal in meinem Leben.«

Drei Tage später nahm Gorki den Zug nach Genua und von dort das Schiff nach Odessa. Drei Jahre später starb er während der Periode der *tschistka*, der stalinistischen »Säuberungen« unter nie ganz geklärten Umständen in Moskau an einer Vergiftung. Klarer ist hingegen der Tod des Schachspielsiegers Bogdanow. Der übernahm 1926 das erste Institut für Bluttransfusionen und brachte sich 1928 bei einem medizinischen Selbstversuch um.

→ Insalata Caprese

Capriverfallene von Faruk bis Fersen

Capri, Felsenkönigin,/ in deinem Gewand,/ lilien- und amarantenfarben,/ lebte ich, das Glück vermehrend.

Pablo Neruda, 1954

Der dicke König war traurig. Weder Champagnerorgien noch ein permanent aufgefrischter Reigen von tiefdekolletierten Blondinen konnte den gerade auf seiner Luxusyacht vor Nasser nach Capri geflohenen Ägypterherrscher Faruk aufheitern. Nicht einmal Grace Fields, die ungekrönte Schlagerkönigin der Insel, die in ihrem noch heute bestehenden Badeetablissement *La canzone del mare* an der Marina Piccola im Shakespeare-Cape, keck auf ihre Sonnenbrille beißend, Songs wie *Heaven will protect an honest girl* oder *Pedro the Fisherman* zum besten gab. Doch ihr Oberkellner hatte im Jahre 1952 eine ebenso einfache wie zündende Idee. Er setzte dem entthronten Gourmand eine schlichte Spezialität des Golfs von Neapel vor: molkefrische Büffelmozzarella, süße Capri-Tomaten, ein paar Blätter frisches Basilikum und ein paar Tropfen Olivenöl. Der verwöhnte Pharao war entzückt, denn genau diese Speise erinnerte ihn an seine Heimat. Ist das Niltal doch von unzähligen Wasserbüffeln besiedelt, aus deren Milch auch in Ägypten ein der Mozzarella sehr ähnlicher Frischkäse *(gibneh)* gewonnen wird – die Vorfahren der von den Byzantinern eingeführten italienischen Campagna-Büffel weideten übrigens im Lande der Pyramiden.

Fortan orderte Faruk, wenn ihn das Heimweh überkam, weltweit zwischen Casinos und Partys den Caprisalat, die *insalata,* die ihm auf Capri so gut geschmeckt hatte. Ein griffiger Begriff war geboren, der nach ein paar Jahrzehnten auf die Insel, auf der keine Mozzarella und auch nur mehr wenige Tomaten erzeugt werden, zurückschwappte.

Refugium peccatorum, Schlupfwinkel der Sünder. Nichts hat Capris magischen Lockruf mehr anschwellen lassen als die Gerüchte seiner heimlichen Ausschweifungen in Grotten und Villen. Heute, wo weder Swinger-Clubs noch schwule Street Parades irgendwelche ideologischen Feigenblättchen benötigen, ist es manchmal schwer nachzuvollziehen, welche entscheidende Rolle für »Lüstlinge« vergangener Zeiten das literarische und künstlerische Vorbild bot. Die ungebrochene Faszination der Antike beruhte eben nicht nur auf Schulautoren wie Cicero und Caesar, sondern auch auf den pornographischen Direktheiten der nicht *ad usum delphini* zensierten Klassiker. Und lockendes Vorbild vieler im bürgerlichen Sexualleben Aneckender war genau jener Kaiser Tiberius, der in einem Anfall von Weltekel – modern gesprochen *ennui* – sich auf die hellenisch geprägte Insel zurückgezogen hatte, um unglaublichen Ausschweifungen zu frönen. Suetonius, unerreichtes Vorbild aller Gossenjournalisten, hat sie handlich pikant in seinen *Vitae Caesarum* zusammengestellt:

Als er so in aller Abgeschiedenheit, gleichsam verborgen vor den Augen der Öffentlichkeit, die ersehnte Freiheit erlangt hatte, ließ er all seinen Lastern, die er lange Zeit nur schlecht verhehlt hatte, endlich freien Lauf. Über sie will ich nun einzeln und von Anfang an berichten [...]
In seiner Zurückgezogenheit auf Capri erdachte er sich ein mit Polsterbänken ausgestattetes Lokal als Sitz für geheime Ausschweifungen. In diesem mußten Scharen von überall her zusammengesuchten Mädchen und Lustknaben und Erfinder allerart widernatürlicher Unzucht, die er Spintriae nannte, in Dreiergruppen verschlungen abwechselnd miteinander Geschlechtsverkehr vor ihm treiben, so daß er durch diesen Anblick seine erschlafften Kräfte aufgeilte [...]
Doch er entbrannte in noch größerer und schweinischerer Per-

← **Das blaue Licht der Blauen Grotte, eingefangen von Mimmo Jodice**

version, so daß man es kaum zu berichten oder zu hören, geschweige denn zu glauben wagt. Er habe sich nämlich Knäblein im zartesten Alter, die er seine »Fischlein« zu nennen pflegte, abgerichtet.

Wo kann der Dandy mit Stil besser sündigen als auf dieser Insel? Das dachte sich auch Jacques Adelsward Fersen (1880–1923), eine Gestalt, wie aus der Literatur entsprungen. »Er war schön, blond, reich, Poet und Baron, zählte 25 Lenze« stellt ihn Roger Peyrefitte in seinem Roman *Der Verbannte von Capri* vor. Der elsässische Stahlwerkserbe kauft sich für 15 000 Lire einen unwegsamen Baugrund gleich unterhalb der Ruinen der Tiberiusvilla und läßt die Traumvilla der Epoche errichten, wobei er den misogynen Genuß auskostet, jeden Stein von Frauen transportieren zu lassen – damals in Capri durchaus üblich. AMORI ET DOLORI SACRUM – der Liebe und dem Leid heilig, schreibt er über die nach dem Knaben eines platonischen Dialogs getaufte Villa Lysis, einen Titel des egotistischen vogesischen Dichters Maurice Barrès zitierend, der in Werken wie *Un jardin sur Oronte* antike Dekadenz thematisierte. In den Innenräumen wechseln sich kostbar geflieste Bäder mit chinesischen Kacheln und mit Goldmosaik intarsierte Säulen im Stile der realistisch-verträumten Antikengemälde Sir Lawrence Alma-Tademas ab: Zeitgeschmack, auf die Spitze getrieben. In dieser Villa hätte sich auch die mit Juwelen gepiercte Schildkröte des Grafen des Esseintes aus Joris Karl Huysmans' schwülstiger Dekadenzhymne *A rebours* wohlgefühlt.

Hier lebte Jacques sein Inselleben, hin und wieder unterbrochen von Asienreisen oder Skandalen wie der nächtlichen Theaterfarce eines tiberianischen Knabenopfers. Seine *solitude a deux* teilte Nino Cesarini, ein römischer Zeitungsverkäufer, den er von Starphotographen nackt als Hermaphroditen mit Totenschädel ablichten ließ. Hin und wieder erschienen die beiden zum Tee bei den exzentrischen amerikanischen Schwestern Woolcroft-Perry, von denen man munkelte, daß sie einst ein Bordell in New Orleans geführt hatten, oder bummelten Aufsehen erregend über die

Piazzetta, Herr und Diener säuberlich im Partnerlook abgestimmt. Freilich, war Nino dabei viel mehr als der Handpudel, den einst in Regency-Zeiten der Ahnherr aller Dandys, Beau Brummel, als Modeeffekt genau gleich wie sich selbst auszustaffieren pflegte? Sollte man seinen Diener lieben – zumal Nino immer unverhohlener sein Interesse an den weiblichen Schönheiten Capris bekundete? Das Leben des Grafen verzehrte sich in Selbstkult, wachsender Isolation, Ennui und Opiumexzessen. Nach 16 Caprijahren beschließt er, ein Ende zu machen. Wenn einer nach dem Pseudo-Wildeschen Bonmot »Ich sterbe über meine Verhältnisse« abtrat, dann Fersen. Fünf Gramm reines Kokain in einer *flûte* Champagner gelöst und dann ein Dichterwort. »Hört, wie schön, eine Musik, die sich entfernt«:

Und die das Licht lieben, schreiten Dir entgegen,
Du bist auch die Sirene, besungen von der Leier Virgils
Und den Flöten Pans. Das weiche Streicheln der Wogen
An Deinen Ufern, die Sehnsucht Deiner Düfte,
Die flatternde Kühle Deiner Schatten, lateinisches
Blut, das im Herz Deiner Knaben pocht,
lassen Dich einem wollüstig dahintreibenden Schiff gleichen,
voll der Ekstasen.
Und die die Küsse lieben, schreiten Dir entgegen,
Aber Du, o Capri, hauptsächlich wegen
der Majestät Deiner Gebärden,
wegen der blauen Bronze Deines Profils
Wegen der erhabenen Melancholie Deiner Legenden,
Wegen Deiner Steine, Deines Himmels, wegen
Der grausamen Grandezza Deiner Vergangenheit,
Du bist die Sphinx, die enthauptete Sphinx,
Zusammengekauert in der Einsamkeit der Jahrhunderte
am Eingang des Tyrrhenischen Meeres, Du
bist die androgyne und stumme Sphinx.

Im rosa Seidensarong, den geschminkten Mund mit der angeblichen Originalfibel Penelopes aus Ithaka verschlossen, trug man Fersen zum akatholischen Friedhof und tat dem wortverliebten Egoisten den Tort an, seinen Namen falsch auf dem Grabstein zu buchstabieren – *Jaques*. Was ihn groß gemacht hat, ist, daß er die spleenigen Wünsche einer Epoche nach makelloser Pose und schrankenloser ästhetischer Selbststilisierung kompromißlos ausgelebt hat. Eine Capriole vom perfektesten aller Dandys?

Norman Douglas (1868–1952) ist nicht wegen seiner Knabengeschichten interessant, sondern wegen seiner brillant-enzyklopädischen Zeilen über Süditalien und seiner unerschütterlich granitenen britischen Gentlemanerscheinung, die er trotz exzessiv-dionysischen Weingenusses bis ins hohe Alter bewahrte. Der polyglotte Weltenbürger, in Thüringen geboren als Sohn adeliger schottischer Bergwerkbarone in Vorarlberg, studierte in Karlsruhe und England, bevor er als britischer Diplomat im Britischen Civil Service nach Sankt Petersburg ging. Ein halbvertuschter Skandal – angeblich hatte er eine Großfürstin verführt – zwang ihn, den aktiven Dienst im Civil Service zu quittieren. Norman reiste mit seiner jungen Braut nach Neapel, entdeckte seine eigentliche sexuelle Orientierung und entschied sich für eine lebenslange Leidenschaft des Schreibens. Neben dem Capri-Schlüsselroman *South Wind*, Notizen über florentinische Kutscherflüche und dem erotischen Kochbuch des Pilaff Bey entstanden aus Wanderlust und Wissensdurst zwei brillante Reiseführer: *Siren Land* und *Old Calabria* sind in ihrer Mischung aus investigativem Vorortjournalismus, Oxbridge-Gelehrsamkeit und poetischer Süditalienverliebtheit bis heute unübertroffene Preziosen des Genres.

Der dritte prominente »Sünder« ist bis heute nicht restlos »geoutet«. 1902 erschoß sich Deutschlands führender Industrieller, der Stahlbaron und Kaiserfreund Alfred Krupp. Jahrelang hatte er sich auf Capri entspannt, in einer Grotte nahe der Kartause in Mönchsgewändern mit Freunden und jungen Fischern Zeremonien gefeiert, die vielleicht nicht mehr als studentischer Altherrenulk, vielleicht aber auch Kostümorgien waren. Ihm drohte jedenfalls ein hochnotpeinlicher Prozeß wegen Homosexualität, auf die im Kaiserreich wie in fast allen europäischen Staaten damals Zuchthaus stand. Aufgekommen war das Gerücht durch eine Journalistenintrige, worauf Neapels Sozialisten die Sexualpraktiken der Capri-Bourgeoisie öffentlich unter die Lupe nahmen.

Die Affäre wirft ein Schlaglicht darauf, daß man nicht nur wegen Blauer Grotte und Inselspaziergängen nach Capri fuhr. Die Insel war nach heutigen Maßstäben ein Lieblingsziel des Sextourismus – allerdings mit dem wichtigen sprachlichen Unterschied, daß damals Tourist noch nicht für Masse stand, sondern ein eher elitäres Wort war, das den auf eine Art moderner *grand tour* gehenden Großbürger oder Künstler bezeichnete. Das angestammte Laissez-faire der Süditaliener, die Armut der Inselbewohner (die erst ab 1970 jäh ansteigendem Wohlstand wich) und die oftmals mäzenhafte Großzügigkeit der involvierten Fremden sorgte freilich für einen *modus vivendi*. Patagonienfahrer Bruce Chatwin schnappte bei einem neapolitanischen Fürsten Details über Axel Munthe auf, der in seiner Villa S. Michele eben nicht nur als Tierschützer gegen Wachteljagd auftrat: »Es war eine schlechte Kreuzung. Wie würden Sie das auf englisch sagen? Eine schlechte Mischung! Er hat halb Anacapri bevölkert, und alle hatten sie rotes Haar und Pferdegesichter. Manchmal hörte man Kinder rufen: ›Pferdegesicht Pferdegesicht!‹ und dann wußte man, daß sie einen von Munthes Bastarden anschrien.«

Aber Capri war nicht nur ein Sündenbabel. Es war auch ein Ort, wo Oscar Wilde mit seinem Liebhaber Alfred Douglas aus dem Speisesaal des Quisisana geworfen wurde: »Ils m'ont refusé le pain!« Und es war jahrzehntelang ein Mekka deutscher Gemütlichkeit und Südsucht. Seit am 17. August 1826 der Dichter August Kopisch und der Maler Ernst Fries die Blaue Grotte »entdeckten« bzw. sie in einem Eintrag im Gästebuch der Pension Pagano auf diesen romantischen Namen tauften, ergoß sich ein Strom von Malern, Literaten und Möchtegernkünstlern auf die Insel. Man blieb am liebsten unter sich und wohnte in billigen Pensionen wie der des bayerischen Weltverbesserers August Weber, der, um Geld zu sparen, einst von Neapel selbst nach Capri gerudert war. Man sang in der Bierstube *Zum Kater Hiddigeigei*, die mit Wichtelmännern ausgemalt war, zum Original Münchner Hackerbier burschikose Kneipenlieder. Die altheidelbergselige Burschenherrlichkeit hat Hans Barth 1911 in seinem Bestseller *Osteria*, einem »kulturgeschichtlichen Führer durch Italiens Schenken vom Gardasee bis Capri«, für den kein Geringerer als Gabriele d'Annunzio das Vorwort schrieb, eingefangen:

Innen ein buntes Sammelsurium von Stiefeln, Schnapsflaschen, Bildern, Mahagonitischen, Wichse, Häringsschachteln, Badehosen, Schweizerkäse, schöner Literatur und Zahnbürsten – und in diesem Chaos als Herrscherin thronend die noch immer stattliche Wirtin Donna Lucia (Morgano) mit den Flammenaugen.

German Sitzecke, wie es der schwedische Gelehrte Arvid Andrén in seiner köstlichen Inselmonographie *Capri. From the stone age to the tourist age* auf den Punkt gebracht hat, und Butzenscheibenlyrik im Stile Viktor von Scheffels nisteten sich auf Capri ein, und Paul Heyse wußte in seinen *Capreser Novellen* nicht nur von der Schönheit, sondern auch der »welschen« Verschlagenheit der Südländer zu singen. Hören wir noch einmal Hans Barths Schwärmereien über die längst verschwundene Weinstube Hermann Moll in Anacapri, bei der sich auch Axel Munthe eindeckte – einige Flaschen Moll-Wein stehen immer noch im Museum der Villa S. Michele:

Wem geht nicht bei diesem magischen Namen das Herz auf? Wer gedenkt nicht, wie er an wein- und liebesheißen Abendstunden auf Molls Terrasse in Capri Bianco geschwelgt [...]
Und der alte Knabe Ganymedes-Moll mit dem zerschossenen Ulanenbein von 1870 kam alsbald herangehinkt, zwo Flaschen unter jedem Arm (die alten Capresen nennen ihn »Tränen des Tiberius«) und, wie der Weiße altem Mosel gleich in den Kelchgläsern perlte, da mochten wir mit Hutten rufen: »Ach, warum

hat Kaiser Tiberius nicht auch in Deutschland geweint!« Die Loggia Molls hat ihre geschriebene Autobiographie, ihre Graffitos, wie die Kaisersäle des Palatin, die Villen von Pompeji, der Studentenkarzer von Jena. Aus jeder Ecke winkt irgend ein S. C. oder Burschenschafts- oder anderer Zirkel, allenthalben Zeichnungen, Schnörkel, Porträts, Inschriften, Verse. Wes das Herz voll ist, des geht die Hand über – bei Hermann Moll. Da steht schwarz auf weiß die ewige Wahrheit: »Raum ist in der kleinsten Kammer/ Für den größten Katzenjammer«. Ein anderer singt mit Sehnsucht: »O Moll, o Moll,/ Wie war ich bei dir voll…«

Addio, du guter alter Arminius Moll, du würdigster blonder Caupo (lat. Schankwirt) im sonnigen, wonnigen Welschland!

Die alternativen Massenindividualisten des 19. Jahrhunderts begannen Capri abzuwohnen. Die Stunde der Caprispötter schlug, denen der ganze Rummel auf die Nerven ging und die lieber verschlafene Orte wie Ravello an der Amalfitana entdeckten. »Es ist eine verfluchte blaue Limonade«, griff Bert Brecht das Herzstück des Capritourismus, die *grotta azzurra*, frontal an. André Gide mokierte sich über *un dieu vraiment trop peu coloriste*, einen Gott mit doch recht einseitiger Farbpalette, der die Blaue Grotte in eiskaltes Indigo getaucht habe: »Ich liebe es mehr, Capri von Neapel aus zu sehen, wie eine Vision auf dem Meere schwimmend.« Wer die alten Photos der Grotte sieht, mit riesigen Bootswarteschlangen, die ihrerseits von lästig schreienden und gestikulierenden Matronen in Verkaufsbooten bedrängt werden, versteht, daß Individualisten gereizt reagieren. Sie tun es heute noch. Neapolitanische *laudatores temporis acti*, notorische Liebhaber der Vergangenheit, wie der faszinierende Raffaele La Capria beklagen sich, daß Capri nicht mehr Capri ist, daß Gestalten wie die Contessa Casati, die mit angeleintem Leopard und Stöckelschuhen über die Piazza stolzierte, dem *mainstream* des Tourismus gewichen sind. Und manche ventilieren spöttisch Projekte, ganz im Stile von Las Vegas Capri-Kopien als schwimmende Inseln in den Weltmeeren zu vertäuen, damit das Original nur den Italienern und handverlesenen Ausländern offenstehe.

Heute ist Capri nicht mehr wirklich international – nur noch die Scharen der Tagesausflügler sprechen alle Zungen. Die Fremden, die einst für immer hierher zogen, liegen auf dem sehenswerten Friedhof, und zwar meistens in der romantischen akatholischen Sektion. *For fifty years a resident in Capri* entziffert man da ebenso wie das Südglück einer Baronin Uxküll »so daß ich eine Weile hingerissen das Leben spiele« und das unerbittliche horazische *omnes eodem cogimur* (alle werden wir dorthin gezwungen), das den serpentingrünen ägyptisierenden Grabstein von Norman Douglas ziert.

Dafür fand die Insel seit den fremdenfeindlichen Jahren des Faschismus immer mehr italienische Liebhaber, allen voran den exzentrischen sächsisch-toskanischen Poeten und Kriegsberichterstatter Curzio Malaparte (1898–1957), ein *nom de plume*, der doch deutlich besser als Kurt Suckert klingt. Der Mussolini- und Maoverehrer ließ sich 1938–1942 am einsamsten Stück der Insel zwischen Faraglioni und Punta Tragara die futuristische *Casa come me triste dura severa* (Ein Haus wie ich traurig hart streng) errichten und vermachte sie nach seinem Tode der Kommunistischen Partei Chinas – heute ist sie eine Kulturstiftung. Cineasten werden das schiffsähnliche rote Anwesen kennen: In Jean-Luc Godards *Le Mépris* (1964), einer Set-Intrige um eine Odysseeverfilmung, darf sich Brigitte Bardot auf den Stufen der rotgestrichenen, einem gigantischen Schiffsdeck gleichenden Villa räkeln.

Ein halbes Jahrhundert später ist Capri italienischer denn je, damit die sommerliche Fortune anderer süditalienischer Inseln wie Pantelleria, Panarea oder Lampedusa teilend. Mediterranes Design hat die schlichten Fischerhäuser abgelöst, Mailänder Modezaren und Fernsehsternchen sind die neuen Herrscher – wenn sie zu einem Stopover da sind. Die Blüten Capris, die Bougainvilleas, Stechäpfel, Glyzinien, Plumbago, Pampelmusenbäume und Strelitzien duften betörend schwer wie eh und je. Doch das Beste, was Capri heute zu bieten hat, ist die spontane hochkarätige Modeshow in den Sommerabenden auf der Piazzetta – der Fischertraum vom göttlich einfachen Leben ist der raffiniertesten Society-Bühne Italiens gewichen. Capri ist nicht mehr Capri, hören wir das Klagelied des neapolitanischen Dichters Raffaele la Capria:

Capri ist ein mythischer Ort, hier zog Odysseus vorbei und hörte den Gesang der Sirenen; Capri ist das reinste Bild dieses Mittelmeeres, das die Wiege der Götter war, der Ort, wo Natur und Sehnsucht sich trafen. Aber es ist fast sicher, daß die Götter, die diese Orte bewohnten, weggegangen sind.

Man kann es noch bitterer auf den Punkt bringen wie die römische Autorin Laura Lilli in ihrem Essayband *Capri Cocodrilla*, wo sie die wie ein Krokodil im blauen Golf lauernde Insel als Wellnessresort für alternde italienische Blondinen abqualifiziert. Daß diesen grünen Witwen Capris manchmal die Phantasie durchgehen kann, zeigt der 2001 veröffentlichte literarische Internet-Thriller *Capri-Files* der in Italien lebenden Engländerin Amanda Prantera: eine mit einem Neapolitaner verheiratete Engländerin verdächtigt nach zu intensiver Lektüre über Jacques Fersen und einer mysteriösen Villenbesichtigung ihren nachlässigen Ehemann Ferdinando knabenschänderischer Morde – Vertrauter ihrer Obsessionen ist ein Londoner Antiquar Simon, der sie mit dem Provider bookhound.com anmailt.

Lassen wir einen weiteren Capri-Fan, die streitbare italienische Journalistin Rossana Rossanda, ein heutiges Fazit ohne Krokodilstränen ziehen: »Nicht Capri ist verschwunden, sondern die Welt, die raffiniert und gierig es benutzte.« Doch Capris literarische Mythen schreiben sich fort, die kulinarischen auch. Wer in das authentischste *panino caprese* beißen will, muß sich zur Salumeria Simeoli wenige Schritte von der Piazzetta entfernt durchfragen, wo im Schaufenster die Geschichte der *insalata caprese* angeschlagen ist: Denn dort bereitet der joviale Padrone eigenhändig das capresischste aller Mozzarella-Tomaten-Basilikum-Weißbrote, das auch König Faruk geschmeckt hätte.

→ Das Domizil der Dichter und Denker

Sorrentinische Idyllen

Um Sorrent rauschet das Meer auf!/ Stets rauscht es und ruft: Wie verträumst du das Leben?/ Komm her und genieß was die Stunden geben!/ Wo anders hast du nur halbe Gedanken,/ Die weit in die Ferne verstäubend schwanken:/ Komm, laß von der Gegenwart ganz dich umranken!/ Wer Sorrentos trauliches Ufer schaut –/ Ihm ist wie dem, der errungen die Braut

August Kopisch, *Schwärmerei für Sorrent*

I Poeti I Letterati Gli Artisti che dalle sue primavere odorate trassero visioni di bellezza d'oltre alpe e d'oltre oceano venienti – Die Dichter, die Schriftsteller, die Künstler, die von fern der Alpen und von fern des Ozeans kamen, um aus Sorrents duftgeschwängerten Frühlingen Visionen der Schönheit zu ziehen: die pathetische Marmortafel an der Fassade des Museo Correale von Sorrent zählt auf, daß einst die Crème de la crème der internationalen Literatur sich in Torquato Tassos orangenreichem Geburtsort ein Stelldichein gab. 51 Namen umfaßt die Liste, sie reicht von »Lederstrumpf« James Fenimore Cooper, Alfred de Musset und Friedrich Nietzsche bis hin zum Literaturnobelpreisträger Paul Heyse und Henrik Ibsen.

Warum gerade Sorrent? Stimulierend für die meisten Besucher war damals, Sorrents berühmtestem Sohn Torquato Tasso (1544–1595) nachzugehen. Der Dichter der *Gerusalemme liberata*, des »Befreiten Jerusalems«, der für seine dichterische Freiheit sieben Jahre im Kerker der Este saß, war nicht erst seit Goethes Drama einer der schwärmerisch verehrten Lieblinge des 19. Jahrhunderts, ein romantischer »italienischer Homer«. Doch von dieser Magie

← **Sorrentinische Kartenspieler im Arbeiterclub des Sedile Dominanova** ist nicht viel geblieben. Tassos Kreuzfahrerepos oder sein entzückendes Nymphenstück *Aminta* liest heute kaum noch ein Sorrentgast, und auf der zentralen Piazza Tasso streben die modernen Sorrentreisenden lieber in Linienbusse oder zum Espresso in die trendige Fauno Bar. Dabei steht Torquato gleich daneben, in Bronze auf hohem Sockel, in spanische Tracht gewandet. 1544 ist er als Sohn des Bernardo Tasso und der neapolitanischen Adeligen Porzia de' Rossi geboren und im Dom getauft worden. Doch schon ein Jahr später verließ sein aus Bergamo stammender Vater Sorrent – Torquato sollte nur einmal in der Krise von 1577 dorthin zu seiner Schwester Cornelia zurückkehren und ansonsten sein Leben in Urbino, Padua, Ferrara und Rom verbringen. Das Geburtshaus gibt es immer noch, ist es doch schon lang in das Hotel du Tasso Imperial Tramontana verwandelt worden. *This house has been patronized by royalties, you are just as welcome and honoured a guest,* steht über dem Gästebuch. Heute würden sich Staatsoberhäupter auf Urlaub eher in privaten Hideaways verstecken, doch hier in Sorrent haben einst Majestäten wie der spätere deutsche 99-Tage-Kaiser Friedrich III., Edward VII. als Prince of Wales und die San-Remo-Zarin Maria Alexandrowna Monate verbracht – und nicht nur die. Henrik Ibsen, der schon 1867 den auf Ischia begonnenen *Peer Gynt* in Sorrent vollendete, schrieb im Tramontano 1881 ein halbes Jahr an den an einem norwegischen Fjord spielenden *Gespenstern*. Ernesto De Curtis hämmerte 1902 das erste Mal das von seinem im Hotel als Freskenmaler und Tapezierer beschäftigten Bruder Giambattista gedichtete *Torna a Surriento* für Ministerpräsident Zanardelli in die Tasten (und sicherte nach einer Mär Sorrent damit ein Postamt). Und schließlich soll ein *who is who* der Literaturgeschichte von Milton bis hin zu Goethe, Byron, Scott, Keats, Shelley, Lamartine, Leopardi und dem Indianerdichter Longfellow hier den Manen Tassos gehuldigt und vielleicht andächtig eins seiner schönsten Gedichte gemurmelt haben.

Es schweigen die Haine, die Flüsse,
Und das Meer ruht ohne Wogen,

in den Grotten halten die Winde Waffenfrieden,
und in der braunen Nacht
hehres Schweigen strahlt der Mond:
und wir halten versteckt
der Liebe Zärtlichkeiten:
Amor, sprich nicht, atme nicht!
Stumm seien die Küsse, stumm die Seufzer mein!

Das zweite, was die Fremden gerade hierher lockte, waren die berühmtesten Orangengärten der Welt. Fast wie ein Topos sind sie in den Sorrent-Romanen und Reiseberichten omnipräsent. Der von westlicher Kultur begeisterte Iwan Turgenjew reiste zweimal 1840 und 1857/58 nach Sorrent. Seine Impressionen verewigte er in dem kürzlich auf italienisch erstaufgeführten Einakter *Ein Abend in Sorrent* und der sehnsuchtsvollen Erzählung *Drei Begegnungen* (1850/51), in der es um eine italienische Arie geht, die der Icherzähler aus einem abgelegenen russischen Landhaus in der tiefsten Taiga erklingen hört. Schlagartig blitzt die Erinnerung an eine schöne Frau, einen lauen südlichen Abend und an den Duft der Sorrentiner Orangen auf:

Nach diesem Akkord ließ sich eine Frauenstimme vernehmen. Ich lauschte begierig. Doch wer beschreibt mein Erstaunen? Es waren das gleiche Lied und die gleiche Stimme, die ich zwei Jahre zuvor in Italien, in Sorrent gehört hatte. Jawohl! »Vieni pensando a me segretamente ..!«
Ja, das waren sie, ich erkannte sie, das waren jene Klänge. Folgendermaßen war das damals gewesen: Ich kehrte nach einem langen Spaziergang am Meeresufer heim. Rasch schritt ich die Straße entlang. Die Nacht war schon längst hereingebrochen – eine prachtvolle südliche Nacht, nicht still und schwermütig, versonnen wie bei uns, nein, ganz heiter, herrlich und schön, wie eine glückliche Frau in der Blüte ihrer Jahre. [...] Zu beiden Seiten der Straße zogen sich die steinernen Einfriedungen von Gärten hin; Apfelsinenbäume reckten ihre

krummen Zweige darüber hinaus. Die goldgelben Bälle der schweren Früchte waren, zwischen dem wirren Blattwerk versteckt, teils kaum zu sehen, teils leuchteten sie hell, sich prächtig dem Mond darbietend. An vielen Bäumen schimmerten zartweiße Blüten; die Luft war geschwängert mit ihrem beklemmend starken, durchdringenden, ja fast unangenehmen, wenn auch unbeschreiblich süßen Duft. [...] Doch da erklang aus einem kleinen Pavillon unmittelbar über der Mauer, an der ich entlangeilte, plötzlich eine Frauenstimme. Sie sang ein mir unbekanntes Lied. Die Melodie hatte etwas derart Lockendes an sich, und die Stimme schien selber dermaßen von der leidenschaftlichen und freudigen Erwartung erfüllt zu sein, die in den Worten des Liedes zum Ausdruck kam, daß ich unwillkürlich stehenblieb und den Kopf hob. [...] Nachdem die Stimme zweimal das »vieni« wiederholt hatte, erstarb sie. Leises Saitengeklirr war zu hören – wie bei einer Gitarre, die auf den Teppich gefallen ist; ein Kleid raschelte, und der Fußboden knarrte leicht. [...] Plötzlich klapperten die Läden und öffneten sich weit. Eine schlanke Frau, ganz in Weiß, streckte rasch ihren schönen Kopf zum Fenster heraus, hielt mir beide Hände hin und sagte: »Sei tu?« In meiner Verwirrung brachte ich kein Wort hervor. Doch im nächsten Augenblick fuhr die Unbekannte mit einem leichten Aufschrei zurück.

Auch von Friedrich Nietzsche ist strenggenommen nicht viel mehr spezifisch Sorrentinisches zu berichten, als daß er »zurückgelehnten Hauptes, gleich einem Sorrentiner Propheten, mit halbgeschlossenen Augen, durch die blühenden Orangenalleen schritt« (Reinhart von Seydlitz). Und daß er als Begrüßungsgeschenk eine typische rotseidene Fischerzipfelmütze mit langer roter Quaste bekommen hat: Schade, daß man damals noch kaum Photos gemacht hat.

Um sich aus einem »Streifen schwärzester Melancholie« nach Italien zu retten, trat der Basler Universitätsprofessor Friedrich Nietzsche in Sorrent vom 28. Oktober 1876 bis zum 7. Mai 1877 an, was wir heute ein *sabbatical* nennen würden. »Sie müssen sich ausruhen unter einem milderen Himmel«, hatte ihn seine mütterliche Freundin, die Schriftstellerin und Frauenrechtlerin Malwida von Meysenburg beschworen, und zu ihr fährt er auch, um sich in der heute in ein gesichtsloses Hotel verwandelten Villa Rubinacci einzuquartieren. Mit von der Partie ist Paul Rée (1849–1901), ein in Pommern aus jüdisch-dänischer Familie geborener Psychologe (der in Sorrent sein Buch *Der Ursprung der moralischen Empfindungen* fertigstellen wird), und Dr. Brenner, einer von Nietzsches Studenten, der die halb sanatoriumshafte, halb universitäre Tagesplanung in einem Brief an seine Mutter schildert: »Die Lebensweise ist noch immer dieselbe: Morgens 7 Frühstück; 9–10 diktirt Nietzsche [...] 10–11 Spaziergang, 11–12 Pandekten. Bis 3 Uhr Mittagessen mit Siesta. Bis 5 Uhr spazieren, oder wenn es regnet, arbeiten.« Besagtes Frühstück bestand übrigens statt Espresso in einem Glas heißer Milch – Nietzsche reiste noch national, versuchte nur zaghaft Fremdes: »Ich werde Euch später lehren, wie man Risotto macht, das weiß ich nun!«

49 Briefe Nietzsches sind aus diesen Tagen erhalten, doch wer seine Korrespondenz sichtet, gewinnt fast den Eindruck, der Freund der *mediterranée* sei blind und taub gewesen für die tatsächlichen Schönheiten des Südens – »wir waren in Capri, ohne viel Glück«, ist alles, was ihm zu der Sireneninsel einfällt. Selbst zu einem Pompejibesuch konnte sich der Professor für Klassische Philologie erst nach fünf Monaten aufraffen. Das deutsche Quartett schien weder in Schenken zu gehen noch die Sehenswürdigkeiten der Umgebung abzuklappern, sondern zog es vor, die *pensione* zum Kolleg zu machen. Man las, las, las, Jakob Burckhardts Kollegtexte, die französischen Klassiker, das Neue Testament – eher leichte geistige Kost für einen wie Nietzsche. Und man schwärmte, wie nordische Zugvögel immer schwärmen, von einem dauerhaften Bleiben, von der perfekten Gemeinschaft: »Modernes Kloster, Idealkolonie, *université libre*« oder »eine Art Kloster für freiere Geister«, darauf hoffte der Philosoph, bevor er am letzten Tag des Sorrentaufenthaltes ein Demissionsgesuch an die Basler

Alma Mater richtet. So markiert der Sorrentaufenthalt zugleich Nietzsches endgültigen Schritt in Einsamkeit und Isolation, mag aber letztlich seinem Werk gedient haben. Denn *Menschliches Allzumenschliches* soll gedanklich in Sorrent gereift sein.

Was Nietzsche auch einsilbig gemacht haben mag, ist das endgültige Zerwürfnis mit Richard Wagner. »Sehr angegriffen und mit seiner Gesundheit sehr beschäftigt« – so Cosima Wagner – schaut der Philosoph am 27. Oktober bei dem Komponisten im Hotel Excelsior Vittoria vorbei, doch man hatte sich (und der Nachwelt, die es genau wissen will) offenbar nichts mehr zu sagen. Man hat spekuliert, daß Nietzsche schon seit Bayreuth enttäuscht war von der Hinwendung Wagners zum Tannhäuserschen Christentum oder daß ihm die antisemitischen Ausfälle des sächsischen Maestro aufstießen.

Zurück zu Sorrent, den Sorrentinern und Sorrentinerinnen. Der dritte große Reiz bestand natürlich darin, die anmutigen »Landeskinder« selbst in ihrer malerischen Tracht zu beobachten, ihre seltsam ausgelassenen Sitten und Tarantellatänze zu studieren und sich über ihre religiöse Bigotterie zu mokieren. Eine Frau, die ungewöhnlich tief und ungewöhnlich verständnis- und humorvoll in die einheimischen Sitten eindringt, ist die Irin Julia Kavanagh, deren immer noch höchst lesenswerter Reisebericht *A summer and winter in the two Sicilies* von 1858 bis heute leider nur in Auszügen wiedergedruckt ist. Die folgende Passage beschreibt ein hingerissenes Staunen angesichts des Liebreizes einer Begegnung.

Glücklicher noch kannst du dich preisen, wenn es dir gelingt, in S. Pietro, unter dem Berg, die schöne Frau zu treffen, die ich da sah. Sie kam den Berg herunter mit dem Schritt und der Haltung einer Bergnymphe. Ihr dunkles Haar war zurückgestrichen von ihrer weißen Braue; ihre braunen Augen hatten das klare Licht der Sterne; ihre Züge waren offen und strahlend von Lächeln und Schönheit; ihre Hautfarbe von reinem Rot und Weiß hatte nie die brennende Sonne gefühlt; all ihr Leben hatte sie in kühlen Orangenhainen gelebt. Sie war dazu reich gekleidet, mit einer violetten Seidenjacke und einem Hemd, mit langen goldenen Ohrringen und zahllosen Reihen von Ketten, die um ihren weißen Hals geschlungen waren und bis zu ihrer Taille herabfielen. Aber ich dachte mehr an ihre Schönheit. Ich sah sie an, stumm und atemlos. Erriet sie, daß ich sie schön fand? Ich kann es nicht sagen; aber ihre rosigen Lippen teilten sich zu einem Lächeln, das zwei Reihen von Perlen zeigte und, ihr Haupt beugend, sagte sie süß: *buon giorno* und vorbei war sie. Oh! Ein Maler zu sein, dachte ich, und dieses köstliche Antlitz für immer auf Leinwand zu bannen!

Kamera vergessen, würde man heute vielleicht denken, und auch das Sorrent des 19. Jahrhunderts wurde immer mehr zum pauschaltouristischen Tummelplatz der besseren Kreise beider Welten. Das 1824 eröffnete Bellevue Syrene, vermutlich das erste Ferienhotel Italiens, blieb nicht das einzige. 1864 leitete Thomas Cook, Erfinder des Reiseschecks, seine erste Reise nach Italien, 1888 übernahm seine Company die acht Jahre zuvor eröffnete Vesuvseilbahn und schleuste einen beständigen Strom britischer Besucher in den Süden. Lediglich der noble Ritus, nur im milden Winter und Frühjahr an die Steilküsten Sorrents (denen es ja auch an einem richtig guten Badestrand mangelt) zu reisen, wurde auch hier durchgehalten – viele Hotels schlossen in den Sommermonaten. Einer, der nach ausgedehnten Reisejahren für immer in Sorrent blieb, war Francis Marion Crawford (1854–1909). Im toskanischen Bagni di Lucca als Sohn eines amerikanischen Bildhauerehepaars geboren, studierte er in den USA, in Cambridge, Deutschland und Rom, wo er Sanskrit lernte – das Tagebuch seiner Indienreise notierte er landestypisch auf Urdu in arabischen Lettern. 1884 macht er ganz klassisch seine Hochzeitsreise nach Sorrent (wie Fontanes Effi Briest), genauer gesagt ins Hotel Coccumella in S. Agnello, und beschließt, nicht mehr fortzugehen. In seiner Traumvilla direkt an der Steilküste von S. Agnello produziert er vergessene Bestseller wie *The witch of Prague* oder *A cigarette maker's romance,* segelt mit dem italienischen Kronprinzen und schreibt seiner Busenfreundin Sarah Bernhardt das 1902 in Paris uraufgeführte danteske Drama *Francesca da Rimini* auf den Leib. Heute ist das Haus ein Nonnenkloster der Don-Bosco-Schwestern – Crawfords Enkel wurde Jesuitenpater. *Coasting by Sorrento and Amalfi* (1894) ist ein Reisebuch, das voll poetischer Liebe die einsamen Schönheiten der wilden Steilküste feiert und andererseits ein anschauliches Zeitgemälde des blühenden Sorrenttourismus liefert, indem es ihn ätzend kritisiert.

Der am wenigsten von Vorurteilen belastete Tourist ist wahrscheinlich der deutsche Künstler. Er ist in der Regel am bereitesten, kleine Anstrengungen und beträchtliche Mühen in der Jagd nach dem Schönen auf sich zu nehmen. Aber auch er sieht wenig. Ihm erscheint Capri wild, Neapel pittoresk und der Vesuv romantisch, und wenn er die Felsnadeln von Capri gemalt, Muscheln in Santa Lucia gegessen und eine Handvoll Lavaschlacke am Kraterrand aufgelesen hat, hat er üblicherweise sein Süditalienpensum erledigt und kehrt heim, um darüber zu reden. Soweit es um Sorrent geht, kommen er und seine Landsleute zum schönsten Platz der Welt, bleiben drei Tage in einem modernen Hotel, fahren ein Dutzend Meilen oder so in einer besonders rüttligen modernen Kutsche, lesen *Agnes of Sorrento* und reisen zum nächsten Platz, der im Reiseführer vermerkt ist.

Geändert hat sich nicht viel, außer daß für Aquarellmalen keine Zeit mehr bleibt und *Agnes von Sorrent* völlig vergessen und außerdem in Deutschland nie wirklich populär gewesen ist. Nur beim Namen der Autorin klingelt vielleicht noch etwas: Es war die Amerikanerin Beecher-Stowe, die mit *Onkel Toms Hütte* weltweit auf das Problem der Sklavenbefreiung aufmerksam machte.

Was in der Belle Époque den Charme Sorrents ausgemacht hatte, das wurde ihm in der Nachkriegszeit zum Verhängnis. Vornehme

Grandhotels statt der Fischerromantik der *marina grande* – solche Paläste waren in den auf Natürlichkeit versessenen sechziger bis achtziger Jahren fast nur mit Pauschalgästen zu Dumpingpreisen zu füllen, vor allem aus dem Sorrento-seligen England. Erst im letzten Dezennium hat ein Anknüpfen an den *grand tourisme* eingesetzt, auch weil die Norditaliener und Neapolitaner Sorrent wieder verstärkt als Luxusdestination und abendliches Ausgehpflaster aufsuchen, was zu nervtötenden Samstagabendstaus auf der einzigen Zufahrtsstraße von Neapel führen kann.

Das wahre Bollwerk, die wahre Schatzhüterin dieses noblen Sorrent ist das Grand Hotel Excelsior Vittoria direkt über dem Fährhafen, das von der Familie Rispoli mit privater Passion und Sorgfalt geführt wird. Hier betritt man eine eigene Welt, eine Epoche, als Hotels den Gästen noch selbstverständlich Bibliotheken und Klaviere zur Verfügung stellten, wo man in Wintergärten und auf Terrassen ganze Tage verbrachte und einen modischen Luxus wie ein *Swiss Chalet* nicht missen mochte. Ein Ort mit Liberty-Jugendstilsalons, wo man wie André Gide von *noblesse, grâce et volupté* schwärmen oder die mintgrünen, mit gußeisernen Reliefs verzierten britischen Öfen bewundern kann.

Un pizzico di storia in ogni camera, ein Quentchen Geschichte steckt hier in jedem Zimmer, sagt die junge Empfangschefin im eleganten Kostüm, und recht hat sie. Das legendärste ist natürlich die Aurora-Suite mit zartem Originalstuck des 19. Jahrhunderts, wo 1921 Enrico Caruso zur Kur weilte. In der benachbarten Caruso-Suite mit der Traumterrasse steht noch immer das Klavier, über das die Hände des Genius huschten, wo er seine letzten Lieder sang: Auf dem Instrument ist Mascagnis *Cavalleria Rusticana* aufgeschlagen. Hier hat Lucio Dalla an seinem Song *Caruso* gearbeitet, während Sophia Loren nebenan in der Aurora schlief, als sie in dem gleichnamigen Film (1984) das Hotel als Dienstmädchen putzen mußte.

Daß man aber auch vor der Epoche der Luxushotels in der Stadt der Sirenen prächtig nächtigen konnte, beweist das Sorrent-Abenteuer Casanovas aus der *Histoire de ma vie*:

Mein letzter Tag authentischen Glücks fällt mit der Reise nach Sorrent zusammen. Der Advokat führte uns in eine Villa ein, wo wir aufs beste bewirtet wurden. Vier Zimmer standen zu unserer völligen Verfügung. In einem mieteten sich Agata und ihr Gatte ein; das zweite wurde von Callimene und der früheren Liebhaberin des Advokaten, einer, wenn schon reifen, so doch äußerst sympathischen Dame besetzt; in das dritte ging Pasquale Latilla, im vierten richtete ich mich ein.
Nach dem Abendessen alle zu Bett, schnell.
Die Gelegenheit, uns wiederzutreffen, bot das köstlich ausgewählte Mittagsmahl; dann, den Advokaten seinem Schlummer überlassend, nahm Pasquale den Spaziergang wieder auf mit Agata und mit der Freundin ihres Gatten; ich verlor mich mit Callimene in schattigen Alleen, wohin die brennende Sonne der Stunde nicht durchzudringen vermochte. Und es war die schöne Callimene, die meine Glut löschte, nach zwei Tagen intimen Ringens. Die prachtvolle Erscheinung gab sich mir nicht aus Gewinnsucht noch aus purer Dankbarkeit hin, hatte ich ihr doch bescheidene Geschenke gemacht. Ihre Erstlingsfrüchte wurden der Liebe geopfert: da bin ich sicher. Sie gab sich hin ohne Rückhalt, nur bedauernd, daß sie so lange gesäumt, mich glücklich zu machen.
Nach vier Stunden, als ein äußerst starker Wind blies, kehrten wir in drei Kaleschen nach Neapel zurück.

→ Die Früchte der Sirenen

Limonen und Orangen

Schau schau diesen Garten/ Spür spür die dunklen Orangen/
Ein Duft so fein/ Dringt ins Herz dir ein.

Giambattista De Curtis, *Torna a Surriento*

Oranges Funkeln hinter schwarzen Netzen: verhüllt und verschleiert wie eine spanische Barockschönheit präsentiert sich die Steilküste Sorrents und Amalfis in den Winter- und Frühlingsmonaten. Denn die jungen Blüten der Apfelsinen und Limonen brauchen Schutz vor kalten, schneidenden Winterwinden von See. Bis zu fünf Meter lange Kastanienpfähle, die von Maultieren aus den Bergwäldern des Monte S. Angelo a tre pizzi geschleift werden, werden ins Erdreich der steilen Terrassen gebohrt, mit schwarzen Netzen bespannt und mit den *pagliarelle* genannten Strohmatten belegt. Sorrents Orangen reifen im Dämmer, wie Augenzeuge Johann Wolfgang von Goethe es in »Mignons Lied« aus *Wilhelm Meisters Lehrjahren* in Italien-Schlüsselverse geschmiedet hat:

Kennst Du das Land, wo die Zitronen blühn
Im dunklen Laub die Goldorangen glühn,
Ein sanfter Wind vom blauen Himmel weht,
Die Myrte still und hoch der Lorbeer steht

Ob Nietzsches Sorrentspaziergänge durch Orangenwälder oder die zitronengelbe Capribatterie von Joseph Beuys, der Duft und die Farbe der Agrumen gehört zu den festen Bildern einer Fahrt an den Golf von Neapel. Ein auch literarischer Topos, den jeder Reisende aufs neue beglückt sieht, riecht, schmeckt. *Naples est un agrume, une orange* stand plakativ auf einem längst heruntergerissenen Plakat, das 2002 im Rahmen einer Kunstaktion auf den Treppenwegen, die zum Castel S. Elmo führen, französische Neapeltexte präsentierte.

In einem Orangengarten der Lüste in Meta di Sorrento drehte Pasolini 1971 Szenen seines *Decamerone,* und ein besonders aufwühlendes Erlebnis in einem Sorrentiner Orangenhain notierte André Gide auf seinen Entdeckungen des sinnlichen antiintellektuellen Südens in sein Tagebuch:

> Es hatte geregnet: der Himmel war noch grau; es schien, als ob das Licht nur von der großen Menge der Orangen käme. Ihr Gewicht bog die Äste. Die Zitronen, graziler, gebogener strahlten zur gleichen Zeit weniger Majestät, aber dafür mehr Eleganz aus. Manchmal bildeten die schützenden *pagliarelle* über ihnen einen praktisch dunklen Schlupfwinkel [...] und auf den Pfaden aus harter und schwarzer Erde, diesen schnurgeraden, regelmäßigen, engen Pfaden, auf denen der Schatten, die Hitze, die Feuchtigkeit das Moos hatten wachsen lassen, hätte man mit nackten Füßen laufen wollen [...] auf eine dieser Marmorbänke hatte ein fürsorglicher Gärtner für uns Orangen hingelegt. Es waren vier verschiedene Sorten: gegenüber den größeren, fast aromalosen, die süß waren wie Wassermelonen, zog ich die von ovaler Form vor, mit doppeltdicker Schale: sie waren von ätherischem Wohlgeschmack, so wie in meinen Träumen die Orangen des Orients sind [...] ich weiß nicht, wie viele wir davon aßen, oh, in dieser Ekstase.

Streitfrage: Wann sind die heute vom Landschaftsbild nicht mehr wegzudenkenden Agrumen an die Küste der Sirenen gekommen? Ein langer Weg führt von den im konfuzianischen *Shu King* erwähnten »Chinaäpfeln«, von den fast 5000 Jahre alten Zitronendarstellungen der Induskultur und dem Sanskritwort Orange zu den allgegenwärtigen knallgelben Limoncello-Batterien der Küstenorte.

Für die Römer waren Zitrusfrüchte meist aus Indien von Kamelkarawanen herangeschleppte Zierpflanzen, noch Plinius

← **Gelbes Leuchten gelber Zitronen**

hielt sie für ungenießbar: Auf den pompejanischen Fresken der Casa del Frutteto hat man einige Zitronen identifiziert, und als exotische Kostbarkeit schnupperte Neros Gemahlin Poppaea in der Villa Oplontis an selbstgepflanzten Zitronenbäumchen. Um an die »goldenen Äpfel« zu gelangen, mußte man wahre Heldentaten vollbringen: Der müde Muskelkoloß des Herkules Farnese im Museo Archeologico von Neapel versteckt in der auf den Rücken gelegten Hand drei Marmorfrüchte, die für die Gelehrten der Renaissance ganz eindeutig nicht nur die im Lande der Hyperboreer einer giftig hissenden Schlange abgerungenen Äpfel der Hesperiden darstellen, sondern Orangen. *Malum medicum*, der medisch-persische Apfel als Krönung und schwerste der zwölf Heldentaten des Halbgottes!

Wie Artischocken und Auberginen, wie Aprikosen und Reis, so sind auch die Zitrushaine der Amalfitana eher mittelalterlich arabischer Import. Das wird schon sprachlich klar. Wenn die Italiener *limone* sagen, dann ist das ein Arabismus von *laymun* bzw. *limun*. Ein Jahrhundert vor den Kreuzzügen spricht ein Dokument aus dem Jahr 986 von einem klösterlichen *cetrarium*, einem Zitronengarten in der heutigen Majolikastadt Vietri. Amalfi, die Seerepublik mit Kontoren in Alexandrien, Konstantinopel und Damaskus wollte die goldenen Heil- und Luxusfrüchte des Orients nicht missen und war auf den Geschmack gekommen. Im 10. Jahrhundert findet sich im *Traktat der Lebensmittel* des ägyptischen Juden Ishaq Ibn Suleyman al-Israeli das Urrezept aller *limoncelli*. Ibn Jamiya, der palästinensische Leibarzt des Kurden Saladin, beschreibt in seinem Zitronenbuch die heilkräftige *laymunada;* die Hofköche der Abbasiden in Bagdad aromatisierten Marzipane, Reisspeisen und Sorbets mit kandierten Zitrusrinden und Agrumensäften, und die sizilianischen Kalbiten-Emire sollen Palermo auch deswegen zur Hauptstadt der Insel gemacht haben, weil sie den Orangenblütenduft *(zagara)* liebten und die wasserreiche Conca d'Oro, die Goldene Muschel, sich für die Anlage von Orangenhainen anbot.

Privileg der Reichen und der Bischöfe und eher in medizinischen Dosen verwendet, weitete sich der Agrumenausbau allmählich aus. Entscheidend war, daß die Portugiesen aus Goa süße indische Orangen exportierten, die man im Gegensatz zu den bitteren Pomeranzen auch wirklich essen konnte: Noch heute sagt man am Golf *purtu'allari* für Orange. Ab da schwelgten jedenfalls Renaissancefürsten förmlich in Zitrusfrüchten, und französische Hofdamen bissen auf Limonenblüten, um den Atem frisch und die Lippen rot zu halten. 1592 schwärmt Gian Battista della Porta: *Amalphiae litora ubi fecunda laetissimaque citrea conspiciuntur, ut non amplius Hesperidum horti desiderari possint* – die Gestade Amalfis, wo reichlich tragende gar heitere Zitrushaine erblickt werden, so daß auch die Gärten der Hesperiden prächtiger nicht ersehnt werden können.

Spätestens 1795, als die Royal Navy den Genuß von Zitronensaftrationen gegen den Skorbut einführte, stieg die Produktion schwunghaft an. Im ganzen 19. Jahrhundert brachten von Kapitänen aus Meta oder Positano kommandierte Agrumenklipper schwere Pappelholzkisten voller Zitronen und Orangen regelmäßig zu den Fruchtauktionen in New York, Boston, Montreal, Hamburg oder Odessa. Neben Sizilien hatten die Produzenten der Halbinsel von Sorrent die Nase auf dem Weltmarkt vorn. Die enormen Gewinne trieben die Zitronenbauern der Amalfitana zu Höchstleistungen: Um unglaubliche 1100 Prozent wurden die Zitronenterrassen zwischen 1860 und 1886 erweitert. Das Jahrzehnt zwischen 1890 und 1900 wurde zur Goldenen Zeit der Sorrentiner Orangen – heute erinnern daran noch Sammlungen prächtig bedruckter Einwickelpapiere, in die die kostbaren Südfrüchte gehüllt wurden. Ein Handelsvorteil war die ausgeklügelte Lagerung der Orangen, die Lieferung praktisch fast das ganze Jahr über möglich machte. Denn die typische Sorrentiner Orange der Sorte *biondo comune* läßt sich von Dezember bis Mai ernten, in kühlen Tuffgrotten wurden die kostbaren Früchte auch in Voreisschrankzeiten bis Ende Juli gelagert. Immer eher lokal war hingegen der Handel mit den Blüten, die mit einem aus dem Arabischen entlehnten Wort *zagare* heißen. Orangenblütenduft ist nicht nur Grundstoff ungezählter Parfumkompositionen bis hin zum Kölnisch Wasser (das eigentlich ein Kalabresisch Wasser ist), sondern gehört auch zu Neapels klassischem Ostergebäck, der *pastiera*. Eine Torte, die ein Erntedankhymnus an den Frühling ist und die mit einer Mischung aus gequollenem Weizenkorn, frischer *ricotta*, Dottern, kandierten Pomeranzen und Cedro-Früchten gefüllt ist, in die ein betörend duftendes Orangenblütenwasser eingearbeitet wird. *Coi fiori eterni eterno il frutto dura e mentre spunta l'un l'altro matura*, dieser Vers über die ewig schwellenden Orangenblüten stammt aus der Ekphrasis der orientalischen Zaubergärten der Armida aus dem 16. Gesang von Torquato Tassos *Gerusalemme liberata*:

Und wie sie nun dem Labyrinth entwallen,
Wird gleich der schönste Garten offenbart:
Hier stille Seen, bewegliche Kristallen,
Dort Bäume, Blumen, Kräuter aller Art,
Besonnte Höhn und schatt'ge Thaleshallen,
Und Grott' und Wald, von *einem* Blick gewahrt;
Und, was die Schönheit mehrt so holden Werken,
Die Kunst, die alles schafft, ist nie zu merken.

Es scheint – so mischt sich Künstliches dem Wilden –
Als ob Natur den Garten angelegt
Und sich bestrebt, der Kunst ihn nachzubilden,
Die immer sonst *ihr* nachzubilden pflegt.
Sogar die Luft, die ewig den Gefilden
Ihr Grün bewahrt, wird durch Magie erregt.
Stets sieht man Frücht' und Blüten sich gesellen;
Die brechen auf, da *jene* reifend schwellen.

Heute sind die Agrumengärten der Sirenenküsten in der Krise. Längst haben nicht mehr sizilianische, sondern spanische, israelische und marokkanische Früchte die Sorrentiner Orangen und amalfitanischen Zitronen, deren Erzeugung extrem arbeitsaufwendig ist, vom Weltmarkt verdrängt. Das Aufstellen und Instandhalten der *pergolati*, die Bewässerung auf winzigen, schwindelerregenden Steilgärten, die Ernte von Hand, all das ist Knochenarbeit. Und Frauen, die bis zu 60 kg schwere aus Pappelholz geflochtene Apfelsinenkisten auf steilsten Treppenwegen schleppen, gibt es in Süditalien nur noch auf Schwarzweiß-Photos. Kein Wunder, daß die fast parfümiert duftenden Orangen von Sorrent mit der weichen Schale entweder teurer als alles importierte Obst sind oder aber einem in allmählich verwahrlosenden Gärten vom Besitzer geschenkt werden. Immer mehr Agrumenbauern überlegen, ob sie die Terrassen nicht doch lieber für Weinanbau nutzen. S. Antonino, der »Orangenheilige«, dessen Statue mit Orangenblüten und Früchten geschmückt wird, muß sich ins Zeug legen.

Direktvermarktung ist da eine der Lösungen: Wer die Amalfitana entlangfährt, freut sich nicht nur an azurblauem Meer und weißen kubischen Städtchen, sondern er stoppt auch meistens an den malerischsten Fruchtständen Italiens. Braungebrannte Bauernfamilien breiten wie seit den Tagen, als Vergil den Reichtum der *Campania felix* pries, die Tagesernte ihrer sonnendurchfluteten Gärten in provisorischen Holzbuden aus. Kränze pimentroter *peperoncino*-Schoten, die wie Kaskaden potenzfördernder *coralli*-Zapfen aussehen, meterlange Büschel von geflochtenen Knoblauchzwiebeln und mirabellengroßen süßen Pastatomaten, der tiefroten *pummarola*, hängen über Weinbergpfirsichen, marilleherben Aprikosen und den orangegrellen Bällen aus den Apfelsinengärten. Wer hier in die am Baum gereiften Früchte beißt, kann Julia Kavanagh, kluge und amüsante Autorin des Reiseberichts *A summer and winter in the two Sicilies* (1858), verstehen:

Zu den Vergnügungen des Südens zählt es, reife und süße Orangen zu essen, nicht wenn du zitternd am Kamin sitzt, sondern wenn du in der vollen Hitze eines Sommermittags dahinschmilzt; aber, fürwahr, wenn du einmal Orangen im Süden gekostet hast, dann entbiete denen im Norden ein Adieu. Der bloße Gedanke, die sauren, scharfen Früchte zu berühren, genügt, dich schaudern zu machen.

An den rustikalen Kiosken gibt es auch riesige, warzige, zuckermelonengroße Zitrusfrüchte, die die meisten allenfalls einmal auf alten spanischen Obststilleben gesehen haben. Diese seit der Antike wegen ihrer Ähnlichkeit zu Zedernzapfen *cedri* genannten Früchte sind zum Paten unseres Worts Zitrone geworden und führen tief in die Geschmacksarchäologie der Hesperidenfrüchte. *Cedri* oder Zitronatzitronen waren es, die die Juden der babylonischen Gefangenschaft in Persien kennenlernten: Bis heute ist die hebräisch *etrog* genannte Frucht symbolischer Teil des Laubhüttenfestes, was beispielsweise im kalabresischen S. Maria del Cedro nördlich von Paola und an der Amalfitana einige bäuerliche Arbeitsplätze sichert. Denn es gibt eine weltweite Nachfrage jüdischer Gemeinden für süditalienische *cedro*-Früchte. Reduziert hat sich hingegen die ebenfalls weltweite Nachfrage nach echtem Zitronatzitronenzitronat. Der unerläßliche Stollenbestandteil wird heute gar nicht so selten aus grüngefärbter Melone oder aus Schalen normaler Fließbandzitronen produziert.

Donna Imma, Serafina oder Carmela, die Zitronenbäuerin, zeigt gern, wie die Einheimischen die warzigen Riesenzitronen essen: Das Beste ist nicht der kleine Kern des Fruchtfleisches, sondern der frische, weiße, süßlich-saftige Innenteil der Rinde, der mit einer Prise Salz vorzüglich schmeckt. Apicius, Kochpapst der Römer, ging noch weiter, als er ein Rezept von weißen geschnippelten Zitronatzitronenschalen mit narkotisierendem libyschem Silphium, Pfefferminzwasser, Essig und Fischpaste vorschlug.

Eine andere Methode, diese einzigartige, ätherisch duftende Kulturlandschaft zu erhalten, könnte die EU-weit eingetragene IGP, die *Indicazione Geografica Protetta* werden. Seit 2001 sind ähnlich wie Spitzenweine die Zitronen der Amalfiküste mit dieser geographischen Herkunftsbezeichnung geschützt – sicher eine Marktchance, die anspornt, die Mühen des Agrumenanbaus weiter auf sich zu nehmen.

Doch die allerbeste Promotion für die Sirenenfrüchte ist der steile Aufstieg eines Likörs, der bis vor wenigen Jahren nur für den Hausgebrauch destilliert wurde – nur wenn der Trattoriawirt gut gelaunt war, holte er unter dem Tresen eine Flasche hausgemachten Limoncello hervor. Zitronenlikördestillerien beleben mittlerweile die Fußgängerzonen von Sorrento und Amalfi mit grellgelben Farbtupfern. Eine der originellsten ist sicherlich die von einer Kooperative betriebene am obersten Ortsrand von Amalfi, am Eingang der Valle dei Mulini, des Tals der Papiermühlen. Hier, wo man den Einheimischen beim Zitronenschälen zusehen kann, ist man sicher, daß nur die feinsten Zitronen Italiens verarbeitet werden. Und erfährt Volksweisheiten wie die, daß ein echter amalfitanischer Limoncello weder zu süß noch zu gelb sein sollte – viele Einheimische ziehen einen hellen klaren Zitronenlikör vor.

→ Swinging Positano

VOM KÜNSTLEREXIL ZUM MODEBAD

Es gab eine Zeit in Positano, da lag die kleine Piazza zwischen dem Meer und dem schimmernden Amphitheater der Häuser und der Berge wie eine antike Bühne da.

STEFAN ANDRES, *Positano*

Portofino, Costa Smeralda, Capri: das ist die Jet-Set-Liga, in der Positano heute touristisch mitspielt. Yachtbesitzer und Brioni-Bundeskanzler, Modezaren, Schlagersternchen und amerikanische Globetrotter geben sich die teuren Türklinken des Sirenuse, Palazzo Murat, San Pietro, Santa Caterina und anderer Edelabsteigen in die Hand. Alle sind sie hingerissen vom schlichten Charme des einstigen Fischerstädtchens mit den schicken Trattorien.

Die Weichen für diese boomende touristische Fortune Positanos wurden 1943 gestellt. Damals landeten angloamerikanische Verbände im Golf von Salerno, das bis zur Befreiung Roms zur Hauptstadt Badoglio-Italiens erklärt wurde, und begannen, die deutschen Truppen auf die Montecassino-Linie zurückzuwerfen. Die unwegsame Küste der Sirenen hatte Glück und blieb von direkten Kriegshandlungen verschont. Lediglich das britische U-Boot *Safari* zersprengte auf der Jagd nach zwei italienischen Dampfschiffen bei einem Fehlschuß den charakteristischen *faraglione*-Fels westlich vor Positano, den die Einheimischen *mamma e figlio* (Mutter und Sohn bzw. Maria und Jesus) nannten. Doch nach getaner Schlacht wurden die amerikanischen Offiziere und Presseberichterstatter zur Erholung nach Positano abkommandiert und waren begeistert von den weißgetünchten Endlostreppen, den Weinschenken und Orangenverkäuferinnen und den in Ufergrotten und

← Funkelnde Terrassen der Schönen und Mächtigen: Hideaway Positano

sarazenischen Türmen für die Matrosen improvisierten Night Clubs.

Allen voran der spätere Literaturnobelpreisträger John Steinbeck, der schon 1943 als Kriegskorrespondent mit dem Schauspieler Douglas Fairbanks nach Capri gesegelt war, sobald es »befreit« war. Mit seinem 1953 in *Harper's Bazar* abgedruckten Bericht *Positano* heizte er das amerikanische Positanofieber an. Seine *story* vom »eselsterrorisierenden Chauffeur Bassano Bassani«, der sich als *local guide* aufspielte und über Kaiser Augustus schwadronierte *»izz molto lot del heestory here ... I know I tel l... hamperor hamgousternos«* lockte halb Hollywood samt Entourage in den als Geheimtip angepriesenen Ort.

Es sind die Golden Fifties, als Positano 1959 als erster Badeort Italiens den skandalträchtigen Bikini einführt. Auch die Caprihose soll hier erfunden worden sein. Das wird jedenfalls in dem ergötzlichen Memoirenband *Positaneries* (Salerno 1976) behauptet. Wer der anonyme Insider-Autor *By one Born and Bred in Positano* ist, erfährt man am besten im legendären Buca di Bacco, der einstigen Fischer- und Künstlertrattoria direkt am Hafen, die im Laufe der Zeit um *dancing*, American Bar und Hotelzimmer erweitert worden ist:

Dann kam die Mode der langen, engen Hosen für Damen.
Damals gab es am Strand weder eine kleine Pier noch einen Steg fürs Landen.
Deswegen waren die Damen, die vom Meer her kamen, zu einem kleinen Sprung ins Wasser gezwungen, wenn sie das Boot verließen. Es war unmöglich, diese sehr engen Hosen hochzurollen, und deswegen wurden sie immer unten naß.
Ganz ehrlich, diese Ladies mit den unten nassen Hosen sahen überhaupt nicht elegant aus.
Es ist nicht schwer, sich vorzustellen, was dann passierte: sicher ging eine Dame zu einem Schneider und bat ihn, für sie enge Hosen anzufertigen, aber kürzer, beispielsweise bis gerade unters Knie, da sie gerne mit dem Boot fahre, aber nicht immer

jemanden finde, der willens sei, sie zum Boot zu tragen. Sie hatte es satt, naß zu werden. Und so wurde die Mode der dreiviertellangen Hosen in die Welt gesetzt.

Zum unverwechselbaren Positano-Charme gehört jedenfalls noch heute, daß zahlreiche Boutiquen ebenso zahlreiche Trägerinnen des *Positano-Looks* mit schrillen Neuheiten versorgen. Diese nonkonformistische Mode hat vieles vorauskreiert, was erst im Girlielook des Millenniums global geworden ist. Knittrig gecrashte brautartige Seidengewänder, Spitzensäume an Jeansjäckchen, fetzige Patchwork-Appliken, zitronengelbe Sportschuhe mit goldenen Schnürsenkeln. Der Journalist Franco Escoffiér hat die tollen Tage von Positano knapp skizziert:

Von Anfang an spielte hier alles verrückt, von den geflochtenen drückenden Sandalen bis zu den grellen Pareo-Tüchern, den knappen Badeanzügen, Hemdchen und Bermudas, den Bergen funkelnder Stoffetzen, schreiend bunt bedruckt, meisterlich zurechtgeschnitten von völlig unbekannten, tief gekrümmten Schneidern des Ortes, nach Maß und im Laufe eines Vormittags. Sich im Sommer in Positano anzuziehen bedeutete, sich in eine Kaste zu begeben und völlig verzaubert den delirierenden Touch der Verrücktheit als bewußte Wahl zu übernehmen.

Zurück geht diese Modeindustrie auf die Initiative von Irene Kowalski, einer nach Positano emigrierten Deutschjüdin, die die Stilprinzipien des Bauhauses und der angewandten Kunst auf die Keramik von Vietri (der typische Vietri-Esel ist deutsches Design der dreißiger Jahre!) anwandte und in Positano Ende der dreißiger Jahre das erste Modeatelier eröffnete. Kaum zu glauben, daß Positano, dieser permanente Laufsteg für exzentrischen Luxus, wo Robert de Niro oder Julia Roberts Ferien machen, ein paar Jahrzehnte vorher einer der ärmsten Orte der amalfitanischen Küste war. *Via dei Positanesi d'America*, so heißt noch heute die Strandpromenade, die vom Bootsanlegeplatz zu den *stabilimenti balneari* vor der

Torre di Clavel führt. Tatsächlich wanderten Tausende von Positanesen – weit über die Hälfte der Bevölkerung – vor dem Ersten Weltkrieg aus – zumeist mit dem Schwerpunkt Columbus Avenue in Brooklyn. Von einstmals 8000 soll die Einwohnerzahl auf 2000 gefallen sein. Der Grund: Der traditionell seit Jahrhunderten eingeschlagene Berufsweg als Kapitän eines Segelschiffs wurde durch die Dampfschiffahrt überflüssig, und noch kein Tourismus sorgte für neue Arbeitsplätze. Denn lange galt ausgerechnet Positano als das Aschenputtel der Küste. Anders als Sorrent, Ravello oder Amalfi hatte es weder antike Sehenswürdigkeiten noch eine glorreiche mittelalterliche Geschichte aufzuweisen, keine Dichter oder Tragödien beflügelten hier die Phantasie der historismusbesessenen Italienschwärmer des 19. Jahrhunderts.

Das änderte sich Anfang des 20. Jahrhunderts, als der Ort gerade wegen seiner Rückständigkeit (und seiner vielen spottbilligen Häuser) von Alternativen und Künstlern entdeckt wurde. Die ahistorische kubische Bauweise seiner weißen Häuser faszinierte eine ganze Generation von zumeist deutschen Malern, die für die zeitlose, fast ägäisch wirkende »Primitivität« dieser Terrassensiedlung schwärmten. Positano wurde zum kubistischen Idealort, den man, wie es der positanodeutsche Maler Kurt Craemer (1912–1961) in *Mein Panoptikum* überspitzt, eigentlich nur »von der Natur brav abmalen müsse, um ein kubistisches Resultat zu erreichen [...] Die malerische Tradition Positanos war unvermeidbar«. So ein deutscher Positano-Maler ist übrigens auch der Geliebte Hildegard Knefs in dem Skandalfilm *Die Sünderin* (1950).

Das ursprüngliche Positano zog außer heute fast vergessenen Expressionisten wie dem reichen Karli Sohn-Rethel, der nie badete, oder Adolf von Hatzfeld auch viele internationale Paradiesvögel an. Bald begannen sich in Positano die zu treffen, denen das Leben in den Grandhotels von Capri und Amalfi zu konformistisch war. Die schillerndste Figur ist wahrscheinlich der Schweizer Schöngeist Gilbert Clavel (1883–1927), der bereits 1909 den markanten »sarazenischen« Uferturm Torre del Furnillo, der noch heute seinen Namen trägt, erworben hatte. Wer hinausschwimmt, wo einst *mamma e figlio* aufragten, kann vom Meer aus die Porträtplakette des verwachsenen Industrieerben betrachten, der in der *stanza delle sirene* seines Elfenbeinturms Stapel von Büchern verschlang und auf »nacktschreiben« schwor.

Aus anderem Holz geschnitzt war Michail Nikolajewitsch Semenoff, ein popenbärtiger Sokrateskopf, der in einem aragonesischen Küstenwachtturm in der Bucht von Arienzo hauste und es liebte, mit einer Flasche Rotwein aufs Meer hinauszurudern, um dort laut auf französisch, russisch und neapolitanisch zu fluchen. Ein Bohèmien reinsten Wassers, dessen Leben als Großbürgersohn aus tatarisch-baltischem Geschlechte 1873 in Moskau begonnen hatte. Semenoff studierte in Berlin, Leipzig und Heidelberg Psychologie und Kunstgeschichte, gab eine marxistische Zeitschrift heraus, in der er zum erstenmal Gorki druckte, bewunderte an Lenin die englischen Anzüge, gründete einen Buchversand und schrieb als Münchner Kunstkritiker für den eleganten Monokelträger Sergej Diaghilew, der ihn in die Redaktion von Rußlands führendem Kunstblatt aufnahm. 1911 verließ der Freund von Gide, Modigliani, Matisse Knall auf Fall Haus und Frau, um als freier Kunstagent in Italien zu leben.

1916 kam Diaghilew mit zehn Koffern und dem Ensemble der *Ballets Russes* in Rom an, einem französisch-russischen Gesamtkunstwerk mit Musik von Eric Satie, Texten von Jean Cocteau, Kostümen von Pablo Picasso und den Ballerinos Nijinski und Leonid Massin. Semenoff wird sein Kulturmanager.

Als die Truppe 1917 zu einem Wohltätigkeitskonzert für Verwundete im S. Carlo auftritt, wird sie mit Strawinskys *Feuervogel* ausgepfiffen. Die Tournee ist damit zu Ende, man hat Zeit für Urlaub. Picasso klettert mit dem photographierenden Cocteau durch Pompeji, und Semenoff entdeckt Positano, wo er bis zu seinem Tode 1952 bleibt, ohne Heimat und Familie je wiedergesehen zu haben. 1950 schreibt er sein pralles Leben in *Bacco e Sirene* (Bacchus und die Sirenen) nieder. Ältere Positanesen denken gern an ihn, weil er in Norwegen sechs Fischerboote für die von ihm gegründete Fischerkooperative besorgte und in seinem Testament ein jährliches Fischeressen in der Trattoria *Buca di Bacco* aussetzte.

Letztes Zeugnis eines noch skurrileren Lebens findet man auf dem blumenüberwucherten Friedhof hoch oben am Berg – Positanos Tote haben den schönsten Panoramablick, den man sich nur denken kann. Ein islamischer Grabstein mit Turban und türkischem Miniroßschweif birgt die sterblichen Überreste von Essad Bey (1905–1942), einem der geheimnisumwittertsten Schriftsteller des letzten Jahrhunderts, in dessen Biographie sich Wahn und Wirklichkeit verwischen. 1905 als Sohn eines jüdischen Petroleumbosses und einer Bolschewikin, die der Vater aus dem Gefängnis freigekauft und geheiratet hat, im aserbeidschanischen Baku geboren, flieht er vor der Revolution über Turkestan, Georgien, Konstantinopel, wo er Muslim wird, Rom, Paris und Deutschland in die Schweiz. Von dort trotz einer selbst beigebrachten Fußverletzung ausgewiesen, ist er 1922 in Berlin, wo er den jüdischen Namen Lev Nussinbaum annimmt, Elias Canetti kennenlernt und mit Büchern wie *Öl und Blut im Orient* (1930), *Stalin. Karriere eines Fanatikers* (1931) und dem jüngst wieder aufgelegten *Mohammed* (»der Faschismus kann gewissermaßen als Islam des 20. Jahrhunderts bezeichnet werden« 1932) reüssiert. Über Wien und die Schweiz weicht er schließlich vor dem Nationalsozialismus bis Positano aus und wird als völlig verarmter Morphinist von der Wirtin obiger Trattoria durchgefüttert. Die Positanesen haben ihm einen Platz am Rande des Friedhofs neben der Mülltonne gewährt, ihn allerdings erst einmal für einen Muslim verkehrt herum bestattet. Eigentlich peinlich für die Stadt, die sich mit Amalfi um Flavio Gioia, den Erfinder des Kompasses, streitet. Erst 20 Jahre später wurde sein Sarkophag Richtung Mekka ausgerichtet.

Überhaupt wurde Positano nach der nationalsozialistischen Machtergreifung immer mehr zum Exilort für oppositionelle und jüdische Deutsche – die antisemitischen *leggi fascistissime* wurden in Italien erst 1938 eingeführt und im fernen Süden nicht wirklich ernst genommen. So siedelte der katholisch engagierte, mit einer Halbjüdin verheiratete Schriftsteller Stefan Andres 1938 nach Positano über und schaffte es, in bitterster Armut seine Familie mit Dosensardinen und Rotwein durchzufüttern. Die Tinte zum Schreiben wurde aus Galläpfeln gewonnen. In seinem Erzählband *Positano. Geschichten aus einer Stadt am Meer* (1957) hat er seiner zweiten Heimat ein liebevolles, noch immer lesenswertes Denkmal gesetzt. Viele Geschichten gehören zu den echten Klassikern deutscher Italienliteratur, etwa wenn in »Die zwei Pharaonen« deutscher Ordnungswahn auf italienischen Starrsinn trifft. Die verschmitzte Episode »Die heilsame Sünde des Don Giannino«, in der eine Sünde ein Wunder auslöst, geht übrigens auf einen lokalen Kriminalfall zurück. Ein junger Mann hatte die Madonnenstatue im Dom ihres Silberschmucks beraubt, war aber noch auf dem Schiff nach Capri von Carabinieri verhaftet und an den Mastbaum gebunden worden. Den Küster hatte der Dieb pfiffigerweise mit einem 1000-Lire-Schein in die Trattoria geschickt:

»Ich habe – Spaghetti gegessen«, bekannte Giacomino, senkte den Kopf und schwieg. Die Schwestern blickten ihn stumm an. Spaghetti? Jetzt, mitten im Krieg? Ihre schwesterlichen Augen drückten zuerst Fassungslosigkeit, schließlich Empörung aus. Ihr Bruder, den sie für einen gütigen, anspruchslosen, frommen Mann gehalten hatten, war also imstande gewesen, mit dem Geld, das ein Mönch ihm schenkte, in ein Lokal zu gehen und – Spaghetti zu essen. Hätte er das Geld heimgebracht, so rechnete Giuseppina ihm vor, hätte das Spaghetti für sie alle drei bedeutet. Er wagte es nicht, ihr zu widersprechen, daß sie nämlich das Geld für Polenta und Kartoffeln, niemals aber für Spaghetti ausgegeben hätte – er fühlte sich zu schuldig. Um auch von der naheliegenden Frage abzulenken, wieviel Geld er denn eigentlich bekommen habe, stürzte er sich mit einem jähen Aufweinen in die ganze furchtbare Wahrheit. Als nun die Spaghetti gar in das fahle Licht einer richtigen Teufelsfalle gerieten, seufzten die Schwestern auf und bekreuzigten sich. Genau da war's, daß Raffaela den Schrei ausstieß, den lautesten ihres Lebens und den Satz aus dem Bett vollführte, der ein Wunder war. Und sie stürzte sich über den Bruder und gab ihm eine Ohrfeige – welcher er nicht angemerkt habe, so versicherte er mir, daß sie von der Hand einer Gelähmten herrühre. Aber sie war ja auch nicht mehr gelähmt!

Nicht immer ging es so heiter zu. Denn die meisten der Deutschpositaner waren entwurzelt und verarmt, sprachen kaum italienisch, klebten in der Enge des Exils aufeinander, wähnten sich in trügerischer Sicherheit, die jeden Tag umschlagen konnte und es nur deswegen nicht tat, weil die Kriegshandlungen und die deutsche Besetzung knapp an Positano vorübergingen:

Zwischen diesen Weinaposteln, Wachträumern, Systemspinnern, diesen Schmetterlingsjägern und einfach in ewigem Sonnenstich dahindösenden internationalen Müßiggängern saßen Leute, die aus der zur Zentrifuge gewordenen Heimat herausgeschleudert waren und mißmutig, niedergeschlagen und überempfindlich an diesem Strand auf das Schiff warteten, das sie in ein neues Land, eine neue Zukunft hinübersetzen sollte.

Ebenso beklemmend wie hier bei Andres entwickelt sich das Bild der deutschen Exilkreise Positanos, das Lola Landau (1892–1990) in ihren Lebenserinnerungen *Positano oder der Weg ins dritte Leben* zeichnet. Die Berliner Deutschjüdin, fest zur Auswanderung nach Palästina entschlossen, war nach Positano gekommen, um ihren Ehemann Armin Wegner, der sich einem Namen als Aufdecker des türkischen Völkermords an den Armeniern gemacht hatte, zum Mitkommen zu überreden. Eine Ehe, die unter äußerem Zwang kippt, die existentielle Fremdheiten offenbart. Zunächst erliegt Lola dem Schmelz des Südens – »zauberisch schillert das grünlich blaue Meer – überall hörte man Singen in Positano, es sang aus den Läden und Werkstätten; der Friseur sang, der Schmied sang, die Maurer sangen beim Bau«, aber bald witterte sie »Treibhausluft« in der geschlossenen Gesellschaft der »nicht in das Gastland eingeschmolzenen« Emigranten und verließ schließlich das »Narrenparadies«, denn »Positano wurde so ein seltsamer Winkel, wo Menschen irgendwie hinter dem Leben lebten«. Oder um es mit Stefan Kracauer zu sagen: »In Positano leben die Totgeglaubten. Man wandert allein. Zurück sind die Wege versperrt.«

Positanos berühmtester Positano-Deutscher, als alles vorbei war, war der Pianist Wilhelm Kempff (1895–1991). Einige seiner Kompositionen wie der »Gesang des Fischers an die Dioskuren« sind durch das mediterrane Erlebnis der Küste inspiriert. In seinen Lebenserinnerungen ist der fast irreale Zauber zu spüren, der ihn bewog, 1957 die *Fondazione Orfeo*, eine bis heute erfolgreich arbeitende Musikakademie zu gründen und einen großen Teil des Jahres in Positano zu verbringen.

Auf einmal kletterte der Vetturino vom Bock herunter und deutete mit dem Peitschenstiel auf einen Ort, der durch irgendein Versehen eines Heiligen aus dem Morgenland an die amalfitanische Küste versetzt schien. »Das ist Positano«, so sagte er nicht ohne Feierlichkeit, *»molti tedeschi, pittori, artisti«*, wobei er in unnachahmlicher Geste einen Schnellmaler markierte – nur wenige Striche in die Luft gezeichnet, und die Landschaft war da.
Beim Anblick dieses sich wie eine Kaskade ins Meer ergießenden Städtchens geriet ich in eine Art Rauschzustand.

Zu guter Letzt haben auch die Italiener Positano entdeckt. Sophia Loren nennt dort eine Villa ihr eigen, und als Bundeskanzler Schröder 1999 Positano besuchte, weilte er nicht nur in der wunderbaren Trattoria La Tagliata hoch oben in Montepertuso, sondern stattete auch dem Domizil Franco Zeffirellis seinen Besuch ab. »Als ich das Städtchen entdeckte, lag ein Hauch von vornehmem Zerfall über allem, eine verblaßte Schönheit«, beschreibt der Florentiner Opernregisseur seine erste Begegnung mit Positano: Sein mit kostbarer Vietri-Keramik geschmücktes Anwesen *Tre ville* hat wilde Partys erlebt, mit Gästen wie Liza Minelli, Placido Domingo oder Tennessee Williams.

Doch lassen wir einen Tourismusforscher, den Bremer Professor Dieter Richter, das Positanofazit ziehen:

Die kosmopolitische Fremdenkolonie, die in Positano entstanden war, verdankte [...] ihre Anziehungskraft dem Mythos vom »libertären Süden« [...] Der Süden als der Ort der Befreiung von den Einschränkungen und Zwängen des Nordens, als Paradies der Libertins, der unkonventionellen Paare, der Homosexuellen, als Experimentierfeld der Drogenkultur und der Gesundheitsreform, des Vegetarianismus und der Weltverbesserung, als Ort alternativer »Selbstverwirklichung« außerhalb der Restriktionen der Zivilisation: Viele der Erwartungen, die heute im Zeitalter des Massentourismus dem Urlaub entgegengebracht werden, sind hier – beschränkt auf einen kleinen Kreis von Privilegierten – vorgebildet.

→ Tarantella Amalfitana

Alltägliches Paradies

Le pais du rêve et de l'amour éternelle – Amalfi, tu est ma vie
Josephine Baker 1935

Il giorno del giudizio sara per gli amalfitani che vanno in paradiso un giorno come tutti gli altri – Der Tag des Jüngsten Gerichts wird für diejenigen Amalfitaner, die ins Paradies kommen, ein Tag wie alle anderen sein. So unbescheiden wird der Besucher, der Amalfi durch den Torbogen vom Strand her betritt, begrüßt. Freilich ist der Spruch doppeldeutiger, als man auf den ersten Augenblick meint, denn für die Amalfitaner ist *il paradiso* auch der gleichnamige Kreuzgang des Camposanto, in dem – ähnlich wie in Pisa – besonders verdiente Honoratioren bestattet wurden. Ein maurisch-morgenländisch wirkendes Ensemble mit weißgekalkten Spitzbögen, arabischen Säulen und Palmen gleich neben dem Dom, der den Körper des Apostels Andreas birgt – schließlich war Amalfi das erste große Kontor des Orienthandels, das eine Art Monopol auf die Luxusprodukte Arabiens besaß. Die schwerreiche Seerepublik war vor den Kreuzzügen mächtig wie Venedig, besaß eigene Arsenale und Konsuln in allen größeren Städten des Orients, in Damaskus, Kairo, Antiochien. Geblieben ist von diesem Handelsimperium in dem 6000-Seelen-Städtchen bis heute die *regatta storica delle repubbliche marinare,* ein 1955 in Amalfi gegründeter Ruderwettbewerb, der abwechselnd in den einstigen Seerepubliken Amalfi, Venedig, Pisa und Genua stattfindet.

Maurisch! Dieses exotisches Flair verheißende Zauberwort hat die ersten Touristen nach Amalfi gelockt, wie es der Bremer Professor Dieter Richter in seinem Essay *Die Küste von Amalfi. Entdeckung und touristische Konstitution einer europäischen Landschaft* herausgearbeitet hat. Die einheimischen Ciceroni führten das Wort *moorish* ständig auf den Lippen, überall glaubte man hier sara-

zenische Gesichter zu erkennen, morgenländischer Weisheit zu begegnen.

Denn der wahre Kick des »Trümmertourismus« war es, den Verfall der Herrlichkeit zu erleben. Amalfi war dafür ein ideales Beispiel, denn nicht nur die Macht der von den Normannen eroberten Seerepublik, sondern auch die halbe Stadt war bei einem Beben 1343 ins Meer versunken: Ein Vineta des Südens, eine Märchenstadt auf dem Meeresboden. Henry Wadsworth Longfellow (1807–1882), der mit dem Indianerepos *The song of Hiawatha* das amerikanische Nationalgedicht schrieb, stieg 1869 im Hotel dei Cappuccini, dem Ex-Kloster mit dem legendären Amalfiblick, ab. In seinem in amerikanischen Schulbüchern noch immer populären Poem *Amalfi* (sprich *émelfei!*), einem Ohrwurm von der singbaren Gefälligkeit mancher Heinrich-Heine-Lieder, evoziert er das Bild der auf dem Meeresgrund ruhenden Traumstadt:

Süß ist mir das Erinnern
An ein Land jenseits der See,
Wo Wogen sich und Berge treffen,
Amalfi in der Hitze ruht

Stille Straßen und leere Hallen,
Verfallende Dächer, Türme, Mauern,
Verborgen vor allen sterblichen Augen
Liegt tief die versunkene Stadt:
Auch Städte haben ihre Gräber!

So wurde Amalfi in ein zauberisches, irreales Licht der Geschichte gehüllt, wurde gleichsam zum romantischen Idealort der *gothic novel*. Die Stadt bot halbgespenstische Kulissen, jede Menge historischen Schauder und eine blutrünstige *story*, die zu den Klassikern des englischen Theaters zählt: *The Duchess of Malfi* von John

← Steile Amalfitana: Blick auf Atrani

Webster, einem jüngeren Zeitgenossen Shakespeares, präsentiert in einem sinister-blutrünstigen Sittengemälde die im Kern wahre Geschichte der Johanna von Aragon, die als Witwe das Herzogtum führt, sich heimlich verheiratet und damit die Wut ihres sich in einen Werwolf verwandelnden Bruders Ferdinando auf sich zieht: ein Thema, das indirekt das entgegengesetzte Beispiel der keuschen, ihr Liebesleben für ihr Land opfernden *virgin queen* Elizabeth I. herausstellen sollte und das im 20. Jahrhundert Schriftsteller wie Harold Pinter und Sylvia Plath gereizt hat. Der historische Charme, von den Guiden beschworen, durch die gelungene pseudo-arabisch-normannische Kulisse des Doms unterstrichen, gehört bis in die Gegenwartsdichtung zum Pflichterlebnis Amalfis. So z.B. bei Marie Luise Kaschnitz, die in Amalfi nicht nur das Hörspiel *Hotel Paradiso* (1948), eine Touristentragödie, die auch in der Grotta Smeralda spielt, verfaßte, sondern die Stadt selbst andichtete: »Du Braut des Meeres in Geschmeid und Tränen/ Beglänzte Stirn, dem Lichte zugewandt/ Campaniens Stolz und Raub der Sarazenen/ Vom grellen Strahl gesegnet und verbrannt.«

Erfrischender als dieses statische Bild einer versunkenen Zeit ist eins der schönsten Italiengedichte des schönheitstrunkenen Ansbacher Lyrikers August Graf von Platen (1796–1835), der sein literarisches Wanderleben auf Süditalien konzentrierte. Der jung in Syrakus verstorbene Dichter singt einen Hymnus auf Leben, Jugend und das Morraspiel, bei dem es darum geht, daß zwei Spieler plötzlich eine wechselnde Anzahl Finger vorstrecken und zugleich durch lauten Zuruf versuchen, die Gesamtfingerzahl beider Hände zu treffen:

Sonntags aber entschallt den verödeten langen Gebäuden
Frohe Musik, es besucht sie die luftige Jugend Amalfis:
Kinder beschwingen im Hof, blitzäugige Knaben, den Kreisel
Rasch an der Schnur, und sie fangen den taumelnden dann in der Hand auf;

Ältere werfen die Kugel indes, die Entfernungen messend,
Zählen, im Spiele der Morra, die Finger mit hurtigem Scharfblick,
Oder sie stimmen zu rauhem Gesang einfache Gitarren,
freudebewegt.

Einer, der außer täglichem Schwimmen im Meer Italien und Amalfi eher nur als Kulisse nutzte, um über den Problemen seiner Heimat zu brüten, war hingegen der norwegische Theaterdichter Henrik Ibsen, der Jahrzehnte in Rom, Ischia, Sorrent und von Juli bis September 1879 auch in Amalfi lebte. Eine gute Sommerfrische: cholerafrei und im Sommer nicht so drückend heiß wie die Ewige Stadt. In Ibsens Quartier kann man immer noch absteigen. Es ist eine der Hotellegenden des Südens, der auf einem Felssporn thronende *Convento Luna*, der Amalfi von dem Nachbarort Atrani scheidet – umgewidmete Klöster wie auch das Cappuccini oder das S. Domenico von Taormina haben im Aufbau des Süditalientourismus eine wichtige Pionierrolle gespielt. An der Treppe zum *Gran Albergo Luna*, das natürlich auch noch eine *stanza Ibsen* (die Nummer 15) hat, verkündet eine Marmortafel, daß hier die *casa della bambola* entstanden ist. *Et dukkehjem*, »Nora oder ein Puppenheim«, die Inkunabel der Frauenemanzipation, angeregt durch einen Künstlerkongreß, bei dem man knapp den Frauen das Stimmrecht verwehrte, ist Amalfidichtung! Und die Befreiung der in gefängnishaft enger Ehe eingeklemmten Nora von ihrem Gatten Helmer geschieht, wenn auch nur für den flüchtigen Augenblick eines Tanzes, durch den italienischen Süden, durch eine Capritarantella! Ein fiebriger Glücksrausch rasch abgeblockter Autonomie:

NORA

Setzen wir uns aufs Sofa. Also höre! Morgen ist oben beim Konsul Stenborg ein Kostümball, und da will Torvald, daß ich als neapolitanisches Fischermädchen gehen und die Tarantella tanzen soll, denn die habe ich auf Capri gelernt [...]

HELMER

Aber liebste, beste Nora, Du tanzest ja, als ginge es Dir ans Leben.

NORA
Das tut es ja auch [...]
HELMER
Da hören Sie's, Frau Linde. Sie tanzt ihre Tarantella – hat stürmischen Erfolg, – der auch verdient war –, obgleich der Vortrag vielleicht etwas zu naturalistisch war, ich meine – ein wenig naturalistischer, als es sich streng genommen mit den Forderungen der Kunst verträgt. Immerhin, die Hauptsache ist, – sie hat Erfolg, stürmischen Erfolg. Und danach hätte ich sie noch oben lassen sollen? Die Wirkung abschwächen sollen? Ih bewahre! Ich nahm mein reizendes kleines Mädchen von Capri – mein capriziöses kleines Mädchen von Capri sollte ich eigentlich sagen – unter den Arm; eine schnelle Runde durch den Saal, eine Verbeugung nach allen Seiten, und – wie es in der Romansprache heißt – das schöne Bild ist verschwunden. Ein Abgang muß immer wirkungsvoll sein, Frau Linde. Aber es ist mir nicht möglich, Nora *das* begreiflich zu machen. Puh, wie warm es hier ist!

Meist sind es ja Nordlichter, die hingerissen von der Schönheit des Mezzogiorno schwärmen. Doch es gibt auch Ausnahmen. Der Literaturnobelpreisträger Salvatore Quasimodo (1901–1968) kam noch weiter aus dem Süden, aus Sizilien. Wer seine Heimatstadt Modica in der Provinz Ragusa kennt, eine steinerne Barocksymphonie in einem Kalksteincanyon, der von dürrem erodiertem Erdreich umgeben wird, kann nachvollziehen, warum der Dichter, der für seine antikischen Gedichte ausgezeichnet wurde, einen *Elogio di Amalfi*, einen Lobgesang auf die üppige Zitronenstadt Amalfi geschrieben hat:

Hier ist der Garten, den wir immer und vergebens nach den perfekten Orten der Kindheit suchen. Eine Erinnerung, die uns faßbar ankommt über den Schlünden des Meeres, schwebend im Blattwerk der Orangen und üppigen Zitronatzitronenbäume in den hängenden Gärten der Konvente.

Mehr noch als die Literaten reizte das in die wilde, von Gießbächen durchzogene Felsenlandschaft geschmiegte Hafenstädtchen, diese »Weihnachtswunderkrippe« (Theodor Däubler), die Jünger der Palette. Zur gleichen Zeit wie in Frankreich die *Schule von Barbizon* entstand in Süditalien eine Freiluftmalerei, die das glühende Licht des Südens, die blauen Golfe und poetischen Landschaften einzufangen suchte. Daß man davon auch ganz gut leben konnte, zeigt der Aufschwung der von dem Niederländer Anton Smink Pitloo (1791–1834) und seinem Meisterschüler Giacinto Gigante (1806–1876) begründeten *Scuola di Posilippo*, die aus den Küstenveduten eine regelrechte Industrie machte und bis heute Nachahmer findet. »Über dem massigen Büffet, dem Landschaftszimmer gegenüber, hing ein umfangreiches Gemälde, ein italienischer Golf, dessen blaudunstiger Ton in dieser Beleuchtung außerordentlich wirksam war.« Die von Thomas Mann eingefangene Einrichtung des Buddenbrookschen Speisezimmers ist typisch für den Zeitgeschmack einer Epoche, ebenso wie die sogenannten Galerien Neuer Meister des 19. Jahrhunderts in den Museen ganz Europas Ansichten von Amalfi, Sorrent und S. Lucia zeigen. Ein Gemälde der meistgemalten Landschaft der Welt zu erhandeln gehörte als Souvenir ebenso dazu wie heute ein Photo oder eine Postkarte.

Findet der Maler in dir, in Grotten, Felsen und Schluchten,
Brücken und Häusern sich, Gärten und Klöstern beglückt:
Wähnt der Dichter zu schwärmen im Reich fantastischer
Märchen

So besang der frühvollendete schwäbische Poet Wilhelm Waiblinger (1804–1830) in seinen nicht ohne Grund *Bilder aus Neapel* getitelten Süditaliengedichten Amalfi. Denn gerade Amalfi war ein gutes Jahrzehnt lang das eigentliche Pilgerziel, der wahre Insidertip der meist deutschen Italienmaler: der heimliche Höhepunkt Italiens! Vielleicht das Schönste, was deutsche Italienmalerei hervorgebracht hat, ist hier im Frühjahr 1829 entstanden: Das *Amalfi-*

Skizzenbuch des Cottbuser Malers Karl Blechen (1798–1840). Der preußische Künstler, der sich mit der Italienreise einen Lebenstraum erfüllte, wurde in Amalfi zum ersten deutschen Plein-Air-Maler, der den Muff des Ateliers hinter sich ließ: unter dem Einfluß Turners, Pitloos und seines Freundes Silvester Feodossjewitsch Schtschedrin (1791–1830), einem hochbegabten Petersburger Paysagisten, der in Sorrent starb, entstanden zarte, modern anmutende Skizzen, die bis zu den Aquarellen der Tunisreise von August Macke nicht ihresgleichen finden. Immer wieder hat Blechen die *Valle dei Mulini*, das Tal der verfallenden Papiermühlen, aus allen Perspektiven eingefangen: eine Art früher Industriemalerei, die aber auch als vormärzliche Chiffre gewertet wird – Amalfi als Deutschlandsymbol, wie das darniederliegende Reich.

Amalfi erzeugt noch mehr als schöne Gedichte und Skizzen, es liefert auch ganz schnöde das Material dafür. Denn gerade die von Blechen gemalte *Valle dei Mulini* mit dem Canneto-Fluß ist nach Überzeugung der Einheimischen einer der ersten europäischen Orte, wo Papier hergestellt wurde. Obwohl der erste hieb- und stichfeste Beleg für die aus Baumwollumpen hergestellte *carta bambagina* erst aus dem Jahre 1268 stammt, dürfte die Seerepublik zusammen mit Sizilien und dem omayyadischen Spanien schon um das Jahr 1000 den neuen Beschreibstoff produziert haben. Die chinesische Technik war in einem Jahrtausend über Samarkand und die Seidenstraße allmählich in den Orient gelangt. Wichtiger als historische Spitzfindigkeiten ist aber, daß noch heute in den ältesten durchgehend produzierenden Papiermühlen Europas wie der *Cartiera Amatruda* feinste Büttenpapiere geschöpft werden. Im Museo della Carta am Ausgang der *Valle dei Mulini* wird eine Zeitreise des Papiermachens veranstaltet, wo die erste 1745 aus England importierte Papierrührmaschine bereits die Modernität darstellt – auf historischen Photos sind die charakteristischen *spandituri*, die gut belüfteten Trockenräume im kühlen Mühltal, in denen die aufgehängten Papiere flattern, zu sehen.

Zum Schluß ein launiger postalischer Gruß aus der Stadt des *limoncello* – auch in der Geschichte der ersten Ansichtspostkarten, die die unbebilderte Korrespondenzpostkarte ersetzen, spielen die Golfe des Südens eine wichtige Rolle, und man kann sich seinen Reim darauf machen so wie der Lyriker Richard Dehmel (1863–1920): In seiner *Rundreise in Ansichtspostkarten* geht es um Italiens berühmteste Straße, die 1997 zum UNESCO-Weltkulturerbe erklärte *Amalfitana* von Positano bis Salerno:

Europas reichste Damen
karriolen den Felsweg her,
hoch zwischen Himmel und Meer;
immerfort wechselt der Rahmen.
Großartig wechselt der Rahmen;
hoch zwischen Himmel und Meer
erwartet ein Bettlerheer
Europas reichste Damen.

→ Träume im »Italian Garden«

Bloomsbury in Ravello

Why not come here? We would collect a société choisie in this pleasant place – and dream away 2 years delightfully.

Lytton Strachey, *1913*

English Tea brewed here and probably the best in Italy, so wirbt die Bar S. Francesco zielgerecht in Ravello um Kunden, ebenso wie der alteingesessene Metzgerladen der *macelleria* Sorrentino mit einem Schild aus glänzender Vietri-Keramik geschmückt ist, auf dem in nicht ganz korrektem Englisch steht: *freshly cut meat – chickens!* Ohne Zweifel, der romantische Bergort mit dem Traumblick auf Amalfitana und Cilento ist jedenfalls abends, wenn die Tagestouristen auf steilen Serpentinen wieder gen Tal transportiert worden sind, fest in anglophoner Hand – »Engländer und Amerikaner kennen Ravello wie die Mailänder die Piazza del Duomo«, wundert sich 1926 ein italienischer Zeitungsartikel. Der elitär-schlichte touristische Stil Ravellos – stundenlang in Gärten über einem Buch sitzen oder Musik lauschen, aufs blaue Meer schauen, anstatt in es zu springen, dann wieder sportliche Gewalttouren auf schwindelnd steilen Treppenwegen zu absolvieren oder im traumhaften Garten der Literatenpension Villa Maria zum Caruso-Wein philosophische Gespräche zu führen, kommt neben Stammgästen wie Kardinal Ratzinger besonders dem britischen *understatement*, der Suche nach dem perfekten *hideaway* entgegen: *Ravello is a paradisical resort of great people, a Greenwich to Amalfi's London* hat Robert Gathorne-Hardy in seinem Amalfi-Buch die Gegend kurzerhand in England eingemeindet.

Die Wurzeln der Ravelloschwärmerei liegen im 19. Jahrhundert, als das völlig heruntergekommene, aber pittoreske Bergstädtchen,

← Wohlfühlen auf britischem Rasen: Frauenstatue aus der Villa Cimbrone in Ravello

in dem in mittelalterlichen Glanzzeiten bis zu 30000 Menschen gelebt haben sollen, von neugierigen Wanderern wie Ferdinand Gregorovius entdeckt wurde: »Wir hatten plötzlich, mitten in dieser abgelegenen Felsenwildnis, eine maurische Stadt vor uns, an Türmen und Häusern mit maurischen Arabesken ganz arabisch anzusehen.« Das gotisch-sarazenische Ensemble faszinierte romantische Maler wie Joseph Turner (1819) und den venedigverliebten englischen Architekturpapst John Ruskin (1841), der in den verfallenden Kulissen von Ravello Parallelen zu seinen *Stones of Venice* entdeckte. Die Reise nach Ravello war beschwerlich, ja abenteuerlich. Domenico De Masi, Ehrenbürger von Ravello und Soziologieprofessor in Rom, erzählt in seiner luziden literarischen *petit tour* durch Ravello, daß man sich meist von Vietri bei Salerno nach Amalfi rudern ließ, um dann auf den Schultern der Matrosen oder mit Maultieren weiter emporzuklimmen – erst 1853 wurde die Straße von Salerno nach Amalfi gebaut. Solche Pioniere waren jedenfalls die Avantgarde der britischen Ravellomythen, die in der Präsenz des bohemienhaften Bloomsbury-Dichterkreises zu Beginn des 20. Jahrhunderts ihren Höhepunkt erreichen sollte.

Der erste aus dem elitären Bruderbund der *apostles* in Cambridge, der Keimzelle des nach einem Londoner Stadtteil benannten Bloomsbury-Kreises, der Ravello entdeckte, war Edward Morgan Forster (1879–1970). 1902 quartiert sich der 22-jährige, der später durch verfilmte Publikumserfolge wie *Die Reise nach Indien* oder *Zimmer mit Aussicht* zum Erfolgsautor werden sollte, in der Pensione Palumbo ein, die heute als 5-Sterne-Hotel *Villa Episcopio* betrieben wird. Sein Erstlingswerk *The Story of a Panic* beschreibt ein tragisches Frühlingserwachen. Eustace, ein 14-jähriger arroganter, träger und einzelgängerischer Engländer, der unter der Obhut zweier ältlicher Tanten reist, schnitzt nach einem Picknick oberhalb Ravellos im Gras an einer Flöte, während das ländliche Gespräch der Gesellschaft um einen schwärmerischen Umweltschutz kreist:

»Alle Poesie verschwindet aus der Natur«, rief Leyland, »ihre Seen und Moore werden ausgetrocknet, ihre Meere einbetoniert, ihre Wälder zusammengeschlagen. Überall sehen wir die Vulgarität der Ödnis wachsen [...] Der bloße Gedanke, daß man einen Baum in Bargeld verwandeln kann, ist ekelerregend, [...] Wir sind alle hoffnungslos in Vulgarität versunken. Ich nehme mich nicht einmal aus davon. Wegen uns und zu unserer Schande haben die Nereiden die Wasser und die Oreaden die Berge verlassen. Und die Wälder geben Pan keinen Schutz mehr.«
»Pan!« schrie Mr. Sandbach, und seine tönende Stimme fand ein tiefes Echo im ganzen Tal wie in einer großen grünen Kirche. »Pan ist tot. Das ist der Grund, warum die Wälder ihn nicht mehr schützen. [...]
»Wie überaus interessant«, sagte Rose. »Ich wünschte, ich wüßte ein bißchen von der antiken Geschichte.« [...]
Die Konversation [...] stockte. Alle Töne erstarben, nur fern konnte ich zwei Äste eines großen Kastanienbaums sich knirschend gegeneinander reiben hören, während der Baum schwankte. Das Knirschen wurde schwächer, und schließlich erstarb auch dieser Laut. Als ich über die grünen Konturen des Tals blickte, war alles absolut reglos und still; und ein Gefühl von Erwartung, das einen so oft befällt, wenn die Natur ruht, begann sich in mein Herz zu stehlen.
Plötzlich traf uns der schrille Lärm von Eustaces Pfeife wie ein elektrischer Schlag. Niemals hatte ich ein Instrument einen so ohrenzerreißenden und unharmonischen Ton von sich geben hören. [...]
Es ist unmöglich, eine zusammenhängende Beschreibung von dem zu geben, was dann folgte. Ich für meinen Teil schäme mich jedenfalls nicht, die gräßliche Furcht einzugestehen, die ich hatte, eine Furcht, die ich nie wieder erleben möchte, die mir bisher unbekannt war und die ich nach jenem Tag nie wieder erlebte. Furcht trotz des blauen Himmels über meinem Haupt, trotz der grünen Frühlingswälder.

Die heidnische Stunde des Pan, des »geißfüßigen Gottes Arkadiens« (Oscar Wilde) schlägt, der sich, so Forster in einem Brief, von vulgären *middle-class Britishers* und ihrem banalen Picknick an diesem entfernten Ort beleidigt fühlt und Eustace in einer Art wollüstiger Ekstase zu Boden streckt. Als Eustace erwacht, flüchtet er sich panisch in die Arme des Hotelkellners Gennaro, dem das Schema *young English gentleman meets poor Italian fisher boy* zum tödlichen Verhängnis wird. Er stürzt in den Tod, als er seinen britischen Freund befreien will.

Eigentlicher Anträumer der Bloomsbury Connection ist Lytton Strachey (1880–1932), langbärtiger Biograph der *Eminent Victorians*, der auf seiner Golfreise im Frühjahr 1913 in ein sich immer mehr steigerndes Südfieber geriet. *My brain is in a whirl of ecstasy*, schreibt er seiner Bloomsbury-Freundin Ottoline Morrell, und nach einem trunkenen Pompeji-Besuch, bei dem er unter südlicher Sonne sich gleichzeitig an Bier und süßem Lachrymae-Christi-Wein berauscht, klagt er in schwülen Bildern über die Sinnenarmut der Moderne:

Warum lebten wir nicht in jenen Tagen? ... Warum nicht? Irgendein wunderbarer Sklavenknabe wäre aus den schattigen Räumen herausgetreten und hätte Dir einige Rosen gepflückt, und dann hinüberschwärmen zu den Bädern, wenn die Sonne untergeht – und die Nacht! Was für Nächte muß es hier gegeben haben!

Am 30. März 1913 quartiert er sich ebenfalls in der *Pensione Palumbo* ein und schreibt am 4. April an seine Freundin Ottoline einen Schlüsselbrief:

Warum nicht hierher kommen? Wir würden eine *société choisie*, eine auserlesene Gesellschaft an diesem heiteren Ort versammeln – und zwei Jahre aufs angenehmste verträumen.

Lytton träumte weiter, malte das Bild der Edelkommune aus: der Maler Duncan Grant sollte faul unter Obstbäumen liegen, und

Virginia Woolf würde nach dem Abendessen hereinschweben. Doch die Idee, den Bloomsbury-Cercle komplett nach Ravello zu verlegen, blieb Fiktion, allerdings mieteten sich immer wieder Personen aus dem Umfeld hier ein: Der Philosoph Bertrand Russell und der Nationalökonom John Maynard Keynes theoretisierten in Ravello, doch Virginia Woolf, die Seele des Ganzen, kam bei ihrer Sizilienreise April 1927 über einen kurzen Besuch von Pompeji nicht hinaus. Dafür schauten königliche Bohemiens wie der Herzog und die Herzogin von Kent und Männer der Tat wie Winston Churchill vorbei.

Zweimal, 1926 und 1927, quartierte sich auch David Herbert Lawrence in Ravello ein, das sich seitdem mit Taormina darum streitet, ob und wieviel von dem lange Zeit als pornographisch zensierten Roman *Lady Chatterley* hier geschrieben wurde. Selbst scheint der rotbärtige und lungenkränkelnde Bergarbeiterssohn, der 1926 mit der Malerin Dorothy Brett in Ravello Urlaub von der Ehe machte, eher den fleischlichen Genüssen abgeschworen zu haben – Dorothy beschreibt zwar voll Begeisterung das Vergnügen, mit dem angebeteten Künstler auf der Terrasse des Palumbo Beefsteak zu essen und in einer einsamen Dépendance zu nächtigen, aber die stoisch-horazianischen Verse, die Lawrence für den Park der Villa Cimbrone textete, deuten nicht gerade auf ein sexuelles Abenteuer:

Verlassen die Welt, an der
teilzuhaben ich nicht begehre,
sitze ich einsam und führe mit meinem Herzen einen Dialog,
Zufrieden mit meinem kleinen Winkel Land,
Glücklich, hierher gekommen zu sein, nicht traurig,
scheiden zu müssen.

Doch in Ravello wurde nicht nur geträumt. Einige Ausländer haben ihre Träume auch in die Tat umgesetzt. Allen voran Francis Neville Reid, ein »utopischer schottischer Sozialist« und exzellenter Botaniker, der sich 1851, zu einer Zeit, als noch Banditen die Berge unsicher machten, das Filetstück der völlig verfallenen und verwahrlosten Villa Ruffolo sicherte. Schon Boccaccio hatte in seinem *Decameron* in der Vierten Novelle des Zweiten Tages für sie Tourismuswerbung gemacht, indem er die Geschichte von einem Ravelleser Kaufmann, der trotz Schiffbruch und Piratengefahr einen guten Orienthandel macht, mit einem dicken Lob anfeaturet:

Man glaubt, daß die Marina von Reggio bis Gaeta wohl der anmutigste Teil Italiens sei; dort gibt es, ganz nah bei Salerno, eine Küste, die über das Meer dahinschaut, die die Einheimischen die Amalfi-Küste nennen, voll kleiner Städte, Gärten und Wasserkünste sowie reicher und kaufmännisch wie nur wenige unternehmungslustige Männer. Unter obgesagten Städten führt eine den Namen Ravello, in der, wenn es heute auch reiche Männer geben mag, damals schon ein Superreicher lebte, genannt Landolfo Ruffolo; da ihm sein Reichtum nicht genügte und er sich sehnte, ihn zu verdoppeln, kam er nah daran, nicht nur alles, sondern auch sich selbst zu verlieren.

In 40 Jahren ihres Lebens in Ravello wurden Francis Neville Reid und seine Frau Sophia Carmichael zu Wohltätern der Gegend. Reid sorgte für Brunnen und Wasserleitungen, für Knaben- und (!) Mädchenschulen und dafür, daß die bei ihm angestellten Einheimischen Teekochen und Englisch lernten, was sich für den bald einsetzenden Ravellotourismus bis heute als Standortvorteil erwies. Die Villa Ruffolo, heute durch den Straßentunnel etwas dezimiert, wurde wegen ihrer Blumenpracht gepriesen – Reid war Botaniker und schrieb dicke Folianten über die Flora der *monti lattari*, der einheimischen Bergwelt. Besonders entzückte die Ruffolo-Pracht Richard Wagner, der am 26. Mai 1880 mit dem Maulesel hier heraufritt und notierte: »Klingsors Zaubergarten ist gefunden!« Dieser Spruch, der in gotischen Lettern, aber ins Italienische übersetzt, das Hauptgebäude der Villa ziert, hat Ravello hochkarätige Musikfestspiele und einen generellen Parsifal-Touch eingebracht: Denn hier heißt eine Bar schon einmal nach dem Zauberer Klingsor, und ein *Hotel Graal* ist auch etwas für die Bayreuth-Clique.

Noch traumhafter als die Villa Ruffolo präsentiert sich die Villa Cimbrone. 1904 wurde das Gelände von Ernest William Beckett, Lord Grimthorpe gekauft, dessen Onkel der Entwerfer der Westminsterglocke von Big Ben war. Der Kellner Nicola Mansi hatte ihm den Tip gegeben und macht sich auch als frischgebackener Gärtner an die Parkgestaltung – schließlich war Lord Grimthorpe ständig auf Reisen zwischen Patagonien und Indien. Durch das Studium der Grimthorpeschen Bibliothek glaubt der heutige Besitzer Marco Vuillemier allerdings, daß die wahren Designer des Parks die besten Landschaftsarchitektinnen Englands waren. Denn da stehen neben *In your garden*, dem poetischen Gärtnerinnenkalender Vita Sackville-Wests (1892–1962) auch die Klassiker von Gertrud Jekyll (1843–1932) wie *Gardens for small country houses, Roses for English gardens* oder *Garden ornament*. Doch die Ideen britischen *gardenings* dürften nicht nur über Bücher vermittelt worden sein. Immerhin teilte sich Lord Grimthorpe mit dem Prince of Wales Edward VII. die gleiche Geliebte: Alice Keppel verriet nie wirklich, ob ihre Tochter Violet Keppel-Trefusis (1894–1972) vom Prinzen oder vom Lord stammte. Und besagte Violet war die große lesbische Passion von Vita Sackville-West, der Herrin und Planerin des berühmten Blumenparks von Sissinghurst.

Tatsächlich ist die Villa Cimbrone auf den ersten Blick ein *Italian garden in Italy* mit allem, was zu diesen typisch britischen Parks gehört, die in die englische Landschaft die italienischen Erinnerungen der *grand tour* verweben. Das beginnt mit dem gotisch-klerikalen Klostergebäude im Stile Strawberry Hills, dessen Kellergewölbe nach der Zisterzienserabtei von Fountains in Yorkshire (die auf Grimthorpeschen Latifundien steht) kopiert ist. Dazu gehören antike Statuen und Kopien aus Pompeji, Herkulaneum und Florenz, die auf gepflegtem grünem Rasen wie in Blenheim oder Stowe herumstehen, dazu der lange Gang mit hängenden Blütentrauben zartvioletter Glyzinien – ganz Chelsea ist voll solcher *wisteria lodges* im Miniaturformat. Das Image Ravellos als *moorish city* verkörpert der maurische Kiosk, während das neapolitanischste Element die mit marmornen Porträtköpfen bestückte Terrasse mit dem atemberaubendsten aller Italienblicke ist. Sie inspirierte den spanischen Dichter und Widerstandskämpfer Rafael Alberti (1902–1999), der lange im römischen Exil lebte, zu seinen *Retornos de un poniente en Ravello* (Erinnerungen an einen Sonnenuntergang in Ravello):

Behütet von den Pinien, selig
zu träumen im Blinken der Brunnen
ging nicht weg die Sonne, nein, sie wollte nicht
untergehen, die Sonne, die Sonne, die ausgebreitete Sonne
ruhend auf den Meereswogen, schillernd
kaum wahrnehmbar im Schaum
In diesem Dämmer vollzog sich
die totale Auflösung der Nacht –

Sottraendosi al clamore di Hollywood, sich dem Glamour Hollywoods entziehend, erlebte hier die göttliche Greta Garbo im Frühjahr 1938 mit Leopold Stokowski Stunden geheimen Glücks – behauptet eine Gedenktafel an der in ein charmantes Hotel umgewandelten Villa Cimbrone. Der Platz war nicht ganz unpassend gewählt, hatte der Flirt doch mit Stokowskis Eröffnung begonnen, sie seien zu einer historisch bedeutsamen Romanze bestimmt wie Wagner und Cosima. Schön formuliert, aber wenn man der Affäre genau nachgeht, war wenig geheim und noch weniger Glück. Nach dem Film *Conquest*, in dem sie die polnische Gräfin Maria Walewska spielte, hatte sich der schwedische Star im Februar mit dem 23 Jahre älteren, frisch geschiedenen britisch-polnischen Dirigenten Leopold Stokowski, der die Villa von einem amerikanischen Freund gemietet hatte, zurückgezogen. Die *solitude à deux* begann hoffnungsvoll mit guten Vorsätzen: Garbo lernt Yoga und turnt im Park der Villa Cimbrone (»eins, zwei, drei, Mister Stokowski. Warum können Sie den Takt nicht halten? Eins, zwei«) und geht um acht Uhr schlafen, meldeten die massenweise nach Ravello einfallenden Journalisten, die auch genau notierten, daß die beiden vegetarisch im *Caruso* essen gingen und sich sogar in die Freuden des Landlebens einarbeiteten: Einträchtig molk die Garbo die Hauskuh Emma, während »Stoky« sie streichelte. Die Welt wollte alles wissen, was in Ravello geschah. Bald war der Presseansturm so groß, daß eigens vier Carabinieri mit Hunden um die Villa Cimbrone patrouillieren mußten. Was trotzdem durchsickerte, klang nicht nach Idylle: Die Garbo läßt sich zwei warme wollige Fischerunterhosen bringen, und Stokowski kam offensichtlich nicht über Komplimente vom Typ: »Du bist schöner als das Wasser der Bucht von Amalfi bei Sonnenuntergang« hinaus. »Ich hatte nie die Absicht, vor den Altar zu treten« und »Stoky erinnerte mich an ein hungriges Baby, das unfähig ist, die Brustwarze seiner Mutter zu finden«, kommentierte die enttäuschte Diva mit dem Motto: »keine Mamas keine Mörderinnen«, später den Ravello-Trip mit einem Verehrer, der sich offensichtlich nur hatte mit ihr schmücken wollen, anstatt zur Sache zu kommen. Doch vielleicht hat wenigstens der *parco letterario*, der literarische Park (der die Villa Cimbrone auch ist) Greta Garbo mit an lauschige Sitznischen eingemeißelten Sinnsprüchen wie dem horazischen *sparge rosas* (»streue Rosen«) oder aus den *Rubáiyát* des persischen Dichters Omar Khayyam für weitere Filme inspiriert:

O Mond meines Entzückens, der nimmer verbleicht.
O Mond des Himmels, der du wieder aufgehst.
Wie oft soll nach deinem Aufgang die Geliebte
Vergebens diesen Garten nach uns durchstreifen?

Noch ein Star residiert seit 1972 in Ravello. In diesem Jahr erwarb Gore Vidal die wie ein Schwalbennest an den Felsen geklebte Villa Rondinaia am Rande des Cimbrone-Terrains. »Die Klippe von Ravello ist Gore Vidals Abschußrampe für schlanke Cruise Missiles mit verbalem Giftgas. Sie sind vor allem für Ziele in seiner Heimat Amerika bestimmt. Gore Vidal liebt seine Rolle als letzter Provokateur [...]

er mutierte im Lauf der Jahre zum Krokodil, das keine Rücksichten mehr nimmt und blitzschnell zuschnappt«, kommentiert der Journalist Gero von Boehm in der Welt am Sonntag (30. 9. 2001) das Auftreten des zornigen alten Mannes. Mit Titeln wie *Perpetual war for perpetual peace: How we got to be so hated* (Dauernder Krieg für dauernden Frieden: warum wir so verhaßt geworden sind), der als Reaktion auf das Twin-Towers-Attentat 2002 erschien, gelingt es dem Schriftsteller immer wieder, das Politestablishment der USA frontal anzugreifen. Daß er selbst aus einer Politikerkaste der Ostküste stammt – Al Gore ist sein Vetter –, gibt seinen Angriffen erst die nötige Schärfe und patriotische Kompetenz:

Obwohl er seit vierzig Jahren in Italien lebt, ist auch äußerlich alles an diesem Mann amerikanisch, einschließlich seines Konfektions-Blazers, der Hochwasserhose und des mit viel Eis genossenen Whiskeys, den er als Sundowner trinkt und manchmal ausgiebiger, wenn er sich sonntags auf der Piazza mit dem alten irischen General trifft, der ein dankbares Publikum für deftige Anekdoten ist.

Neben dem engagierten Liberalen gibt es den historischen Schriftsteller und Antikenkenner Gore Vidal, der hier Drehbücher über Caligula schrieb oder das Leben Julian Apostatas, des querdenkenden Philosophen auf dem römischen Kaiserthron, der das Heidentum wieder einführen wollte, geschildert hat. Und der auch seiner ätzenden Kritikbereitschaft eine antike Dimension zu geben weiß:

Ravello, in der Mitte der Erde – denn das ist die genaue Bedeutung des Wortes *Mediterranean*, mit dem wir das Mittelmeer bezeichnen. Im Sommer mit seinem Dunst erinnert mich das alles hier an eine Art prähistorische Eizelle, als sei die Welt gerade erst entstanden. Aber dann könnte gleich Odysseus um die Ecke kommen. Irgendwie habe ich mich immer mit ihm identifiziert. Er blendete mit einem brennenden Pfahl den

Polyphem, der ihn gefangenhielt. Darauf schleuderte der dem flüchtenden Odysseus einen Felsblock hinterher, aber er traf ihn nicht. (beide Zitate: Gero von Boehm)

Ravello, wo in den Bars Photos der jungen Urlauberin Jacqueline Kennedy hängen, scheint bei Amerikas Politikersprößlingen en vogue zu sein. Margaret Truman (*1924), Tochter des amerikanischen Jalta-Präsidenten Harry Truman, hat ihre literarische Masche darin gefunden, daß sie der Reihe nach alle Staatseinrichtungen der USA zum Schauplatz von Krimis macht. Nach *Murder in the CIA, Murder at the FBI* und *Murder in the Supreme Court* war 1996 *Murder at the National Gallery* dran: Ein Kurator der Washingtoner Gemäldesammlung verstrickt sich in mafiöse Umtriebe, als er bei einem Priester in Ravello einen echten Caravaggio aufspürt. Kunsthistoriker werden über den ersten Satz des Werks, geäußert von einem kleinen, jeglicher Bildung baren kalabresischen Killer, der gerade auftragsgemäß ein paar Ölgemälde aus einem Kloster geklaut hat, entzückt sein: *Who was Mattia Preti, anyway?*

CENT. 100
POSTE
SOPHIA LOREN
REPUBBLICA ITALIANA

→ Viaggio in Italia

Der Golf im Film

SMOLLET: *Das ist Kommissar Rizzo. Er ist Italiener.*
OPA: *Ah, Italiener, kennen Sie den Vesuv?*
BUD SPENCER: *Ja, da schmeißen wir alle Tomaten rein, und wenn sie gar sind, kommen sie wieder raus!*
Dialog aus dem Film Plattfuß in Afrika *(1977) mit* Bud Spencer, *1929 in Neapel als* Carlo Pedersoli *geboren*

Ich stelle mir das Gesicht der Magnani vor, die mit dem pfeilgleich unter den schwarzen Augenbrauen hervorschießenden Blick einer unglücklichen und schmerzbeladenen Frau den aufgetragenen Teller fest umklammert und die ganzen Spaghetti in das Gesicht von Roberto Rossellini schleudert. Ich stelle mir die Szene vor, typisch für ein Addio, ganz *alla Magnani*, ohne Präambeln, erfüllt mit Passion, mit Leben; ein Akt, der einem Kuß gleichkommt, tief, zart, lärmend, mit versteinerten Leuten, mit dem nach Worten schnappenden Publikum der Badegäste, die sich am Eingang zum Speisesaales des alten Hotel Luna in Amalfi drängen. Ja, wirklich hier, in diesem Saal, von dem die Geschichte behauptet, daß er der Kapitelsaal des antiken franziskanischen Konvents war, in diesem weißen Rechteck, das von einem riesigen Kreuzgratgewölbe bekrönt wird, unter dem sich einst lange Dispute entzündeten zwischen den Reformaten, den Konventualen und den Orden, die die antike Glorie der Seerepublik behüteten. In diesem Saal, von uns nicht allzu viele Jahre entfernt, dachte zu Beginn der 20er Jahre Mussolini über den neuen Orden, die neue Ordnung nach, den er Italien geben wollte. Fazit: Dieser Saal, und das Zusammentreffen der

← **Lebenslang Miss Italia – der Filmstar Sophia Loren als Briefmarkenmotiv**

Geschichte scheint es zu beweisen, wird in den ewigen Seiten der Chronik der Abschiede bleiben.

So blumig-atmosphärisch webt Massimo Bignardi, einer der größten Kenner des *grand tourisme*, in seinem Essay »Roberto Rossellini: Frammento di diario Amalfitano« (Fragment eines amalfitanischen Tagebuchs) den berühmtesten Spaghettiteller der Filmgeschichte, der einen Regisseur live erwischt hat, in das historische Spinnennetz Amalfis ein. Es ist unmittelbare Nachkriegszeit, und Roberto Rossellini gehört zu den ersten Italienern, die die Küsten der Amalfitana fürs eigene Land entdecken. 1946 filmt er in *Paisà* Italien in der Stunde Null. Der schwarze amerikanische Colonel schließt mit dem *scugnizzo*, dem bettelnden, stehlenden und doch entzückend kindlichen Gassenjungen im viel zu großen Mäntelchen eine Freundschaft, während sie auf den Trümmern zerbombter Häuser sitzen: eine der unvergeßlichsten Neapelszenen. Auch das selten gezeigte Werk *L'Amore* setzt 1948 auf Episodenfilm: In *Il miracolo* spielt Anna Magnani die Hirtin Nannina zusammen mit dem Vagabunden Federico Fellini!

1953 behandelt Rossellini eine schwere Ehekrise – schließlich kam die Hauptdarstellerin Ingrid Bergman, die den Spaghettiwurf ausgelöst hatte, auch nicht leicht von ihrer Familie los. 1948 hatte sie nach *Paisà* an Rossellini geschrieben: »Wenn Sie eine schwedische Schauspielerin brauchen können, die sehr gut englisch spricht, die ihr Deutsch nicht vergessen hat, die sich in französisch kaum verständlich machen kann und die auf Italienisch nur sagen kann *ti amo*, bin ich bereit, nach Italien zu kommen, um mit Ihnen zu arbeiten.« Daraus wurde *Stromboli* (1949), wurde eine neue Ehe. In *Viaggio in Italia* (Reise in Italien, 1953) findet die Bergman hingegen zu ihrem Filmgatten George Sanders zurück, als ein sentimentaler Pompeji-Guide ein zusammengekauertes Gipspärchen zeigt: *un uomo, una femmina*, ein Mann, eine Frau, 2000 Jahre Liebe über den Tod hinaus.

Im Winter 1953 ist auch in Ravello (wo Graham Greene das Textbuch zum *Dritten Mann* schrieb) der Teufel los – Humphrey Bogart galoppiert auf dem Esel durch das friedliche Bergstädtchen. *Beat the devil* (Schach dem Teufel) heißt die nie sonderlich erfolgreiche Gangsterfilmpersiflage, für die sich John Huston mit Entourage hier einquartiert hat. Vor Ort erweist sich das Textbuch als Makulatur. Also wird Truman Capote angefordert, der vermummt mit Schal erscheint und täglich mit seinem Lieblingsraben telephoniert, wärend die Schauspieler dem Caruso-Wein zusprechen und Karten spielen. Überdies bricht Capote Bogart in der Halle des Palumbo beim Armdrücken den Ellbogen, und Gina Lollobrigida spricht zu allem Überfluß: *Emotionally I'm English* – wie schade!

Je suis Cinéma, je suis Naples (Régis Debray): Die Küsten des Golfs und das brodelnde Neapel sind Traumkulissen, die es fast gratis gibt – nicht nur die Musik, auch der italienische Film verdankt Neapel unendlich viel. Zu den absoluten Highlights gehören die Streifen mit Sophia Loren. Der glutäugig-wilde Star aus Pozzuoli verkörpert vor allem in seinen frühen Filmen *napoletanità* wie keine andere Schauspielerin.

Sophia Scicolone, die als Kind so mager war, daß sie die Klassenkameraden als *stuzzicadenti* (Zahnstocher) hänselten, wurde von ihrer ehrgeizigen Mutter schon als 15-jährige zu Misswahlen geschleppt wie der neapolitanischen *Regina del Mare* oder der *Miss Italia* in Salsomaggiore, wo sie den extra für sie kreierten Titel der *Miss Eleganza* gewann. *Do you speak English* – auf diese Frage wußte der wohlproportionierte Backfisch nicht zu antworten und verpaßte damit beim Casting für *Ben Hur* seine erste große Chance. So mußte sie den mühsamen Weg über Photoromane und drittklassige Rollen gehen, bis Produzentenehemann Carlo Ponti ihrer Begabung den Weg ebnete.

Ein Must für Loren-Cineasten sind die von dem Neapolitaner Vittorio de Sica, dem Regisseur der *Fahrraddiebe*, gedrehten Neapelklassiker. *L'Oro di Napoli* (Das Gold von Neapel, 1954) dringt tief in die Welt der *vicoli* ein und spinnt um die temperamentvolle Pizzabäckerin Sophia Loren ein heiter-melancholisches Netz. Ein echtes Märchen von der Findigkeit und dem legendären Zusammenhalt der Altstadt Neapels ist auch die erste Episode von *Ieri, oggi, domani* (Gestern, heute und morgen, 1963). Sophia als Schwarzmarktzigarettenhändlerin bekommt, um nicht ins Gefängnis zu müssen, ein Bambino nach dem anderen von ihrem schlaksigen Gatten, den Marcello Mastroianni spielt, doch dann wird es dem in dem Chaos der winzigen Basso-Wohnung zuviel, und seine Kräfte versagen. Einfach vulkanisch explodiert die Loren in *Matrimonio all'italiana* (Hochzeit auf Italienisch, 1964), einer Adaption der Komödie *Filumena Marturano* des großen neapolitanischen Schauspielers und Volksstückdichters Eduardo de Filippo.

Verschwiegen sei nicht, daß auch die deutsche Caprifischergeneration den Golf als Filmziel entdeckte. 1958 schießt Ernst Marischka die Madeira-Episoden von *Sissi, Schicksalsjahre einer Kaiserin* budgetschonend lieber in den Parks und Terrassen der Villa Cimbrone von Ravello, und als absoluter Höhepunkt teutonischen Nachkriegssüditalienfilms darf der auf Ischia spielende *Scampolo* (1957) gelten: Romy Schneider als barfüßig daherspringendes Fischermädchen versucht sich als spontane Fremdenführerin und reißt zusammen mit dem menjoubärtigen Willy Millowitsch als Inselbürgermeister die schwache Story heraus. Von Freddy, der mit Heinz Erhardt auf Ischia angelt, wollen wir hier nicht ausführlich reden. In eine ähnliche Kitschkerbe schlägt auch *Der gelbe Rolls-Royce* (Großbritannien 1964), wo die amerikanische Gangsterbraut Shirley MacLaine ihr Santa-Lucia-Hotel verläßt, um von einem ziemlich linkischen Alain Delon als Amalfifischer vernascht zu werden.

Authentischer geht's da in einem echten Cineastenkultfilm zu. *It started in Naples* (Es begann in Neapel, 1959) erzählt, wie ausgerechnet Clark Gable in der Rolle eines steifen amerikanischen Geschäftsmanns nach Neapel reist, um den Nachlaß seines ausgeflippten Bruders zu klären. Dazu gehört ein achtjähriger Junge, der von einer Tante betreut wird, die Nachtclubtänzerin ist: Sophia Loren setzt jede Kurve ein, um das Kind in Capri zu behalten, während der allmählich schmelzende Clark Gable aus ihm einen echten Amerikaner machen will. Highlight ist Sophias verwirrender erotischer Tanz im Nightclub zu den Klängen von Renato Carosones *Tu vuò' fa' ll'americano:*

Tu abball' 'o rocchenroll
Tu vuò' fa' ll'americano
mericano, mericano
ma si' nato in Italy!
Sient' a mme: nun ce sta niente 'a fa'
ok, napulitan!

Du tanzt den Rock'n'Roll
Du willst den Amerikaner spielen
merikaner, merikaner
Aber du bist in Italy geboren!
Hör mich mal: Das ist alles nicht
ok, du Neapolitaner!

Wie willst du verstehn, daß ich dich gern hab
Wenn du halb amerikanisch sprichst?
Wenn wir Liebe unter dem Mond machen
Wie kann es dir dann nur in den Kopf kommen zu sagen:
I love you?

Italy is not a country, it's an emotion, dieses Motto steht auch über Billy Wilders Ischia-Operette Avanti (1972), in der ein amerikanischer Tycoon und ein britisches Pummelchen trotz makabrer Mission von den Einheimischen miteinander verkuppelt werden. In den gleichen siebziger Jahren wird das filmische Ferienidyll durch den sozialkritischen Blick abgelöst. In *What* von Roman Polanski (1972) sucht eine Amerikanerin laut Filmlexikon vor Papagalli Obdach in einer Mittelmeervilla und stößt auf eine Bande reicher, sexbesessener Tagediebe; die Villa ist die von Franco Zeffirelli in Positano, und Marcello Mastroianni ist natürlich wieder mit von der Partie. Um Annäherungen geht es auch in dem Musik-

Trailer *Pink Floyd in Pompeji* (1972), der weitgehend im Amphitheater gefilmt wurde – in einer Einstellung rennen David Gilmour, Roger Waters, Richard Wright und Nick Mason auch über den qualmenden Vesuv. Durch entsprechende Schnitte und Einblendungen, die römische Mosaiken und Theatermasken zeigen, wird der vage Versuch unternommen, die psychedelische Musik der britischen Popband in eine ekstatische antike Traditionslinie zu stellen.

Den harten Aufeinanderprall zwei fremder Welten thematisiert die mit Marcello Mastroianni, Burt Lancaster und Claudia Cardinale hochkarätig besetzte Verfilmung von Curzio Malapartes Roman *Die Haut* von Liliana Cavani (1980). Schauplatz ist Neapel 1943/44, wo die gerade einmarschierten amerikanischen Soldaten fassungslos auf das menschliche Labyrinth Neapels reagieren. Jungfrauenprostitution, ein makabres Sirenenessen und das unheimliche Feuerwerk des gerade ausbrechenden Vesuvs tragen zu einem fast apokalyptischen Neapelbild bei.

In Lina Wertmüllers absolut sehenswertem *Camorra* (1985) wird abgerechnet um Sex, Cosa Nostra und Kinderdrogen. Das Schicksal übt grandiose Rache: der Capo der Drogenhändler stürzt nach einer Hetzjagd über das Glasdach der Galleria Umberto I., durchbricht es und klatscht auf den Marmorboden der gigantischen Passage.

Antony Minghellas *Talented Mr. Ripley* (1999) nach der Romanvorlage von Patricia Highsmith schwelgt in fiktiven süditalienischen Villenbildern: Schauplätze der sinistren Geschichte um eine menschliche Klette, die schließlich ihr Idol umbringt, sind die Galleria Principe di Napoli gleich gegenüber dem Archäologischen Museum, Ischia Ponte mit der Kulisse und Cerisella, das Fischerquartier der Insel Procida. Ein witziges und subtiles Zitat der Filmgeschichte ist der Auftritt im *Vesuvio Jazz Club*, wo *Tu vuò fa' ll'americano* (Du willst den Amerikaner spielen) eine ganz neue Bedeutung bekommt. Die heitere Stimmung schlägt in dem Augenblick um, als bei einer Meeresprozession der Madonna ein Unglück passiert. Das faszinierende Ritualbad der Statue gibt es übrigens wirklich – alljährlich in Positano am 15. August, zu *Ferragosto* und Mariä Himmelfahrt wird das »Fest der Fischer« so gefeiert, wie es Stefan Andres in Worte gebannt hat:

Alle Boote, denn sie wollten ja auch in diesem Jahr wieder unbeschadet und voller Fische heimkehren, richteten ihren Bug ins Meer und strebten in gleicher Linie mit dem Madonnenboot hinaus. Die Blicke der Rudernden waren gegen ihre Stadt gerichtet, gegen den winkenden Menschensaum am Ufer. Im Durchziehen der Ruder warfen sie ihre Gesichter dem Himmel zu; und der schien weiter als sonst gewölbt, war feierlich und leer und saugte mit seiner Stille die Schifflein hinaus, bis das Boot mit der Madonna, keinen Kilometer vom Ufer entfernt, anhielt. Sie ließen die Ruder beikommen und blickten erwartungsvoll und mit verhaltenem Atem von allen Seiten auf einen Punkt: dort hob der Pfarrer, von den kundigen Fischern unterstützt, das Holzbild aus seinem Gestell, hob es – die Fischerfäuste hoben es – hoch in die Luft und senkte es schließlich in die Flut, bis nur noch das Köpfchen der Madonna aus der weiß gekräuselten Feuchte herausragte.
Und wieder schlugen die Böller vom Berg, mit unsichtbaren Fäusten schlugen sie in das Blau, auf das festgespannte Fell des Himmels, riefen: Das Meer ist eröffnet, sein fruchtbarer Schoß ist erschlossen durch die Jungfrau-Mutter, der Vertrag mit dem Abgrund ist neu geschlossen, das Bündnis erneuert, die dankbare Abhängigkeit demütig anerkannt, der Tribut entrichtet an das göttliche Element: denn die Jungfrau und große Mutter hat gebadet in ihm und den Segen des Meeres mit dem Segen des Himmels erwidert.

Auf einer Fischerinsel spielt auch *Il postino* (Der Postmann, 1994), der letzte Film des kurz nachher verstorbenen neapolitanischen Schauspielers Massimo Troisi und der erste, mit dem er internationalen Erfolg hatte. Die poetische Geschichte erzählt die aufkeimende Freundschaft zwischen dem 1952 auf Capri im Exil weilenden chilenischen Nobelpreisträger Pablo Neruda (»Auch auf Capri war ich, liebend [...] Und dort vereinte ich meine Vernunft mit meinem überfließenden Herzen«) und einem einfachen Briefträger, der plötzlich zu lesen beginnt und sich politisch engagiert: Filmlocation ist allerdings nicht Capri, sondern teilweise wieder das Fischerviertel Cerisella von Procida, während das endlos weit vom Dorf entfernte Dichterhaus, zu dem der Briefträger mühsam strampeln muß, auf der Äolischen Insel Salina steht. Und daß er mit seinen Poesien die Sizilianerin Maria Grazia Cucinotta, nach Umfragen die Frau, die Italiens Männer am liebsten heiraten würden, gewinnt, ist auch kein Schaden.

Dennoch: dem touristischen Boom der neunziger Jahre und der Flut von Publikationen über Neapel und die Küste der Sirenen entspricht in der Gegenwart kein filmisches Pendant. Neapels junge Filmemacher sind kaum über die Landesgrenzen bekannt, und vielleicht ist es auch hier so wie mit der Musik. Die Neapelfilme des neuen Millennium mit den meisten Zuschauern sind die mit *low budget* gedrehten *soap operas*, in denen es um Kriminalität, leichtbekleidete Frauen, Männerfreundschaft, viel Dialekt und Liederschmalz geht und die in Sendern wie *Retecapri* oder *Napoli-TV* über den Bildschirm flimmern.

→ Der Hohepriester von Paestum

Ansichten eines Cicerone

Die Büffel weiden käuend durch die Mauer,/ Stumm frißt die Zeit, was selbst an Götter grenzt;/ Doch klar das Rechteck schlanker Quadern glänzt/ Im grauen Gras: o schön behau'ne Dauer!/ Und tief im Distelfeld mit goldner Strenge/ Die Tempel ihre alten Stirnen tragen.

Stefan Andres, *Paestum*

Seit dem ebenso romantischen wie burlesken Film *Pane e tulipani* (Brot und Tulpen, 1999) von Silvio Soldini ist Tempelführer Nunzio Daniele aus Paestum zum berühmtesten Cicerone Italiens geworden. Dabei hat er in der Anfangsszene des Films nur sich selbst gespielt, seine Liebe zur Antike in wohlgesetzten, mitreißenden Worten gepredigt, wie er das seit Jahren fast jeden Tag mit den Reisegruppen aus Germania, Frankreich oder Japan tut. Denn irgendwie ist es seine zugleich pathetische und tiefe Begeisterung für das Echte, Schöne, Wahre, die in einer nicht mehr jungen italienischen Frau, die mit ihrer banausenhaft-heruntergekommenen Familie einen Paestum-Besuch macht, etwas auslöst. Als der Reisebus sie an einer Autobahntankstelle vergißt, macht sie sich auf den Weg nach dem wahren Leben und verliebt sich als Blumenverkäuferin in Venedig in einen isländischen Kellner, der ihr endlose italienische Ritterepen aufsagen kann.

Soweit *Brot und Tulpen*. Der Star aus Paestum war übrigens billig zu haben, Nunzio hat nur sein Führerhonorar verlangt, um vor dem Athenatempel seinen mittlerweile Kultstatus genießenden *Chromosomendialog* zu halten:

Quando i Romani sono venuti a Paestum e qui essi hanno incontrato i Greci ... Als die Römer nach Paestum gekommen sind und dort

zum erstenmal Griechen getroffen haben, hat die Welt einen großen Satz nach vorn gemacht.
Der griechische Idealismus, d. h. die Zivilisation des Gefühls, der Musik, der Kunst und der Philosophie, d. h. die Zivilisation von Sokrates, Platon und Aristoteles und der römische Pragmatismus, d. h. die Zivilisation der Rationalität, der militärischen Strategie und des Rechts, haben sich gut amalgamiert, und das hat eine neue Kultur geschaffen, die die fundamentale Basis der westlichen Zivilisation ist und von der wir Italiener, das größte Volk auf Erden, stolze Erben sein müßten.
Vergeßt daher nicht, daß uns Italienern die Griechen die romantische und leidenschaftliche Ader gegeben haben, d. h. die Poesie, die Einbildungskraft und die Kreativität; die größten Künstler auf Erden sind Italiener. Die Römer haben uns statt dessen die rationale Komponente gegeben.
In Norditalien herrscht aus historischen, geographischen, landschaftlichen und umweltlichen Gründen die rationale Komponente vor. Und es ist richtig, daß es so ist. Denn wer in einer geographischen Zone wohnt, wo die Sonne nicht 330 Tage im Jahr brennt, wo an jeder Straßenecke eine Montagekette hängt und der Nebel das Herz traurig macht, da muß man sich notwendigerweise in einer Sphäre großer Rationalität bewegen.
Im südlichen Italien hingegen herrscht die romantische und leidenschaftliche Ader der Griechen vor, d. h. die Phantasie und die Einbildungskraft.
Warum all das? Weil wir in unserem Blut die Chromosomen der Griechen und der Römer haben, und aufgrund dieser Chromosomen seid ihr stimuliert für einige Tage den Zug der Rationalität auf eurem Heimatbahnhof stehenzulassen und die Barke der Poesie und der Einbildungskraft zu besteigen, um auf den Spuren antiker Völker zu segeln und an Bord die Flasche der Begeisterung zu entkorken!

← **Maß und Harmonie - Das großgriechische Vermächtnis Paestums**

Nunzio Daniele, kleiner Grandseigneur mit Strohhut, der fast sein ganzes Berufsleben täglich in der Aura griechischer Tempel verbracht hat, ist einzigartig und doch zugleich ein typischer Süditaliener. Sein Stolz auf die Antike weist auch ganz patriotisch auf das, was viele im Mezzogiorno fühlen: daß sie nämlich trotz aller wirtschaftlichen Rückständigkeit aufgrund ihrer groß-griechischen Seele letzten Endes doch den keltisch-germanischen »Barbaren« Norditaliens kulturell überlegen sind, daß die *grandezza* und Treffsicherheit des Gefühls in Süditalien zuhause ist – ein Gedanke, den so wohl auch Luciano de Crescenzo unterschreiben würde. In logischer Folgerung ergibt sich daraus eine intellektuelle und spontane Fremdenfreundlichkeit, die das Reisen in der ehemaligen *Magna Graecia* bis heute so angenehm macht. Denn instinktiv freuen sich die Süditaliener, die mental weit mehr am Rande Europas als im Herzen des Mittelmeeres leben, daß die Gäste aus dem Norden zu ihren Tempeln kommen und gerade dadurch eine Solidarität zu bekunden scheinen, die ihnen ihre norditalienischen Landsleute oft verweigern. Blumig und mit typisch süditalienischer Suada bringt Nunzio diese Gefühle in seinen Büchern zum Ausdruck, die so erhabene Titel tragen wie »*Repetita ... juvant!* Biographie, Gedanken und philosophische Abschweifungen eines süditalienischen Fremdenführers mit einer psychologischen Analyse über die deutschen Besucher und ihre Emotionen vor den Kunstschätzen«:

Meine Beziehung zu den Deutschen ist wie ein Garten gewesen, durch den ich mit offenen Lungenflügeln atmend gegangen bin und mich über die vielfältigen Blumen und ihren Duft gefreut habe. Ihre Anwesenheit macht uns dynamischer, erinnert uns an Winckelmann, Goethe und Schliemann. Wenn es sie nicht gäbe, müßte man sie erfinden, weil ohne sie auch die allmächtigen Götter des Olymps traurig wären [...] In den Deutschen finden sich zwei gut miteinander harmonisierende Seelen: die romantische der Griechen und die rationale der Römer.

Wer solche Sätze hört, merkt, daß er auf einer Zeitreise ist. Der deutsche Idealismus, die Hoffnung, nicht einen touristischen Schauplatz abzuhaken, sondern mit einem erleuchtenden und aufwühlenden Bildungserlebnis beschenkt zu werden, der Generationen nach Paestum getrieben und gezogen hat, ist in Deutschland fast verschwunden und dafür in Süditalien angelangt – übrigens ein in den letzten zehn Jahren auf breiter Ebene anzutreffendes Phänomen. Ob der Stauferkaiser Friedrich II. mit seinen apulischen Kastellen (Castel del Monte hat immerhin als einziges süditalienisches Motiv den Sprung auf die 1-Cent-Münze geschafft!), ob Goethes *Italienische Reise* oder die Scharen von romantischen Malern aus dem Norden, die einst die Küsten des neapolitanischen Golfs durchschwärmten – die meisten Bücher darüber erscheinen längst nicht mehr in Deutschland, sondern in Italien auf italienisch. Seit ein paar Jahren ist auch noch der entlegenste Italienreisebericht aus dem Schwedischen oder Russischen ins Italienische übersetzt worden. Die Süditaliener sind nicht länger nur passive Bereiste, malerische Staffage: Sie haben begonnen, das Beste am *grand tourisme*, die globale Weite der Perspektive und der Gedanken zu verinnerlichen und sich selbst als Erben dieser eleganten Tradition zu empfinden.

Das ist nicht Nunzios einzige Facette. Die »römischen Chromosomen« in ihm verführen ihn auch zu recht catonisch-strengen Schwärmereien:

Die deutsche Frau, die nach Paestum kommt, weiß dagegen sehr gut, daß die Werte des Geistes und die kulturelle Bereicherung jeder Eitelkeit überlegen sind. Die deutschen Frauen haben möglicherweise keine großen Erfahrungen in Dingen des Genusses, sie sind jedoch gute Gesprächspartnerinnen, wenn es um Archäologie oder Kunst geht. Ihre Lebensart zeugt von einer großen inneren Ausgeglichenheit, die anderen Frauen, die ihre Zeit vor dem Spiegel verbringen, als Vorbild dienen könnte.
Eine Welt ohne das Studium der lateinischen und griechischen Sprache, also ohne Homer und Vergil, ist eine Welt ohne Gefühle

und ohne Poesie, also eine Welt aus Maschinen, deren einziger Motor der Egoismus ist, eine Welt, in der immer mehr Raum für die Kriminalität entsteht, eine Welt, die dazu bestimmt ist, wie ein Koloß mit tönernen Füßen zu zerbrechen.
Welch großer Fehler war es deshalb, Latein und Griechisch in den sogenannten Mittelschulen einheitlich abzuschaffen. Von jenem Tag an hat der kulturelle Abstieg Italiens begonnen.
Und das schlechte Beispiel hat wie ein Virus andere Nationen angesteckt. Es ist eine Art Kette des Irrsinns im Namen des Modernismus entstanden. Fünfundzwanzig Jahrhunderte der Geschichte und Kultur sind von einer Herde mittelmäßiger Personen auf dem Altar der Demagogie und der Korruption verbrannt worden, die die römischen Texte durch Bücher mit niedrigem Niveau ersetzt haben, die von Günstlingen der Christlich-Demokratischen und der Sozialistischen Partei geschrieben wurden.
Von jenem Tag an ist die Finsternis einer langen Nacht über dieses masochistische Italien gekommen, wo nun nicht mehr die Ehrlichen und Weisen das Wort haben, sondern die Ignoranten und Korrupten.

Starke Worte und eine eigenwillige Mafia-Erklärung – aber wo hört man noch so streitbare Bekenntnisse? Und das an einem Ort, wo sie hingehören und den tatsächlich erhabenen Reiz der Monumente des antiken Poseidonia untermalen, das von den für ihren Witz und ihre Lebenslust berühmten Sybariten gegründet wurde. Bilder ziehen auf von der grandiosen Philosophie und Lebensphilosophie Süditaliens, während Signor Daniele den pythagoreischen Wohlklang der Joche und Maßverhältnisse des bis auf den Zentimeter genau ausgewogenen dorischen Apollontempels erklärt – Poseidonia, das ist die Stadt, wo die Philosophen Luciano de Crescenzo hätten leben, diskutieren, provozieren können, bevor sie in die philosophischste aller europäischen Städte, nach Neapel umzogen. Eine Autostunde weiter südlich lägen die Ruinen von Velia, der antiken Heimat der Eleaten, der wichtigsten vorsokratischen

Philosophenschule, wo Xenophanes von Kolophon (ca. 580–478 v. Chr.) über die homerischen Götter herzog und damit einen abstrakten pantheistischen Gott postulierte:

Schwarz, stumpfnasig: so stellt die Götter sich vor der Äthiope;
Aber blauäugig und blond malt sich der Thraker die seinen ...
Hätten die Rinder und Rosse Hände wie Menschen ...
Als dann malten die Rosse gleich Rossen, gleich Rindern die Rinder
Auch die Bilder der Götter und je nach dem eig'nen Ausseh'n
Würden die leibliche Form sie ihrer Götter gestalten.

Wenn Achilles einer Schildkröte nachsprintet, so wird er sie nie erreichen, denn immer, wenn er dort hinkommt, wo die Schildkröte gerade war, ist sie schon ein winziges Stückchen weiter: Mit solchen Paradoxa verblüffte der Eleate Zenon (ca. 495–445 v. Chr.) seine Zuhörer, der zusammen mit seinem Landsmann Parmenides (ca. 520–nach 450 v. Chr.) und Sokrates Protagonist des gleichnamigen platonischen Dialogs ist. Luciano de Crescenzo, der in seiner populären *Geschichte der griechischen Philosophie* sich der dankenswerten Aufgabe unterzogen hat, die Theorien und Lebensläufe der antiken Philosophen gewissermaßen in den neapolitanischen Alltag zu übersetzen (und damit beide verständlicher zu machen), gibt freimütig zu, daß er vor den ontologischen Spitzfindigkeiten des *Parmenides*, des »langweiligsten und kompliziertesten Gesprächs der ganzen Philosophiegeschichte« kapituliert, um folgendes Fazit zu ziehen:

Aber voller staunender Bewunderung sehe ich, welches theoretische Niveau diese Philosophen von Magna Graecia erreicht haben. Das muß man sich nur einmal vorstellen: Zwei Männer des 5. Jahrhunderts vor Christus, die in einem kleinen unteritalienischen Dorf geboren und aufgewachsen waren, kamen zum erstenmal in eine große Stadt wie Athen, und statt da nun einem Freudentaumel zu verfallen, vertiefen sie sich in subtile philosophische Ausführungen über das Ähnliche und das Unähnliche.

Parmenides war wie Pythagoras und der Sizilianer Empedokles Philosoph, Politiker, Guru, Vordenker – aber nicht alle waren so erfolgreich, wollten es vielleicht auch nicht sein. Vielleicht sahen die Philosophen, die wir in der Phantasie durch Poseidonia ziehen lassen, auch aus wie die absolut faszinierenden Gestalten aus den barocken neapolitanischen Philosophengemälden Riberas und Luca Giordanos. In ein buntes Patchwork fast vom Leibe fallender Lumpen gehüllt, unrasiert und zottelbärtig, in der Hand eine Schale mit fritierten Fischchen oder ein zerfleddertes Buch haltend, aber mit wachem Blick den Betrachter fixierend. Pikareske Gestalten von der Anspruchslosigkeit eines Mönchs und der Tracht eines völlig heruntergekommenen *lazzarone,* die doch den Triumph und die Freiheit des Geistes über die Materie symbolisieren.

Szenenwechsel: Wir sind im Museum angelangt, in der Kammer des Todes. Aber kann man den heiterer darstellen als in der Gestalt eines jungen Athleten, der ausgelassen und stolz auf seine Körperkraft, ja, fast übermütig von einem hohen Sprungturm in die Fluten, die acherontischen Fluten des Unterweltstroms schnellt? Vor so einer Gnade, das Finsterste im Leben, den Tod, in so heiterer, lebensvoller Form zu präsentieren, schweigt alle Philosophie. Da ist es wieder, das andere, das romantische Paestum, die Stadt, die die römischen Dichter priesen, weil in ihr zweimal des Jahres die Rosen blühen.

Drei Stunden sind vergangen, Licht des Südens, griechische Schönheit, Enthusiasmus. Nunzio Daniele verabschiedet sich mit einem seiner Gedichte:

Kult, Opfer und Priester schwanden dahin
vor Jahrtausenden. Leer sind die Tempel,
doch aufrecht und offen für Himmel und Licht
wecken sie längst verschüttetes Fühlen
von Dank, Demut und Heiligkeit.

Ein Priester ist noch übrig: Kompliment an Nunzio Daniele stellvertretend für alle Guiden, die nicht als bloße »Stadtbilderklärer« Fakten abhaspeln oder sich um die Animation letztlich desinteressierter Gruppen bemühen, sondern voller Selbstvertrauen versuchen, einfach ihre eigene persönliche Begeisterung strömen zu lassen. Daß er sein jüngstes Buch mit dem ovidianischen *Omnia vincit Amor* – die Macht der Liebe, der Passion, der Leidenschaft betitelt hat, sagt alles in drei Worten.

Nunzio hatte Vorgänger, die nicht ganz so geschickt waren. Seit Paestum 1758 von Winckelmann »entdeckt« wurde, ergoß sich ein nie abreißender Strom von Antikenpilgern in diese sumpfig abgelegene Gegend. Julia Kavanagh hat 1858 in ihrem frischen Reisebericht *A summer and winter in the Two Sicilies* erlebt, was heute videokamerabesitzenden Touristen in Ägypten oder Indien widerfährt:

Menschliche Behausungen ließen wir bald hinter uns. Prächtige Berge säumten eine breite, wüste Ebene, die uns alle an die römische Campagna erinnerte; darüber kreiste der Falke, bereit, herabzustoßen auf die kleineren Vögel, die kreischend davonstoben. Die Straße war einsam. Hin und wieder trafen wir eine *carrozzella*, gezogen von zwei dünnen Pferden, die eine unglaubliche Last an Männern, Frauen und Melonen trug; oder wir stießen auf eine Herde wild dreinblickender Büffel, mit einem braungebrannten, ausgemergelten Hirten, der pittoresk auf seinem Stab lehnte; ich erinnere mich immer noch an eine dieser wenigen Erscheinungen. Sie war ein ägyptisch aussehendes Mädchen, mit einem weißen Tuch, das um sein ernstes dunkles Gesicht fiel; sie saß an der Straße, die Hände im Schoß gefaltet, sie starrte uns an, als wir vorbeifuhren, mit ernsten Augen und unbeweglicher Beherrschung, wie die Sphinx auf einem Denkmal.
Der Morgen wurde richtig heiß. Wir hatten den Sele in der Fähre überquert; wir hatten Hecken passiert, wo die Rose von Paestum in voller Blüte stand, als ich eine Reihe hoher Säulen sich gegen den Himmel erheben sah. Es war der Ceres-Tempel [...]

Wir kamen an einem großen weißen Haus und Garten vorbei, beide sahen gut aus, und die Kutsche lud uns vor der Tür eines abgerissen aussehenden Platzes ab, der sich Hotel nannte. Der Name muß ihm von einem ironischen Reisenden gegeben worden sein; selbst verblendete Eitelkeit würde nie von selbst darauf verfallen. Wir sahen nichts als einen schwarzen Raum mit Rauch, ohne Fenster oder Möbel, einen schmutzigen Tisch, vor dem zwei Männer saßen und Karten spielten, und einen windschiefen Stuhl an der offenen Tür. Ein englischer Stall sieht besser aus.
Doch wenig scherten wir uns darum; wir sprangen ab und liefen voran, ganz Eifer und Ungeduld, zu den Ruinen. Wir fanden eine ausgedörrte Straße, verbrannte Hecken und ein eisernes Gatter, hinter dem zwei malariagelbe kränkliche Gesichter auftauchten.
»Vier Carlini, um hereinzukommen, und sechs, um zu zeichnen«, sagte einer der beiden.
Mammon war bis nach Paestum gereist. Wir argumentierten, aber vier Carlini war immer noch ihr Lied.
»Wir zahlen, wenn wir herauskommen«, sagte ungeduldig Dr. MacE., und schließlich öffnete sich das Gatter.
Wir betraten eine weite Ebene, gesäumt vom blauen Band des Meeres. Vor uns erhoben sich zwei stattliche Gebäude, eins im tiefsten ockergelb, auf das je eine südliche Sonne schien, das andere mit leichteren Säulen und hellerer Farbe, aber beide aussehend, als ob nichts außer Gigantenfäusten sie wieder aufbauen könne. Das war Paestum. Wir schauten, aber wir sprachen nichts.

Shocking! Eintrittsgeld, Zeichengebühr! Immerhin, Julia gelang es, den Preis für zwei Sketches herunterzuhandeln und, warmherzig, wie sie sonst dem Lande gegenübertritt, die zwei Knaben, die sie natürlich beim Zeichnen beobachteten, »um sie vor nicht vorhandenen Blicken abzuschirmen«, vor ihren Begleitern als unterhaltsame Amateurschauspieler, die voller Grazie eine Art Schurkenrolle geboten hätten, zu verteidigen. Dennoch, dies bleibt ein typischer Text für das Italien der Statisten, die die Landschaft bevölkern wie die Gestalten aus den Gemälden Claude Lorrains. Auch Goethe zeigt sich am 23. März 1787 nicht besonders beeindruckt von den Leistungen des örtlichen Fremdenführers, dafür um so mehr von der wuchtigen archaischen Basilika, die wahrscheinlich ein Doppeltempel für Zeus und Hera war.

Beim frühsten Morgen fuhren wir auf ungebahnten, oft morastigen Wegen einem Paar schön geformten Bergen zu, wir kamen durch Bach und Gewässer, wo wir den nilpferdischen Büffeln in die blutroten wilden Augen sahen.
Das Land ward immer flacher und wüster, wenige Gebäude deuteten auf kärgliche Landwirtschaft. Endlich, ungewiß, ob wir durch Felsen oder Trümmer führen, konnten wir einige große länglich-viereckige Massen, die wir in der Ferne schon bemerkt hatten, als überbliebene Tempel und Denkmale einer ehemals so prächtigen Stadt unterscheiden. [...]
Von einem Landmanne ließ ich mich indessen in den Gebäuden herumführen; der erste Eindruck konnte nur Erstaunen erregen. Ich befand mich in einer völlig fremden Welt. Denn wie die Jahrhunderte sich aus dem Ernsten ins Gefällige bilden, so bilden sie den Menschen mit, ja sie erzeugen ihn so. Nun sind unsere Augen und durch sie unser ganzes inneres Wesen an schlankere Baukunst hinangetrieben und entschieden bestimmt, so daß uns diese stumpfen, kegelförmigen, enggedrängten Säulenmassen lästig, ja furchtbar erscheinen. Doch nahm ich mich bald zusammen, erinnerte mich der Kunstgeschichte, gedachte der Zeit, deren Geist solche Bauart gemäß fand, vergegenwärtigte mir den strengen Stil der Plastik, und in weniger als einer Stunde fühlte ich mich befreundet, ja ich pries den Genius, daß er mich diese so wohl erhaltenen Reste mit Augen sehen ließ.

Die Zeiten von Goethe und Julia Kavanagh, von den pflanzenumrankten bröckelnden Tempeln, auf deren Stufen sich wie auf den

Stichen Piranesis die Schlangen kringelten, sind vorbei. In Paestum schießen die Viersternehotels aus dem Boden, die Fähre über den Sele ist Autostraßen gewichen, das Land trockengelegt und fruchtbar, und darüber, daß Eintrittsgeld genommen wird, regt sich keiner mehr auf. Nur die schwarzen »ägyptischen« Wasserbüffel gibt es immer noch in der Ebene von Battipaglia – die aus Büffelmilch erzeugte echte Mozzarella, die nirgendwo so sahnig und frisch wie vor Ort schmeckt, ist mittlerweile zur weltweiten Delikatesse avanciert. Eine Herde der schwarzen Tiere mit den »blutroten wilden Augen« weidet direkt an den aus Megalithblöcken aufgetürmten Stadtmauern von Paestum.

→ Der Gesang der Sirenen

HOMERISCHE BALLERINO-INSELN

Schau um dich herum diese Sirenen/ Die dich verzaubert anschaun/ Und die dir so wohl wollen … /Die dich küssen wollen.

GIAMBATTISTA DE CURTIS, *Torna a Surriento*

Zu den Sirenen kommt ihr zuerst, die alle die Menschen,
Die zu ihnen gelangen, mit Gesängen bezaubern.
Wer sich ihnen unkundig naht und die Stimmen vernommen,
Der läßt Weib und Kinder im Stich und sehnt nach der Heimkehr
Niemals sich mehr. Er bleibt, und nichts andres erfreut ihn im Herzen.
Ihn bezaubert der tönende, helle Gesang der Sirenen,
Die auf der Wiese sitzen, umhäuft von den bleichenden Knochen
Der vermodernden Männer und ihrer verwitternden Häute.
Du aber fahre vorbei! Die Ohren deiner Gefährten
Fülle mit honigsüßem, gekneteten Wachs, daß die Stimmen
Keiner von ihnen hört. Du selbst, wenn du willst, magst sie hören,
Aber an Händen und Füßen festgebunden im Schiffe,
Aufrecht stehend am Köcher des Masts und gefesselt am Maste,
Daß sich dein Ohr erfreut am süßen Sang der Sirenen.
Aber wenn du die Freunde anflehst, daß sie dich lösen,
Sollen sie dich an den Mast mit stärkeren Fesseln noch binden.

Soweit die berühmte Prophezeiung der Kirke im 12. Gesang der *Odyssee*. Seit dieser Zeit haben die unheimlich lockenden Sängerinnen mit den Leichenbergen die Phantasie der Literaten, Maler und Einheimischen angeregt. Schon im 6. Jahrhundert v. Chr. hatte Heraklit aus Ephesus genauer als Homer beschrieben, wie die

auf unzähligen schwarzfigurigen Keramikvasen abgebildeten Unholdinnen aussahen:

Sie sind zweigestaltig, mit Vogelfüßen statt anderer Glieder, und sie führen Segler in den Schiffbruch; sie sind von recht gefälligem Äußeren, und mit der ungewöhnlichen Süße ihrer Lieder und ihrer Musikinstrumente betören sie die, die ihnen zu nahe kommen. Man sagt, daß sie Vogelfüße haben, um schnell vor denen zu fliehen, die sie bestohlen haben.

Quid Sirenes cantare sint solitae, welches Lied wohl die Sirenen gesungen haben, das war eine der Lieblingsfragen des Tiberius auf Capri. Genauer glaubte man über die Namen der Sirenen Bescheid zu wissen: Hießen sie bei den Homerkommentatoren noch Telxiope und Aglaophone, also »Verzaubernder Anblick« und »Wunderbare Stimme«, so wurden sie schon im Hellenismus zum Trio mit frischen Namen: Parthenope, die jungfräulich Aussehende, Leukosia, die hell Schimmernde, und Ligeia, die laut Tönende, galten als Töchter des acharnanischen Flußgotts Acheloos und der Muse Melpomene und wuchsen aus dem Blut, das aus dem von Herakles abgebrochenen Horn des Acheloos tropfte.

Nicht nur die Dichter, auch die Maler hat das Thema Sirene aufs höchste gereizt. Schließlich sind sie so etwas wie die Urform der Baudelaireschen Femme Fatale, deren Lockung ja auch darin besteht, daß sie den Mann ins Verderben reizt:

Wollust, sei Fürstin mir immer,
Nimm von Sirenen den Flimmer
Samtenen Fleisches zur Zier –

Kein Wunder, daß Sirenen vor allem die Gemäldegalerien des 19. und frühen 20. Jahrhunderts bevölkern. Ganz im Banne dieser

← **Sirenen mit neapolitanischen Augen gesehen: Ölgemälde von Adolfo Dalbuono**

Fabelwesen malte vor allem Gustave Moreau (1826–1898), der immer wieder das Thema der dämonischen Sirenen aufgriff und sie als wollüstig am Strand sich räkelnde splitternackte Odalisken darstellt, die manchmal allenfalls Nixenfischschwänze tragen – von der magischen Macht des Gesanges ist da wenig mehr als die Magie perfekter Pin-up-Modelle geblieben. So eine Sirene als erotischer Männertraum taucht z. B. im Roman *Sirenide* (1926) auf, einer krausen Capri-Science-fiction des esoterisch angehauchten pavesischen U-Bootfahrers Nino Salvaneschi, der längere Zeit auf der Insel lebte:

Hoch, schlank, weiß wie Marmor [...] hatte diese Kreatur in sich die Perfektion der Formen, die die praxitelische Schönheit in aller Harmonie der hellenischen Frühlinge zu porträtieren suchte. Ihr ganzer Körper hatte die Eurhythmie eines Gesanges ohne Stimme. Komplett nackt, hatte sie nur die beiden prächtigen runden Busen von einem Küraß aus Smaragden und reinsten schwarzen Orientperlen bedeckt [...]
Sie schien gleichsam eingewickelt in dieses hellblaue Wasser, das sich in den ersten Nachmittagsstunden in bestimmten Meeresbuchten unter *il Castiglione* sammelt. Und die lilienhafte Weißheit ihres Körpers sprang noch deutlicher durch den Kontrast mit den schwarzen Perlen und den farbigen Steinen hervor. Die Haare, die in zwei goldenen Flechten herabfielen, die rosa Warzen streifend, die aus den löchrigen Juwelenkörben hervorsprangen, schienen zwei kleine goldene Bächlein. Im perfekten Oval des Gesichts, das von göttlicher Ruhe war, formten der große Bogen der blonden Augenbrauen und die langen goldenen Wimpern ein perfektes architektonisches Motiv, unter dem sich in blauem Zauber zwei klare Augen von abgrundtiefer Transparenz öffneten.
Und sie war wahrhaftig blau, in ihrem Körper, in ihrem Gesicht, in ihren Augen.
Ein Stück des Himmels von Capri gefangen in einem blonden Netz.

Heil dem seltnen Abenteuer! Tatsächlich ist aus den Sirenen geworden, was kommen mußte: Sie sind in alle möglichen Richtungen gedeutet worden, und ihre wechselnde Wertung im Lauf der Zeit sagt viel über die jeweilige Rolle der Frau aus. Während die offenbar unvermeidliche Mischung von Sex und Gewalt, die jeder moderne Fernsehzuschauer kennt, frühchristliche Grammatiker vom Schlage eines Servius Maurus Honoratus (4.–5. Jahrhundert n. Chr.) dazu anregt, die drei Sirenen kurzweg als Huren zu bezeichnen, bemüht sich ein anderer Überlieferungsstrang, sie in die Tradition weiser Frauen zu stellen – vor deren Macht, um weiterzudenken, sich dann das Patriarchat in Form der Schiffsmannschaft des Odysseus fürchtet. Dazu würde die hellenistische Metamorphose vom Selbstmord der Sirenen passen, die sich nach der Fahrt des Odysseus ins Wasser stürzten und zu Felsinseln wurden – das Matriarchat wurde durch das Eindringen der griechischen Gesellschaft zurückgedrängt. Oder sollte Wissen generell so gefährlich-verführerisch sein, daß es für die einfache Schiffsmannschaft besser ist, sich die Ohren zu verstopfen?

Am griffigsten ist diese vor allem von Cicero verfochtene positive Wertung der Sirenen im Vorwort einer barocken neapolitanischen Gedichtsammlung, den *Quattro canti delle Sirene* (1676–1685) von Pietro Casaburi Urries formuliert. Der Priester Don Antonio Muscettola erklärt da in verschnörkeltem Barockitalienisch, warum mitten in der Gegenreformation Gedichte nach verführerischen Frauen heißen können:

Einige Mythologen haben mit der Autorität Xenophons beim Erklären der Fabeln gewollt, daß sie drei hochweise Mädchen waren, die die wahren Lobgesänge der Heroen sangen [...] Platon, der gut die Himmlischkeit ihrer Gesänge verstand, schrieb sie in den Büchern der Republik als Intelligenzen dem Himmel zu, jeder Sphäre, wie Plutarch zum Timaios notiert, eine Sirene einschließend als Reglerin ihrer himmlischen Bewegungen. Deswegen nennt mit voller Absicht der Autor seine Kompositionen Sirenen, damit sie, indem sie den von übermäßigen Begierden aufgestachelten Gemütern die Geringschätzung der hinfälligen Dinge eintrichtern, sie zur Betrachtung der himmlischen Dinge und Gott selbst erheben.

So werden die Sirenen doch glatt zu christlichen Erfüllungshelferinnen, sind sie vielleicht sogar etwas wie Engel lange vor der Bibel, singende weibliche Cherubim und Seraphim?

Der polyglotte Lebenskünstler und Reiseschriftsteller Norman Douglas (1868–1952), der die Inseln wie jeden Flecken am Golf zu Fuß durchstreifte und darüber *Siren Land. A celebration of life in southern Italy*, ein ebenso glutvolles wie gelehrtes Buch schrieb, nahm den Sirenenmythos hingegen in einem wagnerianisch-aristophanesken Kannibalensketch eher locker auf die Schippe:

FRAU (*sich nähernd*): Ich sang Hoio. Ein anderer Seetrottel kommt.
MANN: Wer sprach mit dir? *(Ein griechischer Segler tritt auf)*. Der neue grüne für *dich* – weißgesichtiges seehundsäugiges Menschenschwein.
FRAU: Hoiotoho-swar!
SEEMANN: Wieder dieses Lied! Zu welchem Wunderland haben diese guten Leute mich geführt?
MANN: Sieh diesen grünen Stein. Er schneidet scharf: eia-weia! Du weißt es.
SEEMANN: Opopoi! Ich beginne mich mächtig zu fürchten. Wie er sein Auge rollt unter diesen gewölbten Brauen; und sie, mit wölfischem Zähnegeklapper – Ai, Ai! Papaiax – sie packen mich – attatai, papai, pai, io, moi, moi, omoi, otototototoi –
FRAU: Sie singen falsch.
MANN: Sie schmecken richtig
(Pause)
FRAU: Richtiger als der letzte, wallawa-hupla!
MANN: Wer sprach mit dir. Sieh diesen Stein.
FRAU: Ich singe richtig. Ja, ja.
MANN: Atcha! Du schmeckst falsch. Hol ein anderes Menschenschwein!

Diese kleine Szene wirft ein Licht auf die Bedeutung der Jade im prähistorischen Haushalt.

Aktiv sind auch die Komponisten der Frage nachgegangen, welche Lieder die Sirenen sangen. Die Opernrepertoires und die Salonmusikalben sind voller Stücke mit dem Titel *Die Sirene* – doch sind sie allesamt so gut wie vergessen. Die prominentesten Sirenentondichter waren Daniel François Esprit Auber, der sogar 1844 eine Oper *La sirène* schrieb, Georges Bizet und Frankreichs Walzerwunderwaffe Emil Waldteufel. Edelster Sirenenkitsch ist das 1908 von einem August Heinrich Schultze zu Darmstadt komponierte Tondrama *Die Sirene*. Ort der Handlung Neapel genau 275 v. Chr. – die Sirenen singen auf Schwanengondeln zu arpeggierender Musik ein Schlummerlied! Die modernste Form von Sirenenmusik wurde 1982 in Parma von dem Amerikaner Michel Redolfi aufgeführt. Für *Underwater concert* mußte das Publikum in einen 27 Grad kalten (also ca. meerwasserwarmen) Swimmingpool steigen: »Nur im Becken, die Beine angewinkelt in fötaler Position, ist man ganz ein *homo aquaticus*, geboren von einer Sirene und noch schwimmend in amniotischer Flüssigkeit.«

Solche Funde verdankt man einem genialen disziplinenübergreifenden Buch der Mailänder Pianistin, Salsa- und Tangoforscherin Meri Lao, die in Argentinien und Uruguay aufgewachsen ist. In *Le Sirene da Omero ai pompieri* (Die Sirenen von Homer bis zu den Feuerwehrleuten) bleibt keine Frage zu den fischschwänzigen oder fittichtragenden Sängerinnen offen. Hier sind alle Schwestern der Sirenen von Undine bis Melusine, Loreley und die böhmische Rusalka versammelt. Hier werden die Theorien erörtert, daß Sirenen nichts anderes als in Meeresgrotten schmatzendes Wasser oder Sexualhalluzinationen sonnenstichiger Matrosen angesichts üppiger Seekühe sind. Hier liest man traurige Umweltschutzgedichte von einer Sirene, die in einem völlig verdreckten und chemieverklappten Bach haust und erfährt, daß die Luftschutzsirene schon 1819 von dem Ingenieur Cagniard de Latour erfunden wurde. Und stößt auf wunderschöne Poeme, wie *The*

Seagoddess (1668) von Margaret Cavendish, Duchess of Newcastle (1623–1673), der ersten Frau, die über Sirenen schrieb und auch sonst durch ihren Bildungshunger und ihre frühemanzipatorischen Ansichten in Cambridge Furore machte:

Meine Kabinettschränke sind Austernschalen,
In denen ich meine Orientperlen hüte.
Sie zu öffnen, nutz ich die Flut
Als Schlüssel der weit öffnet
Die Austernschalen. Dann nehm ich heraus
Diese Orientperlen, und Kronen mach ich draus;
Und bescheidne Korallen trag ich,
Die erröten, wenn die Luft sie küßt.
Auf silbernen Wogen sitz ich und sing,
Und dann verharren die Fische mir zu lauschen.
Dann sitzend auf felsigem Stein
Kämm ich mein Haar mit Fischbein,
Derweilen Apollo mit seinen Strahlen
Mein Haar trocknet von Wasserströmen.
Sein Licht läßt schimmern des Wassers Antlitz,
Macht die weite See zu meinem Spiegelglas:
So wenn ich schwimm auf Wassern hoch,
Seh ich mich selbst, wie ich vorbeigleite.
Aber wenn die Sonne beginnt zu brennen,
Kehre ich zurück zu meinen Wassern
Und tauche bis zum tiefen Grund:
Dann über mein Haupt die Wasser strömen
In gekräuselten Wogen und runden Kreisen.
Und so bin ich mit Wassern gekrönt.

Doch die Sirenen sind nicht nur Fiktion. Seit langem wird die *Odyssee* auch als ein poetisch codierter Seereisebericht gesehen. Alle Episoden vom Kyklopen Polyphem bis hin zu den Lästrygonen, von den Phäaken bis hin zu Skylla und Charybdis haben ihren geographischen Ort. Seit dem alexandrinischen Philosophen Eratosthenes von Kyrene (275–195 v. Chr.) ist man sich weitgehend einig, daß die Sireneninseln nicht vor der libyschen Küste, sondern in Süditalien zu finden sind. Sie liegen ziemlich genau zwischen Positano, Capri und Sorrent, das seinen Namen ebenso von den Sirenen herleitet, wie Neapel behauptet, das Grab der Parthenope zu bergen, vor der einsamsten und wildesten Stelle der Steilküste. Heute heißt die winzige Inselgruppe Li Galli, sie besteht aus der Hauptinsel Il Gallo Lungo, Castelluccio (Isola dei Briganti) und La Rotonda, und sie gehört zu den bestgehüteten Geheimnissen der *costiera*, denn anders als auf Capri ist man hier wirklich abgeschottet in erlesener Einsamkeit. Kein fremdes Boot landet an, keine Touristengruppe fällt ein, und der ausführlich forschende Blick vom Festland ist infolge Parkplatzmangels nur dem Fußgänger oder Radfahrer möglich.

Ich erinnere mich gut an den Ort und den Moment, als das Auto, das mich auf der Straße, die von Sorrent nach Sant'Agata aufsteigt, den Rücken der sorrentinischen Halbinsel überquerte und mir plötzlich ein anderes Meer erschien, der Golf von Salerno und die kleinen Sirenuse-Inseln, und all die Landschaft rund um mich wurde plötzlich dürr, nackt und wild, ohne einen Baum, ohne ein Haus, und vor mir war nur eine Reihe von steilen Kurven zum Meer unten in der Tiefe und die enge Straße, die sich kühn zwischen Felsvorhänge wagte, einen Abgrund nach dem anderen streifend. Was sich mir plötzlich offenbarte, war eine rauhe und unbekannte Schönheit, unvorstellbar für einen, der auf dem Posilipp unter der schirmenden Schwinge Vergils geboren ist. Da war nichts Liebliches, kein Sentiment konnte diese Landschaft gefällig einhüllen. Es war eine absolute und grandiose Schönheit, fern menschlichen Fassungsvermögens.

So fängt Raffaele La Capria, der wichtigste moderne Interpret des neapolitanischen Kosmos, das Numinose, Magische dieses Ortes ein. Außer Wachttürmen aus den fernen Zeiten der Anjou und

Aragonesen, außer Eidechsen und Seevögeln ist der Eigentümer der Inseln hier allein, kann, wenn er will, sich ganz auf den Gesang des Meeres konzentrieren.

Der erste, der das in vollen Zügen genoß, war Leonid Massin, Starballerino von Diaghilews *Les Ballets russes*, der Positano in den 1910er Jahren entdeckt hatte und dort mit Küstenturmbesitzern wie dem Schweizer Clavel und dem Russen Semenoff, mit Picasso (der ihn malte) und dem Futuristen Fortunato Depero verkehrte. Er war hingerissen von der Galli-Insel, die für ihn die »dramatische Kraft und das Mysterium eines Gemäldes von Salvatore Rosa« besaß, und beschloß, sie zu kaufen:

Im Spätsommer 1924 kam ich zur Insel Li Galli, und dort verbrachte ich mehrere Monate damit, den Arbeitern zu helfen, die vernachlässigten Weinberge zu terrassieren. In Positano pflegten die Einheimischen mich den »verrückten Russen, der eine felsige Insel gekauft hat, auf der nur Kaninchen leben können« zu nennen: Auch mein Flurhüter Nicola Grassi war pessimistisch: Indem er auf einen Feigenbaum deutete, der zwischen den Felsen wuchs, sagte er, daß auf dieser Insel nichts jemals üppig wachsen würde. Eines Tages empfing ich Besuch von einem Priester aus Capri. Als ich ihn fragte, ob er glaube, daß ich jemals Erfolg bei der Bearbeitung des Landes haben werde, beugte er sich vor, griff eine Handvoll Erdkrume und sagte: »Das ist der gleiche Boden, den wir in Capri haben. Ich sehe keinen Grund, warum Sie nicht Ihre Insel kultivieren sollten, wie wir es tun.« Er hatte recht, obwohl es weit schwieriger war, als es erst schien.

Gut, wenn man solche Freunde hat: Leonid Massin ließ nicht nur sizilische Reben und Zitrusfrüchte auf der Insel pflanzen, sondern sich auch eine Villa von Charles-Eduard Janneret, besser bekannt unter dem Pseudonym Le Corbusier, erbauen. Ballettluxus aus der Heimat verkörperte der mit sibirischen Eichenbohlen ausgelegte Tanzboden im ersten Stock. Bis zu seinem Tode 1979 verbrachte der

Altmeister des modernen klassischen Tanzes praktisch jeden Sommer mit seiner deutschen Frau Hannelore auf der Insel, aus der er ein internationales Ballettzentrum machen wollte.

Voll in russischer Tradition erwarb nach seinem Tode Rudolf Nurejew die Sireneninsel, dessen Lebenslauf von kleinsten Verhältnissen im sibirischen Ufa bis zum Primoballerino des Bolschoj-Theaters und nach seiner Flucht in den Westen zur Direktion der Pariser Oper führte. Die Journalistin Giuliana Gargiulo hat im *Mattino*, dem führenden Tagblatt Neapels, einen Besuch bei dem alternden und an AIDS leidenden König der Tänzer beschrieben: *Viaggio nel cuore di Rudolflandia* (Reise ins Herz von Rudolfland):

Ich bin hier, sagte eine Stimme, die vom grauen Turm herkam, dem mit der Spiegelhalle, dem hölzernen Flur und dem Tänzerbarren; die gleiche Halle, die einst vom Vorbesitzer der Insel genutzt wurde: Leonid Massin, russischer Tänzer und Choreograph.
»Rudolf, Rudolf«, antwortet hartnäckig eine andere Stimme.
In der Luft tanzen durcheinanderwirbelnd krächzende Möwen und Seeschwalben. In der Entfernung das Festland der Amalfitana-Küste, in blauenden Farben markiert. Rund um die größere Insel Li Galli sind die anderen Inseln unbewohnt. »Rudolf, Rudolf«: der hohe Turm hat abgestützte Fenster und luftige Räume. Lastend auf einer Felsnase sieht er massiv aus, wie ein stiller Wächter der Küste, ein Wachtturm, heimgeholt von Erinnerungen und Erscheinungen. [...]
»Ich bin hier«, antwortet er. Er ist allein inmitten des Raums. Er ist schlank, ein Bündel von Muskeln bereit zur Aktion, in derselben Verfassung, die er hatte, als er mit zwanzig die Audienzen der ganzen Welt erstaunte. Der tatarische Tänzer fährt fort mit seinen Übungen: Pirouetten, Sprünge, Arabesken.
Es herrscht große Stille. Ich frage: »Arbeiten Sie ohne Musik?«
Er antwortet: »Auf die Art und Weise kann ich besser die Musik des Körpers hören.«

Der altersmüde Odysseus, der zurückkehrt zu den Sirenen, um zu sterben, wie es eins der schönsten Gedichte Giovanni Pascolis schildert? Der das kafkaeske Schweigen der Sirenen hört, das schlimmer ist als ihr Gesang? Heute ist die 150 000 qm große Insel nach dem Tode des tatarischen Tänzers (1993) im Besitz eines Sorrentiner Hoteliers und wochenweise als Hideaway zu mieten. Wird der alte Traum Massins von einer Tanzakademie noch wahr werden?

Doch hören wir zum Abschied, wie neapolitanische Schulkinder den homerischen Mythos der Sirenen nachempfinden, der in Süditalien natürlich zur Pflichtlektüre zählt. In Marcello D'Ortas Bestseller *Io speriamo che me la cavo* (In Afrika ist immer August) hat der Volksschullehrer anhand von Kinderaufsätzen eindrucksvoll den Horizont, die Wunschvorstellungen und die Lebensrealitäten der Heranwachsenden eingefangen und zugleich ein Werk voll unfreiwilliger Komik geschaffen.

Einige Sirenen, die halbe Fische und halbe Frauen waren, sangen und sangen ein schönes Lied. Und Odysseus läßt in die Ohren von seinen Freunden zwei Flaschenkorkser reinstopfen, aber selber läßt er sie sich nicht reintun, und wie diese halben Fische singen, will er sich ins Meer stürzen, aber er ist festgebunden, und alle lassen ihn zappeln.

→ Na tazzulella 'e caffè

Kultgetränk Espresso

Che crema d'Arabia ch'è chisto caffè
Welch Creme Arabiens ist dieser Espresso!
Fabrizio de André, *Don Raffaè* 1990

Ein Neapolitaner steigt in den Omnibus und zündet sich eine Zigarette an. Doch er hat Pech, denn ein *controllone* fährt mit. »Sie dürfen hier nicht rauchen!« schnarrt der Gesetzeshüter. »Aber ich habe doch gerade einen *caffè* getrunken«, entschuldigt sich der Neapolitaner. »Ach so, dann ist es etwas anderes«, gibt der neapolitanische Kontrolleur verständnisvoll nach. Eine Anekdote, die man sich in Neapel gern erzählt und die nicht nur ein Licht auf die Liberalität und Arrangierfreudigkeit der Südmetropole wirft, sondern auch auf die Heiligkeit des Espresso. Denn auf zwei Dinge ist in Neapel absoluter Verlaß: Daß die Circumvesuviana, die S-Bahn zwischen Hauptbahnhof, Vesuvdörfern und Sorrent mit einer Pünktlichkeit verkehrt, an der selbst Mussolini nichts zu mäkeln gehabt hätte, und daß nicht nur im *Gran Caffè Gambrinus*, sondern noch in den ärmsten Quartieren der Espresso in einer Qualität zubereitet wird, die den Rest Italiens vor Neid erbleichen läßt. *Napoli dove il caffè è culto*, Neapel wo man aus dem Espresso einen Kult macht, titelt die italienische Werbung, wenn sie ihren Röstkaffee an den Mann bringen will.

Denn *caffè* ist in Neapel Identität, Volksgetränk zum Volkspreis, Begleiter und Auslöser ungezählter Gespräche – auch über die beste Bar, den besten *barista*, die beste Röstung und die wundervollen stets dampfenden Espressomaschinen. Da er stark gebrannt und kurz gebrüht und damit relativ koffeinarm ist, kann man ohne Probleme ein halbes Dutzend am Tag schlürfen, ein halbes Dutzend Freunde täglich treffen. Der wahre Maßstab für einen neapolitanischen *espresso*, der den Namen *caffè* und nur den trägt (denn

alles andere ist kein richtiger *caffè*), ist die Zuckerprobe – falls man nicht in einer der ganz genuinen Bars wie dem *Mexico* gelandet ist, wo der Zucker schon vom *barista* in die *tazzina* geschüttet wird. Ein *caffè*, in dem der Zucker nicht mindestens 20 Sekunden auf der schaumigen Oberfläche schwimmt, bis er langsam versinkt, taugt nichts – viel zu wässerig, da kann man ja gleich einen *caffè americano* kippen.

Hier sind wir der wahren Kaffeegeschichte auf der Spur: Denn in der Art, wie man in Neapel Espresso trinkt, schwingt immer noch etwas Orientalisches mit. Der Beduine hat wenig Wasser und macht eigentlich immer einen kurzen, stark gezuckerten *caffè stretto* und reicht, falls vorhanden, lieber ein Glas klares Wasser dazu, wie man das von den Kaffeehäusern Wiens und auch den einfachsten Bars Neapels kennt. Der Gedanke, mit Milch das feine Röstaroma eines Espresso zu einem Cappuccino zu verpfuschen, ist den meisten Neapolitanern genauso unbehaglich wie den meisten Orientalen. Der arabische frisch im Mörser zubereitete Mokka ist ebenso ein heiliges Getränk der Gastfreundschaft, wie unzählige neapolitanische Männerfreundschaften täglich mit *'nce pigliammo 'nu caffè* (trinken wir einen Espresso zusammen) besiegelt werden, denn immer ist hier einer der Einladende, der für beide oder alle zusammen zahlt. Das findet seine entzückendste Ausformung im noch immer nicht ganz ausgestorbenen *caffè sospeso*, der neapolitanischen Form der Armenspende. Luciano de Crescenzo erzählt gern, daß man am Tresen nicht nur ein paar Münzen für den Kaffeesieder im Käppi, sondern auch für die Armen des *quartiere* läßt, die damit auf das Menschenrecht Neapels, auf einen wirklich guten Espresso nicht verzichten müssen. Das gilt übrigens auch für das Gefängnis, wie es der neapelbegeisterte Genueser Liedermacher Fabrizio de André (1940–1999) in dem populären Song *Don Raffaè* aus dem Album *Le Nuvole* (1990) geschildert hat. Dabei geht es um den Gefängniswärter Pasquale

Cafiero, der nach jahrzehntelangem Dienst im neapolitanischen Kerker von Poggioreale sich nur noch auf eines freut: Zusammen mit dem einsitzenden Camorraboß Raffaele Cutolo in Ruhe *caffè* zu trinken:

Ah che bell'o caffè
Pure in carcere 'o sanno fa

Ah wie schön ein Espresso
Sogar im Kerker machen sie den gut
Mit dem Rezept, das dem Cicirenella,
Dem Zellengefährten,
Die Mamma gegeben hat.

Gut möglich, daß das Rezept der Mamma eine echte *napoletana* vorsieht, die praktische Urform der Espressomaschine, die schon im 18. Jahrhundert entwickelt wurde: Sie sorgte dafür, daß das spanische Kultgetränk der morgendlichen schwarzen Schokolade, nach der noch der Hausherr in Pergolesis *La serva padrona* zetert, allmählich durch den Türkentrank abgelöst wurde. Neapolitanischer Espresso schließt nicht nur den Arbeitsalltag von Don Pasquale, sondern auch jedes Mahl fast schon rituell ab. Das kann so weit gehen, daß ein guter *barista* zum Verwundern des nordischen Gastes wartet, bis man seine *sfogliatella* oder *brioche* aufgegessen hat, bevor er sich ans Espressobrühen macht, denn der *caffè* ist nicht zum, sondern nach dem Gebäck gedacht. Und eine *tazzulella 'e caffè* steht auch am Ende dieses Buches, duftend, betörend, von vulkanischer Hitze und Konzentration, phantasieanregend wie Neapel, wie die Küste der Sirenen. *Lo prende con zucchero o senza?*

Literaturverzeichnis und Quellennachweis

Autor und Verlag haben sich bemüht, die zuständigen Lizenzgeber ausfindig zu machen. Dies ist nicht in allen Fällen gelungen. Sofern noch nicht abgegoltene Ansprüche bestehen, werden die entsprechenden Lizenzgeber gebeten, sich mit dem Verlag in Verbindung zu setzen.

Bei fremdsprachigen Titeln stammen die abgedruckten Übersetzungen, wenn nicht anders vermerkt, vom Verfasser.

Adorno, Theodor W.: *Der Fischer Spadaro.* Aus: *Vermischte Schriften Band 20.* © Suhrkamp Verlag, Frankfurt am Main 1986
Alberti, Rafael: *Retornos de un poniente en Ravello.* In: *Retornos de lo vivo lejano, Ora marítima.* Editorial Seix Barral, Barcelona 1973
Amandonico, Nikko: *La Pizza. Ein Blick in die Seele von Neapel.* München 2001
Amann, Peter: *Golf von Neapel, Kampanien.* Bielefeld 2002
Amelio, Lucio: *Zitate* in: *Neapolitanische Trilogie.* In Cooke, Lynne und Kelly, Karen: *Joseph Beuys. Arena.* Dia Center for the Arts, New York 1994
Andrén, Arvid: *Capri. From the stone age to the tourist age.* Göteborg 1980
Andres, Stefan: *Positano.* © Piper Verlag GmbH, München 1983
Andres, Stefan: *Paestum.* In: *Gedichte.* © Piper Verlag GmbH, München 1976
Anile, Alberto: *Il cinema di Totò.* Genova 1997
Aprà, Adriano: *Naples et le cinéma.* Paris 1994
Babel, Isaac: *Brief aus Sorrent, 5.5.1933.* In: Babel, Nathalie: *The lonley years.* Farrar, Straus & Co., New York 1964
Barth, Hans: *Osteria.* Stuttgart 1911
Basile, Giambattista: *Lo Cunto de li Cunti.* Milano 1986
Bender, Hans und Schwark, Hans Georg: *Capri. Ein Lesebuch.* Frankfurt am Main 1988
Benjamin, Walter: *Neapel.* Aus: *Denkbilder.* In: *Gesammelte Schriften, Bd. IV, 1.* © Suhrkamp Verlag, Frankfurt am Main 1972
Beuys, Joseph: *Terrae Motus I, Fondazione Amelio.* Neapel 1984.
Biamonte Salvatore: *Tu vuò fa l'americano – La Musica e gli alleati.* Beilage zu: *La Repubblica, Il disco del mese* 1993

Bierbaum, Otto Julius: *Eine empfindsame Reise im Automobil von Berlin nach Sorrent und zurück an den Rhein.* München 1972
Bignardi, Massimo: *Altri Viaggi a Sud. Artisti sulle divine costiere.* Salerno 2002
Bignardi, Massimo: *Roberto Rossellini: Frammento di Diario Amalfitano.* In: *Rassegna del centro di storia e cultura amalfitana,* N.S. 3 (1992)
Boccaccio, Giovanni: *Decameron.* Milano 1974
Boehm, Gero von: *Interview mit Gore Vidal.* In: Welt am Sonntag, 30. 9. 2001. Mit freundlicher Genehmigung des Autors
Bonuomo, Michele: *Vesuvius by Warhol.* Napoli 1985
Bonuomo, Michele: *Terrae Motus.* Napoli 1987
Bulwer-Lytton, Edward G.: *The last days of Pompeii.* London-Glasgow 1953
Casaburi Urries, Pietro: *Le Sirene.* Napoli 1993
Casanova, Giacomo: *Mémoires.* Paris 1960
Caserta, Renato: *Le Voci Liriche cantano Napoli.* Napoli 2002
Chatwin, Bruce: *Zwischen den Ruinen.* In: *Der Traum des Ruhelosen.* München-Wien 1996
Consiglio, Alberto: *Storia dei Maccheroni.* Roma 1997
Costa, Armida und Barbara: *La Tarantella.* Roma 1999
Craemer, Kurt: *Mein Panoptikum.* Hoffmann & Campe, Hamburg 1965
Cult Book Costa Diva (ed. Schiavino Igort, Michele): Rastignano 1989
Crawford, F. Marion: *Coasting by Sorrento and Amalfi.* In: *The Century – Illustrated Monthly Magazine* 48 (1894), S. 324-336
Dalla, Lucio: *Caruso.* In: *Dallamericaruso.* Album 1986 © Arabella Musikverlag GmbH (BMG Music Publishing Germany), München für Deutschland
Daniele, Nunzio: *Die Kraft der Liebe. Omnia vincit amor.* Paestum 1999 © Nunzio Daniele
Daniele, Nunzio: *Civiltà mediterranea. Frammenti di storia etrusco-greco-romana.* Rocca d'Aspide 2001© Nunzio Daniele
Daniele, Nunzio: *Repetita...juvant!* Acciaroli 1995 © Nunzio Daniele
Daniele, Pino: *Napule è.* In: Bonagura, Stefano: *Lato Side.* Roma 1982
De André, Fabrizio: *Don Raffaé.* In: *Le nuvole.* Album 1990
De Angelis, Antonino: *Sorrento bosco di agrumi.* Napoli 1996
Debray, Régis: *Contre Venise.* Paris 1995
De Crescenzo, Luciano: *Alles fließt, sagt Heraklit.* © Albrecht Knaus Verlag, ein Unternehmen der Verlagsgruppe Random House, München 1995
De Crescenzo, Luciano: *Also sprach Bellavista.* Zürich 1988
De Crescenzo, Luciano: *Geschichte der griechischen Philosophie. 1. Die Vorsokratiker.* Diogenes Verlag AG, Zürich 1990

De Curtis, Antonio (Totò): *'A livella – poesie napoletane.* Napoli 1986
De Curtis, Antonio (Totò): *Totò si nasce.* Milano 2000
De Domizio Durini, Lucrezia: *Joseph Beuys. The art of cooking.* Firenze 1999
De Domizio Durini, Lucrezia: *The Spirituality of Joseph Beuys.* Milano 2002
De Domizio Durini, Lucrezia: *Joseph Beuys. Sculptor of souls. Olivestone.* Milano 2001
Dehmel, Richard: *Rundreise in Ansichtspostkarten.* In: *Gesammelte Werke in drei Bänden,* Bd. 2, Berlin 1913
De Masi, Domenico: *Ravello.* Roma 2001
De Mura, Ettore: *Enciclopedia della Canzone Napoletana.* Napoli 1969
Delblanc, Sven: *Kastraten: ein romantischer Roman von Sven Deblanc.* © J. G. Cotta'sche Buchhandlung Nachfolger GmbH, Stuttgart 1983
D'Orta, Marcello: *In Afrika ist immer August. Sechzig Schulaufsätze neapolitanischer Kinder.* © Diogenes, Verlag AG Zürich 1991
D'Orta, Marcello: *Am liebsten Neapel. Wanderungen durch meine Stadt.* Hamburg 1999
Douglas, Norman: *Sirenland.* Penguin, London 1983. Mit freundlicher Genehmigung der Society of Authors as the Literary Representatives of the Estate of Norman Douglas
Dura, Gaetano: *Andenken an die neapolitanische Tarantella.* Sorrento 1990
Durante, Francesco: *Il Richiamo Azzurro. Storia letteraria dell'Isola di Capri.* Capri 2000
Engler, Günther: *Treffpunkt Scala. Musikalischer Reiseführer durch Italien.* Stuttgart 1993
Ercolino, Romolo: *L'isola delle Sirene Li Galli.* Castellamare di Stabia 1998
Esposito, Fausto: *I Misteri di Villa Lysis. Testamento e Morte di Jacques Fersen.* Capri 1996
Escoffiér, Franco: Zitat in: Vespoli, Luca: *La moda Positano tra artigianato e storia.* In: *Il Follaro* n.1/2, n.s., a. XL (1996), S. 130-132
Fernandez, Dominique: *Porporino oder die Geheimnisse von Neapel.* Reinbek bei Hamburg 1976
Fernandez, Dominique: *Süditalienische Reise.* Frankfurt am Main 1988
Fersen, Jacques d'Adelsward: *Amori et dolori sacrum – la scelta di Capri.* Capri 1990
Fierro, Aurelio: *Storia della Canzone Napoletana.* Napoli 1994
Fitzgerald, Edward: *Rubáiyát of Omar Khayyám.* Charlesville-London 1997
Forster, Edward Morgan: *The Story of a Panic.* In: *The New Collected Tales of E. M. Forster.* Sidgwick & Jackson, London 1960. Mit freundlicher Genehmigung des Provost and Scholars of Kind's College, Cambridge,

und der Society of Authors as the Literary Representatives of the E. M. Forster Estate
Franco, Carlo und Sonnentag, Stefanie: *Grande Albergo Napoli.* Napoli 1996
Gargiulo, Giuliana: *Viaggio nel Cuore di Rudolflandia.* In: *Il Mattino,* 27. Juli 1994
Gathorne-Hardy, Robert: *Amalfi.* London 1968
Gigante Lanzara, Valeria: *Il segreto delle Sirene.* Napoli 1986
Giuliano, Guendalina: *Il Limone e la costa d'Amalfi.* Maiori 2001
Goethe, Johann Wolfgang von: *Italienische Reise* (Hamburger Ausgabe Bd.11). München 1982
Gorki, Maxim: *Italienische Märchen.* © Aufbau-Verlag, Berlin und Weimar 1968
Gregorovius, Ferdinand: *Wanderjahre in Italien.* Köln 1953
Grillparzer, Franz: *Tagebücher 1. Bd. (Neapel 14. März 1819).* Wien o.J.
Hahn-Hahn, Ida Gräfin von: *Jenseits der Berge. Zweiter Theil.* Leipzig 1845
Heine, Heinrich: *Die Memoiren des Herren von Schnabelewopski.* Ditzingen 1994
Helwig, Werner: *Capri Magische Insel.* Frankfurt am Main 1979
Henze, Hans Werner: *Die Kanzonen von Neapel.* In: *Neapel. Eine literarische Einladung.* Salto Nr. 73. Wagenbach
Heraclitus (Heraklit): Fragments. Toronto-Buffalo-London 1987
Homers Odyssee. Übersetzt von Friedrich Georg Jünger. © J. G. Cotta'sche Buchhandlung Nachfolger GmbH, Stuttgart 1979
Ibsen, Henrik: *Nora. Ein Puppenheim.* In: *Sämtl. Werke* IV. Bd. S. 1-96. Berlin 1911
Iezzi, Benito: *Viaggiatori stranieri a Sorrento.* Sorrento 1989
Kavanagh, Julia: *A Summer and Winter in the Two Sicilies.* London 1858
Kaschnitz, Marie Luise: *Der Bergrutsch.* In: *Gesammelte Werke,* 4. Bd., S. 136-144. Insel, Frankfurt am Main 1983
Kaschnitz, Marie Luise: *Amalfi.* In: *Gesammelte Werke* 5. Bd., S. 35. Insel, Frankfurt am Main 1985
Kaschnitz, Marie Luise: *Hotel Paradiso.* In: *Gesammelte Werke 6. Bd.,* S. 190-221. Insel, Frankfurt am Main 1987
Kempff, Wilhelm: *Was ich hörte, was ich sah.* Piper, München 1981. Mit freundlicher Genehmigung der Erbengemeinschaft W. Kempff
Kesel, Humbert: *Capri. Biographie einer Insel.* Capri 2000
Knight, Carlo: *La Torre di Clavel.* Capri 1999
Kopisch, August: *Schwärmerei für Sorrent.* In: *Gesammelte Werke* Bd. 3. Berlin 1856
Kotzjubynskyi, M.: *L'isola Capri.* Capri 1913

La Capria, Raffaele: *L'armonia perduta.* Milano 1986
La Capria, Raffaele: *Napolitan graffiti.* Rizzoli Milano 1998
La Capria, Raffaele: *Capri e non più Capri.* Milano 1999
La Capria, Raffaele: *Ultimi viaggi nell'Italia perduta.* © Avagliano Editore Srl, Cava de' Tirreni (SA) 1999
Landau, Lola: *Positano oder der Weg ins dritte Leben.* Berlin 1995
Lao, Meri: *Le Sirene da Omero ai pompieri.* Roma 1985
Leopardi, Giacomo: *Gesänge/Dialoge/Zibaldone. © Patmos Verlag GmbH & Co. KG/Artemis & Winkler,* Düsseldorf/Zürich 1998
Lilli, Laura: *La coccodrilla. Capri adagio molto allegro.* Capri 1998
Lindsay, Andrew: *Karneval der Bäcker.* © J. G. Cotta'sche Buchhandlung Nachfolger GmbH, Stuttgart 2001
Longfellow, Henry Wadsworth: *Poems and other writings.* New York 2000
Lori, Sergio: *Da Totò a Troisi. Napoli che ride.* Roma 1999
Lupo, Salvatore: *Il giardino degli aranci.* Venezia 1990
Macale, Maurizio: *Pino Daniele. Un Uomo in Blues.* Foggia 2001
Malaparte, Curzio: *La pelle.* Roma/Milano 1954
Mancusi Sorrentino, Lejla: *Maccheronea.* Napoli 2000
Marino, Giambattista: *Adone (Canto XX).* Bari 1975-77
Marotta, Giuseppe: *Das Gold von Neapel.* Deutsch von Hellmut Ludwig. Karl Rauch Verlag, Hamburg
Martial(is), M. Valerius: *Epigrammata.* München-Zürich 1999
Massin, Léonid: *My life in Ballet.* Faber & Faber, London 1968
Meckauer, Walter: *Positano, die heiligen Träume.* Karlsruhe 1963
Mosebach, Martin: *Die schöne Gewohnheit zu leben – eine italienische Reise.* © Berlin Verlag, Berlin 1997
Neruda, Pablo: *Auf Capri die Haarflut.* In: Garscha, Karsten: *Die Trauben und der Wind.* Darmstadt und Neuwied 1985
Niola, Marino: *Totem und Ragù.* © Luchterhand Literaturverlag, ein Unternehmen der Verlagsgruppe Random House, München 2000
Ormanni, Roberto: *Napoli nel cinema.* Roma 1995
Orsini Natale, Maria: *Die Pastakönigin.* © Piper Verlag GmbH, München 2000
Ortese, Anna Maria: *Il mare non bagna Napoli.* © Adelphi Edizioni, Mailand 1994
Ortkemper, Hubert: *Engel wider Willen – Die Welt der Kastraten.* Henschel, Berlin 1993. Mit freundlicher Genehmigung des Autors
Ortkemper, Hubert: *Caffarelli,* Frankfurt am Main und Leipzig 2000
Ostvedt, Einar: *Henrik Ibsen og la bella Italia.* Skien 1965
Parmenides: *Vom Wesen des Sein. Die Fragmente.* Frankfurt am Main 1986

Peterich, Eckart: *Italien II.* © Prestel Verlag, München 1980
Pijahn, York: *Das Lied der Straße.* In: *Merian, Neapel und die Amalfiküste.* September 2002
Platen, August Graf: *Gesammelte Werke.* Stuttgart 1843
Positaneries by one born and bred in Positano. Salerno 1976
Prantera, Amanda: *Capri File.* London 2001
Prezzolini, Giuseppe: *Maccheroni & Co.* Milano 1998
Ramondino, Fabrizia und Müller, Andreas: *Neapel.* Zürich 1988
Rea, Domenico: *Ninfa plebea.* Editore Leonardo, Milano 1992
Ricci, Umberto: *Enrico Caruso, leggenda di una voce.* Castellamare di Stabia 1997
Richter, Dieter: *Neapel eine literarische Einladung,* Berlin 1998
Richter, Dieter: *Fremdenverkehr und lokale Kultur. Kulturanthropologische Untersuchungen an der Küste von Amalfi.* Kea Edition, Bremen 1999
Rilke, Rainer Maria: *Briefe aus den Jahren 1906 und 1907 (11. Febr. 1907 an Clara Rilke; 3. Mai 1907 an Karl von der Heydt).* Leipzig 1930
Russo, Annamaria und Sabatino, Ciro: *Madame Sfogliatella.* Napoli 1996
Salvaneschi, Nino: *Serenide.* Milano 1926
Sartre, Jean-Paul: *Zitate.* In: *Lettre International, Heft 16 (1992),* Seite 46
Schalkhäuser, Helga: *Riccardo Muti. Begegnungen und Gespräche.* München 1994
Schönau, Birgit: *Der älteste Nabel der Welt. Entdeckungen in Neapel und Kampanien.* Wien 2000
Schuster, Peter-Klaus (Hrsg.): *Carl Blechen. Nationalgalerie Berlin 1990.* München 1990
Scialò, Pasquale: *La Canzone Napoletana.* Roma 1998
Scott, Michael: *Caruso.* München 1993
Seneca, L. Annaeus: *Ad Lucilium epistulae morales (51. Brief).* In: *Philosophische Schriften Bd. 2.* Darmstadt 1980
Serao, Matilde: *Il ventre di Napoli.* Napoli 1884
Serao, Matilde: *Il paese della cuccagna.* In: *Romanzi.* Milano 1988
Serio, Michele: *Pizzeria Inferno.* Milano 1997
Serventi, Silvano und Sabban, Françoise: *La pasta, storia e cultura di un cibo universale.* Roma 2000
Sonnentag, Stefanie: *Spaziergänge durch das literarische Capri und Neapel.* Zürich-Hamburg 2003
Statius, P. Papinius: *Silvae (II, 2). Das lyrische Werk in neuer Übersetzung von Heinz Wissmüller.* Ph. C. Schmidt, Neustadt/ Aisch 1990
Stefanile, Mario: *Partenope in cucina.* Napoli 1988
Stendhal: *Rome, Naples et Florence.* Paris 1919

Strachey, Lytton: *Zitate* in: Holroyd, Michael: *Lytton Strachey*. London 1979
Strada, Vittorio: *L'altra Rivoluzione, Gor'kij – Lunacarskij – Bogdanov*. Capri 1994
Suetonius, C. Tranquillus: *De Vita Caesarum – die Kaiserviten*. Düsseldorf-Zürich 1997
Tasso, Torquato: *Das befreite Jerusalem*. München 1963
Truman, Margaret: *Murder at the National Gallery*. New York 1996
Tuck-Scala, Anna/Plamondon, Ann L./Vacca, Linnea: *Sorrento Visiting Paradise, a literary Guidebook*. Sorrento 2000
Turgenjew, Iwan: *Drei Begegnungen*. Deutsch von Werner Creutziger. Aufbau-Verlag, Berlin und Weimar 1971
Vergil (P. Vergilius Maro): *Aeneis. Übersetzt von Johannes Götte*. Artemis & Winkler, Düsseldorf-Zürich 1997
Vollmann, Heide-Marie: *Deutschsprachige Schriftsteller in Positano 1933-1945*. In: EXIL Nr. 2 (1986)
Vorsokratiker: *Fragmente*. Stuttgart 1983-86
Waiblinger, Wilhelm: *Reisebilder aus Italien*. In: *Werke und Briefe*. Bd. 4. Stuttgart, 1989
Xenophanes: *Senofane, testi, testimonianze e frammenti*. Firenze 1955
Zeppegno, Luciano, *Presepi italiani artistici e popolari*. Novara 1968
Zibaldone: *Neapel*. Nr. 24 (1997)

Kurzbiographien der weiteren Beiträger:

Bernd Bierbaum lieferte den Artikel zu Joseph Beuys. Er malt in einem Pariser Atelier, wenn er nicht im Chatwinschen Stile weltweit unterwegs ist. www.beertree.net

Katja Ellen Jaeckel spricht Griechisch, Brasilianisch, Französisch und Italienisch und lernte während ihres Studienjahres in Neapel die *sfogliatella* lieben.

Informationen zu **Peter Peter** finden Sie auch auf seiner website www.pietropietro.de

Bildnachweis

Peter Amann: S. 12, 22, 50, 68, 136, 148, 168, 176, 198
Mimmo Jodice: S. 42, 74, 126
Corbis: S. 222
Fondazione Lucio Amelio (Signora Juliana Amelio) Napoli: S. 100

Klett-Cotta

Printed in Germany
Umschlag: Finken & Bumiller, Stuttgart

Gesetzt aus der 9,75 Punkt Scala
Auf säure- und holzfreiem Werkdruckpapier gedruckt
und gebunden von Gutmann + Co, Talheim
ISBN 3-608-93282-8

Cuma
Lago d'Averno
Baia
Pozzuoli
PROCIDA
ISCHIA
Golfo d
CAPRI
Anaca
Liternо
Casal di Principe
San Crispano
Villa di Briano
Casaluce
Frignano
Casapesenna
San Marcellino
AVERSA
Trentola-Ducenta
Lusciano
Parete
GIUGLIANO in Campania
Qualiano
Villaricca
Calvizzano
MARANO di Napoli
QUARTO
MUGNAN
Melito di Napoli
SANT' ANTIMO
Campi Flegrei
PIANURA
SOCCAVO
Monte Epomeo